Redes de ordenadores

Principios y aplicaciones
para la ingeniería del software

Rafael Socas Gutiérrez

Luis Gómez Déniz

Acceda a www.marcombo.info
para descargar gratis
el contenido adicional
complemento imprescindible de este libro

Código: REDES24

Marcombo

Redes de ordenadores

© 2024 Rafael Socas Gutiérrez y Luis Gómez Déniz

Primera edición, 2024

© 2024 MARCOMBO, S. L.
www.marcombo.com

Ilustración de cubierta: Jotaká
Maquetación: Rafael Socas y Luis Gómez
Corrección: Anna Alberola
Directora de producción: M.ª Rosa Castillo

ISBN: 978-84-267-3750-2
D.L.: B 21894-2023

Impreso en Servicepoint
Printed in Spain

Dr. Rafael Socas Gutiérrez
Área de Ingeniería, Centro Universitario de Tecnología y Arte Digital (U-TAD).
Madrid, España.

Dr. Luis Gómez Déniz
Departamento de Ingeniería Electrónica y Automática, Universidad de Las Palmas de Gran Canaria.
Las Palmas de Gran Canaria, España.

A mis padres, Nati, Sergio y Alejandro, ellos son mi inspiración, mi energía y hacen que pueda llegar donde me propongo.

RAFAEL SOCAS.

A mi familia, siempre a mi familia. Y a mis amigos, siempre también a mis amigos.

LUIS GÓMEZ.

Índice de contenidos

Presentación

Como docentes con amplia experiencia en el ámbito universitario, es un placer presentar este texto que nace con el propósito de completar y reforzar los conocimientos en el extenso campo del conocimiento de las redes de ordenadores. Esta disciplina del conocimiento está presente en la práctica totalidad de las titulaciones universitarias técnicas (informática, ingenierías, ciencias en general), impartiéndose en asignaturas con nombres tales como «redes de ordenadores», «redes y servicios de telecomunicación», «*software* de comunicaciones», entre otras designaciones.

En base a la experiencia atesorada durante estos años, esta obra que se presenta tiene como elementos diferenciadores de otros textos los siguientes:

- Se trata de un texto que, sin perder rigor teórico, contiene los materiales esenciales que figuran en la mayoría de los descriptores de este tipo de asignaturas y se presenta con un enfoque práctico.

- Los conceptos fundamentales a adquirir en las asignaturas de redes de ordenadores contienen: equipos y medios de comunicación, arquitectura *software* de las redes, protocolos de comunicación, redes cableadas e inalámbricas, seguridad, evoluciones a IPv6 y un largo etc. que es difícil encontrar en un solo texto. En esta obra, se trata de aunar todos estos aspectos en un único ejemplar.

- Evidentemente, existen otros textos que cubren los contenidos de estas asignaturas, como pueden ser *Computer Networks, 6th Edition*[1] de Tanenbaum; *Computer Networking: A Top-Down Approach, 8th Edition*[2], de Kurose, o *Cryptography and Network Security: Principles and Practice, 8th Edition*[3], de Stallings. Estos libros, que son una referencia clave para la obra que aquí presentamos, suelen generar cierto rechazo entre los estudiantes por su gran extensión (cercanos a las 1.000 páginas), su excesiva profundidad de las explicaciones y su elevado coste.

- El libro que presentamos tiene un alto contenido práctico, ya que basa todas sus explicaciones en entornos que cualquier lector/lectora puede usar a coste cero, como son: máquinas virtuales Linux en entorno VirtualBox, analizadores de protocolos como Wireshark y entornos de libre distribución de universidades europeas como la TUM (https://www.tum.de/en/).

---

[1] Andrew S. Tanenbaum y David J. Wetherall. *Computer networks, 6th edition*. Pearson Education, 2021.

[2] James Kurose y Keith Ross. *Computer networking: a top-down approach, 8th edition*. Pearson Education Limited, 2020.

[3] William Stallings. *Cryptography and network security: principles and practice, 8th edition*. Pearson Education, 2022.

- Los autores de este libro tienen una gran experiencia docente en este ámbito, así como un conocimiento profundo de esta materia. El material aquí presentado es el resultado de varios años de depuración y adaptación de los contenidos hasta conseguir una fácil asimilación de estos por parte de los estudiantes, además de combinar los contenidos teóricos con los prácticos.

Por tanto, para satisfacer estas necesidades, la presente obra ve la luz. Con esta aportación, los autores anhelan llenar este vacío, donde las principales aportaciones son:

- El texto propuesto pretende estar entre lo que es el material didáctico de una asignatura (normalmente *slides* en Power Point) y los voluminosos libros de redes comentados anteriormente.

- Tiene un enfoque práctico sin perder el rigor de los aspectos teóricos. Los libros tradicionales, aunque son excelentes referencias, suelen ser excesivamente profusos en contenidos teóricos y adolecen de ejemplos prácticos. Es precisamente este nicho el que se pretende llenar con este texto académico.

- Este libro, a su vez, pretende cubrir dos aspectos clave de la enseñanza en las materias relacionadas con las redes de ordenadores:

  1. Servir de material principal que permita conocer en profundidad los contenidos comunes de las materias de redes de ordenadores impartidas en el ámbito universitario.

  2. Ser, además, un texto de consulta para el ejercicio profesional en este ámbito del conocimiento.

- Si bien ambos autores de esta obra son docentes universitarios, uno de ellos (el primer autor) ejerce, además, en uno de los principales operadores de telecomunicaciones del país. Esto hace que el texto tenga también un enfoque que permite dirigir al alumno a los aspectos que realmente son relevantes en el mundo de las redes y las telecomunicaciones. También, ha facilitado la inclusión en el texto de información extremadamente actualizada sobre las redes que se están desplegando actualmente en nuestro país. Sirva como ejemplo el caso de las redes 5G/FTTH, que se describen en un capítulo específico de este libro.

El libro que presentamos se compone de los siguientes capítulos:

- **Capítulo 1: Redes de ordenadores e Internet**
  En este primer capítulo se estudiarán los conceptos básicos asociados a una red de ordenadores tomando como ejemplo Internet. Se definirá de manera clara y concisa qué es una red de ordenadores, cuáles son sus funciones, cómo las clasificamos y qué elementos las componen, atendiendo no solo al *hardware* sino también al *software*. Además, se mostrará a modo de ejemplo la arquitectura de Internet, la también denominada «red de redes». Se introducirán los modelos de capas *software*, tanto el modelo OSI como el TCP/IP, a la vez que los conceptos de paquetización, encapsulado/desencapsulado de la información, protocolos e interfaces. Se enumerarán los diferentes protocolos y servicios que ofrece el estándar TCP/IP y que serán objeto de estudio en los siguientes capítulos. Este primer capítulo finaliza presentando las diferentes herramientas que se utilizarán a lo largo del libro para crear los laboratorios de experimentación y el entorno de prácticas.

- **Capítulo 2: Nivel de aplicación**
  En este segundo capítulo se estudiarán los conceptos relacionados con la capa de aplicación del modelo TCP/IP, donde se definirán las funciones de la capa de aplicación,

además de las arquitecturas cliente-servidor y P2P. Se analizarán las conexiones que ofrecen los niveles de transporte a la capa de aplicación, a la vez que los servicios y protocolos de aplicación más típicos del modelo TCP/IP. Se describirán las diferentes herramientas para gestionar y analizar las aplicaciones servidoras, tanto a nivel de sistema operativo, de escaneo de puertos como de uso de aplicaciones clientes, además de analizar los paquetes que se intercambian mediante Wireshark. Por último, se estudiarán, tanto a nivel teórico como práctico, los principales servicios de Internet, como son la navegación WEB, la resolución de nombres de dominio DNS, la transferencia de ficheros FTP y las conexiones remotas como TELNET y SSH.

- **Capítulo 3: TCP/IP: nivel de transporte y red**
  Este capítulo se centra en estudiar en profundidad el nivel de transporte y el nivel de red del modelo TCP/IP, analizando las funciones y los diferentes servicios que ofrecen a las capas superiores. También se analizan los mecanismos que implementan para conseguir una comunicación fiable y sin errores. Se hace una introducción histórica al modelo TCP/IP y se resume su evolución, que ha dado lugar a lo que es hoy en día Internet. Se explican las principales funciones de la capa de transporte, cómo se realiza el control de errores, el direccionamiento de aplicaciones, la segmentación, la multiplexación, el control de flujo y de la congestión. Se explican también con cierto detalle los mecanismos de suma de verificación, más conocida como *checksum*. Se profundiza en los protocolos de transporte UDP/TCP y se completa con el estudio del protocolo IP, incluyendo el direccionamiento CIDR. Finaliza el capítulo describiendo los protocolos que complementan al IP, como son ICMP y los protocolos de *routing*.

- **Capítulo 4: Nivel de enlace y LAN cableadas**
  El capítulo se enfoca en estudiar el nivel de enlace de las redes de ordenadores, analizando sus funciones y los diferentes servicios que ofrecen a la capa de red. Se enumerarán los diferentes protocolos que existen a nivel de enlace, y se resaltarán los que estudiaremos en profundidad en este libro, que son el Ethernet y el WiFi. Se describe en detalle un elemento clave en este nivel, las direcciones MAC donde se identificarán sus principales atributos, formas de codificación y el protocolo ARP como mecanismo de mapeo entre direcciones IP y MAC. Se estudiarán los mecanismos de corrección y detección de errores, analizando en detalle el código CRC que emplean las LAN Ethernet y WiFi. Seguidamente, se analizarán las redes locales Ethernet, que son el estándar más extendido en el ámbito de las redes locales cableadas, complementándolas con el algoritmo CSMA/CD de control de acceso al medio compartido. Terminaremos el capítulo estudiando dos servicios clave para el funcionamiento de las LAN y las intranets como son el protocolo DHCP, para asignar parámetros de conectividad de forma automática a los nodos que se conectan a la red, y el mecanismo NAT, para permitir que equipos configurados con IP privadas puedan navegar por una red pública como Internet.

- **Capítulo 5: Redes inalámbricas: WiFi y redes móviles 5G**
  Este capítulo se centrará en estudiar las redes inalámbricas locales WiFi (IEEE 802.11) y las redes móviles celulares. Se comienza poniendo en contexto lo que son las redes de acceso a los ISP (*Internet Service Provider*), diferenciando entre redes de acceso fijo (ADSL y FTTH) y redes de acceso móvil (desde el 1G hasta el 5G). Se repasarán las ventajas y problemáticas que tienen las redes inalámbricas y se detallarán las diferentes funcionalidades que existen para garantizar la calidad en este tipo de canales radio. Se hará un estudio exhaustivo de las redes IEEE 802.11, repasando su evolución, arquitectura, métodos de conexión y formato de su cabecera. Seguidamente, se estudiará el protocolo CSMA/CA que garantiza un acceso eficiente al medio compartido en las redes WiFi. Posteriormente, se estudiarán algunas aplicaciones que nos ayudarán a analizar y gestionar las redes WiFi, como son el WiFi Analyzer y el Network Monitor.

Se continuará analizando las redes móviles celulares, centrando la atención en las más novedosas, como son las 4G y 5G. Dado el cambio de paradigma que supondrán las redes 5G y su impacto en la industria, se detallarán las nuevas funcionalidades que aportan estas nuevas redes. Dada la versatilidad y amplitud de cobertura que poseen las redes móviles celulares, se describirán los servicios de *tethering* y herramientas como el Speedtest para medir sus prestaciones. Finaliza el capítulo haciendo una comparativa entre las últimas versiones de las redes WiFi (WiFi 6) y la más novedosa de las redes móviles celulares (Red 5G).

- **Capítulo 6: Seguridad y evolución a IPv6**
  Este último capítulo se centrará en estudiar los conceptos de seguridad asociados a las redes de ordenadores y la evolución que está viviendo el IP con el paso de IPv4 a IPv6. Se empezará poniendo en contexto los conceptos generales de seguridad aplicados a redes de ordenadores, definiendo lo que es un ataque de seguridad y servicios de seguridad. Se continuará con el estudio de los dos métodos clásicos de cifrado, como son el simétrico y el asimétrico, donde se pondrá de relieve las ventajas de cada uno de ellos y sus principales diferencias. Seguidamente, se estudiarán los mecanismos de seguridad que implementan las redes TCP/IP, tanto a nivel de aplicación como a nivel de transporte y a nivel de red. Se revisarán con cierto detalle los protocolos TLS e IPSec. Posteriormente, se analizarán los diferentes procedimientos para escanear puertos, tanto TCP como UDP, y se mostrarán las diferencias entre ellos. Se continuará analizando uno de los elementos clave de seguridad en las redes de ordenadores, que son los *firewalls*. Aquí se describirán sus funciones, los tipos y cómo implementarlos mediante la funcionalidad de IPTABLES. A continuación, se propondrán las arquitecturas de seguridad en redes de ordenadores más típicas en el ámbito empresarial. El segundo bloque del capítulo versará sobre IPv6, donde se comparará con IPv4 y se resaltarán las ventajas diferenciales que aporta este nuevo protocolo de nivel de red. Se hará un estudio detallado de su cabecera y el significado de sus campos. Seguidamente, se continuará con el estudio de las direcciones IPv6, sus diferentes tipos, su formato y cómo se direccionan los nodos con este nuevo modelo de direccionamiento. Termina el capítulo con el estudio de cómo configurar nodos en IPv6, tanto en la herramienta Core Network Emulator como con máquinas virtuales Ubuntu.

A su vez, cada capítulo tiene una estructura compuesta por:

- Introducción.
- Objetivos.
- Desarrollo del capítulo.
- Conclusiones.
- Bibliografía.
- Proyecto práctico

Para complementar toda la materia aportada en cada uno de los capítulos, se añaden además los siguientes apéndices:

- **Entorno VirtualBox y SO Ubuntu.**
- **Entorno Core Network Emulator.**

Los autores desean que este libro sea de interés y ayuda a los estudiantes universitarios de ingeniería y al público en general para comprender y disfrutar del apasionante mundo de las redes de ordenadores e Internet.

Los Autores,

Dr. Rafael Socas Gutiérrez
Dr. Luis Gómez Déniz

Lista de siglas y acrónimos

3GPP: *3rd Generation Partnership Project.*
ADSL: *Asymmetric Digital Subscriber Line.*
AH: *Authentication Header Protocol.*
AP: *wireless Access Point.*
AR: *Augmented Reality.*
ARP: *Address Resolution Protocol.*
AS: *Autonomous System.*
BGP: *Border Gateway Protocol.*
BSS: *Basic Service Set.*
BSSID: *Basic Service Set Identifier.*
CDMA: *Code-Division Multiple Access.*
CIDR: *Classless Inter-Domain Routing.*
CRC: *Cyclic Redundancy Check.*
CSMA/CA: *Carrier Sense Multiple Access/Collision Avoidance.*
CSMA/CD: *Carrier Sense Multiple Access/Collision Detection.*
DA: *Destination Address.*
DFS: *Dynamic Frequency Selection.*
DGW: *Default Gateway.*
DHCP: *Dynamic Host Configuration Protocol.*
DMZ: *Demilitarized Zone*
DNS: *Domain Name System.*
DPI: *Deep Packet Inspection*
DS: *Differentiated Services*
ECN: *Explicit Congestion Notification*
EGP: *Exterior Gateway Protocol.*
eMBB: *Enhanced Mobile Broadband.*
ESP: *Encapsulation Security Payload Protocol.*
FCS: *Frame Check Sequence.*
FQDN: *Fully Qualified Domain Name.*
FTP: *File Transfer Protocol.*
FTTH: *Fibre To The Home.*
GPRS: *General Packet Radio Services.*
GSM: *Global System for Mobile communication.*
HSPA: *High Speed Packet Access.*
HTTP: *Hypertext Transfer Protocol.*
HW: *Hardware.*
IANA: *Internet Assigned Numbers Authority.*
ICANN: *Internet Corporation for Assigned Names and Numbers.*

IEEE: *Institute of Electrical and Electronics Engineers.*
IETF: *Internet Engineering Task Force.*
IGP: *Interior Gateway Protocol.*
IHL: *Internet Header Length.*
IKE: *Internet Key Exchange Protocol.*
IMEI: *International Mobile Equipment Identity.*
IoT: *Internet of Things.*
IP: *Internet Protocol.*
ICMP: *Internet Control Message Protocol.*
ISAKMP: *Internet Security Association and Key Management Protocol.*
ISP: *Internet Service Provider.*
LAN: *Local Area Network.*
LLC: *Logical Link Control.*
LTE: *Long Term Evolution.*
LTE-A: *LTE-Advanced.*
MAC: *Medium Access Control.*
MAN: *Metropolitan Area Network.*
MIMO: *Multiple-Input and Multiple-Output.*
mMTC: *Massive Machine Type Communication.*
NAT: *Network Address Translation.*
NB-IoT: *NarrowBand-Internet of Things.*
NIC: *Network Interface Card.*
OSPF: *Open Shortest Path First.*
OUI: *Organizationally Unique Identifier.*
P2P: *Peer to Peer.*
RA: *Receiver Address.*
RFC: *Request for Comments.*
RIP: *Routing Information Protocol.*
SA: *Source Address.*
SFD: *Start of Frame Delimiter.*
SIM: *Subscriber Identity Module.*
SLD: *Second Level Domain.*
SOA: *Start Of Authority.*
SSH: *Secure Shell.*
SSID: *Service Set Identifier.*
SSL: *Secure Sockets Layer.*
SW: *Software.*
TA: *Transmitter Address.*
TCP: *Transmission Control Protocol.*
TELNET: *Teletype Network Protocol.*
TLD: *Top Level Domain.*
TLS: *Transport Layer Security.*
ToS: *Type of Service.*
TTL: *Time To Live.*
UDP: *User Datagram Protocol.*
UMTS: *Universal Mobile Telecommunications System.*
URL: *Uniform Resource Locator.*
URLLC: *Ultra Reliable Low Latency Communication.*
VLSM: *Variable Length Subnet Mask.*
VoIP: *Voice over Internet Protocol.*
VPN: *Virtual Private Network.*

VR: *Virtual Reality.*
WAN: *Wide Area Network.*
WiFi: *Wireless Fidelity.*
WLAN: *Wireless LAN.*
WWW: *World Wide Web.*

Capítulo 1

Redes de ordenadores e Internet

«La tecnología por sí sola no basta. También tenemos que poner el corazón»

Jane Goodall

1.1. Introducción

En este capítulo se introducen las redes de ordenadores, así como una visión general de la red de redes, que es Internet. Se describen los componentes *hardware* (HW) y *software* (SW) de una red de ordenadores, así como sus funciones principales. Todo ello se organiza de esta forma:

- Introducción a las redes de ordenadores.
- Modelo de capas *software* (OSI y TCP/IP).
- Protocolos utilizados y servicios ofrecidos por las redes de ordenadores.
- Conceptos básicos de conectividad y de las herramientas a usar en este libro.

1.2. Objetivos

Los objetivos de este capítulo son:

- Conocer los componentes HW y SW de una red de ordenadores e Internet.
- Comprender su estructura de capas, los protocolos y servicios.
- Conocer el empleo de las herramientas básicas de gestión y análisis de una red de ordenadores.

1.3. Redes de ordenadores: conceptos generales

Una red de ordenadores es un conjunto de dispositivos de comunicaciones (*hubs*, *switches*, *routers*) interconectados mediante medios de transmisión como pueden ser cables de cobre, fibra óptica o señales de radio que permiten la comunicación entre dos o más elementos distantes. La comunicación de estos elementos distantes nos permite ofrecer servicios sobre estas redes de comunicaciones, como pueden ser la navegación web, la comunicación por WhatsApp o el envío de un correo electrónico.

1.3.1. Redes de ordenadores

Empecemos definiendo los diferentes tipos de redes de ordenadores según su tamaño, atendiendo a la clasificación establecida:

- Redes de área local (LAN ,*local area network*): suelen ser redes privadas y que ocupan un solo edificio o edificios cercanos (pocos kilómetros). Teniendo en cuenta el origen de las redes de datos, el ejemplo más acertado para este tipo de red es el que da servicio a campus universitarios, o centro de investigación.
- Redes de área metropolitana (MAN, *metropolitan area network*): su extensión suele ser una ciudad o una provincia/comunidad autónoma.
- Redes de área extensa (WAN, *wide area network*): son redes que abarcan una gran zona geográfica, que puede ser un país o incluso un continente. Internet podemos considerarla como una red WAN.

Esta clasificación de redes se muestra en la Fig. 1.1.

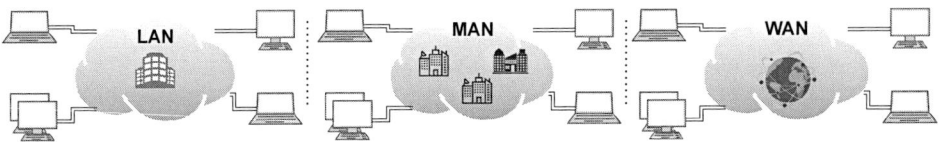

Figura 1.1   Clasificación de las redes de ordenadores según su tamaño.

1.3.2. Componentes HW de una red de ordenadores

Los componentes *hardware* (HW) básicos de cualquier red de ordenadores (LAN, MAN, WAN) son los elementos de comunicaciones y los medios de transmisión. Como elementos de comunicaciones tenemos:

1. *Hub*: se trata de un dispositivo simple de comunicaciones para los elementos de una red local. Su función básica es recoger un paquete de información que entra por uno de sus puertos y replicarlo y enviarlo por el resto de puertos que posee.

2. *Switch*: es también un elemento básico de comunicaciones para una LAN, pero en este caso, analiza el tráfico que le entra y solo lo transmite por el puerto hacia el elemento al que va dirigido. Son elementos que analizan el tráfico a nivel 2 (direcciones MAC).

3. *Router*: es el elemento que se usa para interconectar las LAN con las MAN y, a su vez, con las WAN. Es el elemento básico de las redes MAN y WAN. Analiza el tráfico que entra por cada uno de sus puertos y lo transmite por el puerto correspondiente una vez que ha chequeado ese tráfico a nivel 3 (direcciones IP).

Por otro lado, tenemos como medios típicos de transmisión los siguientes:

- Cables de cobre.

- Cables de fibra óptica.
- El aire por donde se envían las ondas de radio en las redes inalámbricas (p. ej. WiFi).

En la Fig. 1.2 se muestra un detalle de estos elementos de comunicaciones y de los medios de transmisión.

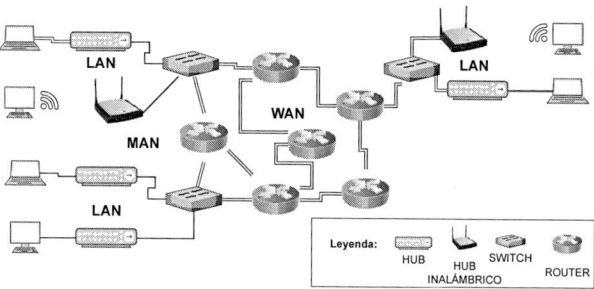

Figura 1.2 Componentes *hardware* de una red de ordenadores.

1.3.3. Componentes SW de una red de ordenadores

En la Fig. 1.3 se presenta la arquitectura *software* básica de una red de ordenadores.

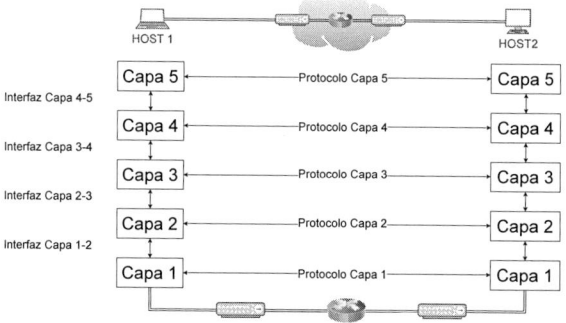

Figura 1.3 Arquitectura *software* de una red de ordenadores.

Como todo sistema informático, las redes de ordenadores, aparte del *hardware*, descrito someramente en los apartados anteriores, también disponen de una estructura *software* que rige su funcionamiento. El modelo *software* empleado en una red de ordenadores se basa en un modelo de capas que se complementa con una familia de protocolos e interfaces. Cada una de las capas realiza unas funciones determinadas (gestionar la aplicación de comunicaciones, evitar que se pierda el tráfico en la red, enrutar el tráfico desde el nodo origen hasta el destino, etc.). Estas funciones están muy bien definidas según el modelo de capas que se elija, que normalmente es el TCP/IP, que estudiaremos más adelante. Por otro lado, esas capas, para comunicarse entre sí dentro del nodo origen o destino, disponen de unas interfaces que ofrecen unos determinados servicios. En general, la capa inferior ofrece servicios a la capa superior. Finalmente, para que las capas entre los nodos extremos o los nodos intermedios de la comunicación puedan intercambiarse la información y gestionar la comunicación de forma ordenada, se utilizan los diferentes protocolos.

1.4. Arquitectura de Internet

Internet, la red de redes, se ha convertido en un elemento clave que vertebra una sociedad de la información. Podemos decir que nace en 1983 en Estados Unidos, aunque su evolución se remonta mucho más atrás (ver `https://marketing4ecommerce.net/historia-de-interne t/`). Hoy en día, no se podría concebir nuestra vida sin Internet y podríamos decir sin miedo equivocarnos que si ahora mismo dejara de funcionar Internet, la economía mundial sufriría un colapso de causas impredecibles. Vista la importancia de Internet, se van a describir sus principales componentes y unas leves nociones de su arquitectura.

1.4.1. Historia de Internet

Veamos el siguiente vídeo para entender cómo ha evolucionado Internet desde sus inicios, tanto desde el punto de vista de su arquitectura como de sus servicios.

Vídeo (Fuente: Youtube: `https://www.youtube.com/watch?v=i4RE6dBAjH4`)

1.4.2. Arquitectura de Internet

Llegados a este punto, Internet lo podemos definir como «un conjunto descentralizado de redes de comunicaciones interconectadas, que utilizan la familia de protocolos TCP/IP, lo cual garantiza que las redes físicas heterogéneas que la componen constituyen una red lógica única de alcance mundial»(Fuente: Wikipedia: `https://es.wikipedia.org/wiki/Internet`). En resumen, no deja de ser sino un conjunto de *routers* (inmenso, nadie sabría decir cuántos) interconectados y repartidos por todo el mundo, que permite conectar dos ordenadores o dispositivos con capacidad de comunicación, para que puedan intercambiar información entre ellos en cualquier parte del mundo (incluida la estación espacial). También es importante mencionar que se basan en los protocolos TCP/IP que estudiaremos más adelante. La arquitectura de Internet puede resumirse en el esquema de la Fig. 1.4.

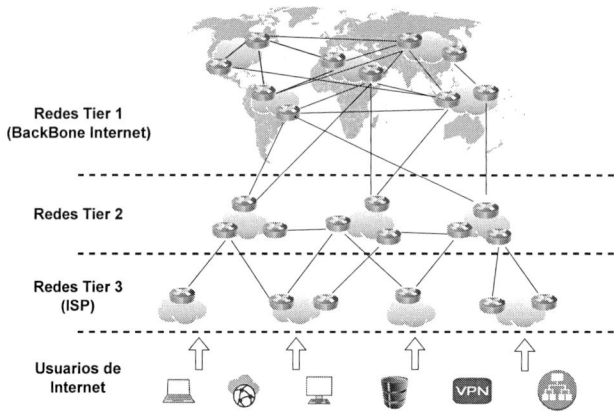

Figura 1.4 Arquitectura de Internet.

Como se observa en esta figura, existen diferentes jerarquías en Internet para permitir la comunicación mundial:

- Tier 1: redes de los grandes operadores globales (*global carriers*) que tienen tendidos de fibra óptica por, al menos, dos continentes. Todas las redes Tier 1 tienen que estar conectadas entre sí. Forman el actual *backbone* o troncal de Internet. Algunos operadores son:

- AOL a través de ATDN (AOL *transit data network*).
- AT&T.
- Verizon.
- Inteliquent.
- NTT Communications.
- Telefónica International Wholesale Services (TIWS).

■ Tier 2: son operadores de ámbito más regional que no pueden alcanzar todos los puntos de Internet y que necesitan conectarse a una red Tier 1 para ello. Su principal función es ofrecer servicios de conectividad a los operadores Tier 3. Como ejemplo de operadores se pueden mencionar los siguientes:

- Cable&Wireless.
- British Telecom.
- SingTel (Singapore Telecommunications Limited).

■ Tier 3: dan servicio de conexión a Internet a los usuarios residenciales y empresas, los que conocemos como ISP (*Internet service provider*) o proveedores de acceso a Internet. Algunos ejemplos son:

- En España: Movistar, Vodafone, Orange, Ono.
- En Latinoamérica: Movistar, TELMEX, AXTEL, Claro.

1.4.3. Tráfico de Internet

Como es bien conocido, Internet no ha dejado de crecer desde su nacimiento, y más importante que todo eso es el hecho de que se ha vuelto un medio de comunicación imprescindible para nuestras vidas. Como análisis ilustrativo del tráfico de Internet, en el informe Broadband Research se muestran cifras muy interesantes de cómo ha evolucionado, mostrando la información segmentada por continentes, tipos de acceso, aplicaciones y un largo etc. Resulta muy interesante seguir este informe en el siguiente enlace: `https://www.broadbandsearch.net/blog/internet-statistics`.

1.4.4. Organismos que dirigen Internet

Vista la importancia de Internet, está claro que debe estar regido por organismos que se encarguen de velar por una evolución ordenada y estandarizada, a la vez que gestionar y administrar sus principales recursos, como son el direccionamiento IP y los nombres de dominio (DNS). Los principales organismos son:

■ IETF (*Internet engineering task force*) `https://www.ietf.org/`: es una organización internacional abierta de normalización, que tiene como objetivo contribuir a la ingeniería de Internet, actuando en diversas áreas, como transporte, enrutamiento y seguridad. Se trata de la entidad que regula las propuestas y los estándares de Internet mediante los denominados RFC (*request for comments*).

■ IANA/ICANN (*Internet assigned numbers authority/Internet corporation for assigned names and numbers*) `https://www.iana.org/` y `https://www.icann.org/`: entre las funciones de la IANA se incluyen la administración de los parámetros de protocolo, los recursos numéricos de Internet y los nombres de dominio. La corporación para la asignación de nombres y números en Internet (ICANN) lleva a cabo estas funciones en nombre de la comunidad global de Internet.

- 3GPP (*3rd generation partnership project*) `https://www.3gpp.org/`: el proyecto 3GPP es un término general para una serie de organizaciones de estándares que desarrollan protocolos para telecomunicaciones móviles. Su trabajo más conocido es el desarrollo y mantenimiento de:
  - GSM y estándares 2G y 2.5G relacionados, incluidos GPRS y EDGE.
  - UMTS y estándares 3G relacionados, incluidos HSPA y HSPA+.
  - LTE y estándares 4G relacionados, incluidos LTE Advanced y LTE Advanced Pro.
  - 5G NR y estándares 5G relacionados, incluido 5G-Advanced.
  - Un subsistema multimedia IP (IMS) evolucionado desarrollado de manera independiente del acceso.

1.5. Modelo de capas: OSI y TCP/IP

Una vez entendido que los componentes *software* de una red de ordenadores se estructuran en diferentes capas, protocolos e interfaces, vamos a describir con detalle los dos modelos más importantes en las redes de ordenadores. El modelo OSI, que se utiliza dentro de un marco académico para comprender la filosofía *software* de una red de ordenadores, y el modelo TCP, que es el sistema nervioso de Internet.

1.5.1. Modelo OSI y TCP/IP

Siempre que se estudian las redes de ordenadores, se tienen en cuenta dos modelos: uno teórico denominado modelo OSI de 7 niveles/capas, y uno práctico TCP/IP o modelo de Internet de 5 capas, tal y como se muestra en la Fig. 1.5.

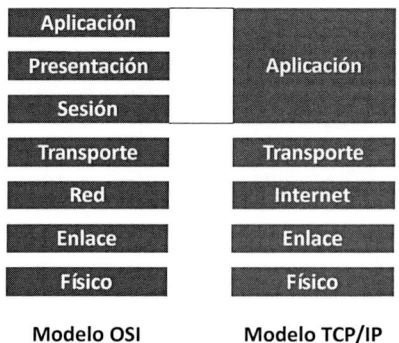

Figura 1.5   Arquitecturas *software*: modelo OSI y TCP/IP.

Como se observa en dicha figura, la principal diferencia entre ambos modelos es que el modelo de Internet (TCP/IP) simplifica las capas altas condensando los niveles de aplicación, presentación y sesión del nivel OSI en un única capa. En las siguientes tablas se resumen las funciones de cada una de las capas, tanto del modelo OSI (Tabla 1.1) como del TCP/IP (Tabla 1.2).

Como se ha mencionado anteriormente, el modelo OSI sirve como descripción académica de las capas y protocolos de red, ya que es útil para describir cualquier tipo de modelo SW, incluido el TCP/IP. Pensemos que el TCP/IP está mundialmente extendido y prácticamente

Capa	Nombre	Funciones
7	Aplicación	Se compone de los servicios y aplicaciones de comunicación estándar que pueden utilizar los usuarios.
6	Presentación	Se asegura de que la información se transfiera al sistema receptor de un modo comprensible para el sistema.
5	Sesión	Administra las conexiones y terminaciones entre los sistemas que cooperan.
4	Transporte	Permite la transferencia de datos. Asimismo, garantiza que los datos recibidos sean idénticos a los transmitidos.
3	Red	Gestiona las direcciones y la transferencia de información entre redes, entre nodo origen y nodo final de la comunicación.
2	Enlace	Controla la transferencia hacia el medio físico y garantiza la comunicación con el siguiente nodo en la comunicación.
1	Físico	Define las características del *hardware* de red.

Tabla 1.1 Modelo OSI.

Capa OSI	Capa TCP/IP	Equivalentes Capa OSI	Ejemplos de protocolos
7, 6, 5	Aplicación	Aplicación, presentación, sesión	HTTPS, SSH, DNS, DHCP
4	Transporte	Transporte	TCP, UDP
3	Internet	Red	IP, ICMP, OSPF, BGP
2	Enlace	Enlace	ARP, ETHERNET, WiFi, 4G/5G
1	Físico	Físico	Manchester, NRZ

Tabla 1.2 Modelo TCP/IP.

está desplegado en todos sitios, además de ser un modelo real que implementan las redes. Hace unos años había muchos modelos de red (ISUP Red Telefónica Básica, MAP red GSM, BSSGP red GPRS, etc.) que se podían describir con el modelo OSI sin que aún no se hubiera instaurado el TCP/IP. A día de hoy, es muy raro encontrar una red de comunicaciones que no se fundamente en TCP/IP.

1.5.2. Protocolos TCP/IP

Partimos de la base de que «un protocolo de comunicaciones es un sistema de reglas que permiten que dos o más entidades (computadoras, teléfonos celulares, etc.) de un sistema de comunicación se comuniquen entre ellas para transmitir información por medio de cualquier tipo de variación de una magnitud física» (Fuente: Wikipedia). Los protocolos se definen en todas las capas de red. Así, por ejemplo, el protocolo HTTPS se encarga del diálogo entre un cliente web como Firefox con su correspondiente servidor WEB Apache. En cambio, el protocolo IP se encarga de encaminar la información que va y viene por los *routers* de Internet para que tanto el cliente como el servidor se puedan comunicar. Como se observa en la Fig. 1.6, existe una amalgama de protocolos en todos los niveles. Claramente, donde más abundan los protocolos es en la capa de aplicación, ya que estos rigen las diferentes aplicaciones que usan los clientes y continuamente aparecen aplicaciones nuevas. En el resto de capas, el número de protocolos es más reducido, ya que son comunes a cualquier aplicación.

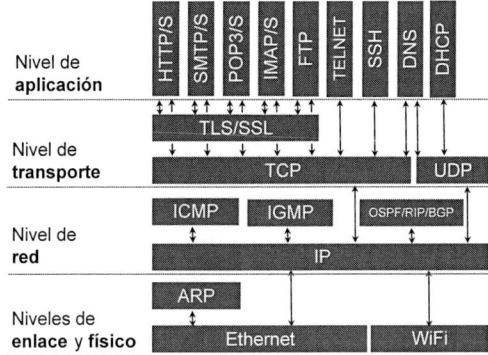

Figura 1.6   Protocolos más comunes en el modelo TCP/IP.

1.5.3. Direccionamiento e identidades de las diferentes capas del modelo TCP/IP

Como se ha indicado anteriormente, cada capa de red utiliza una serie de protocolos para comunicarse con sus homólogos (*peers*). Para ello, necesita una forma de poder direccionar el nodo/capa con el que está comunicándose (pensemos que en una red como Internet hay comunicándose millones o miles de millones de nodos a la vez). Por tanto, según el nivel en el que nos encontremos, identificamos las capas con las siguientes entidades:

- Aplicación: URL (www.u-tad.com), email (pepito@u-tad.com), Twitter @pepito, etc.
- Transporte: protocolo TCP/UDP y puerto HTTPS 443, SSH 22, etc.
- Red/Internet: dirección IPv4 192.168.20.1, IPv6 ff06::c3.
- Enlace: dirección MAC 00:1B:44:11:3A:B7.

- Nivel físico: nivel de señal eléctrica, frecuencia, canal radio, etc.

En la Fig. 1.7 se muestra un ejemplo de estas entidades.

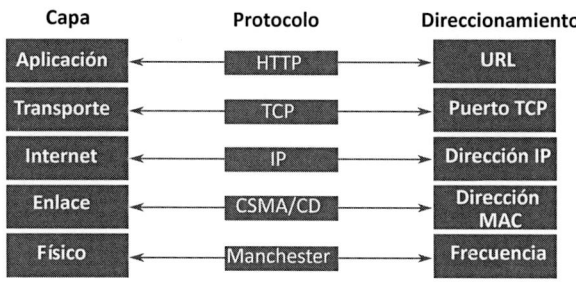

Figura 1.7 Relación entre capa, protocolo y entidades de direccionamiento.

1.5.4. Paquetización y encapsulación/desencapsulación de la información

Una de las grandezas de las redes de computadores y, por ende, de Internet es que hace un uso muy eficiente de los medios de comunicaciones al paquetizar la información. Esto significa que cuando un nodo (ordenador, teléfono móvil, dispositivo IoT) tiene que enviar información a la red no lo hace de forma continua, sino que su información la trocea en paquetes y los va enviado poco a poco. De esta forma, todos los nodos están comunicándose de forma simultánea y no hay que esperar que un nodo termine su comunicación para que pueda empezar a transmitir el siguiente. Desde el punto de vista del usuario, él percibe su transmisión como continua y, desde un punto de vista de la red, esta hace un uso eficiente de los recursos y de los usuarios, ya que está permitiendo comunicarse a todos sus usuarios al mismo tiempo. En la Fig. 1.8 se muestra un ejemplo de todo este proceso de paquetización y encapsulado/desencapsulado de la información. Por otro lado, otro aspecto importante a

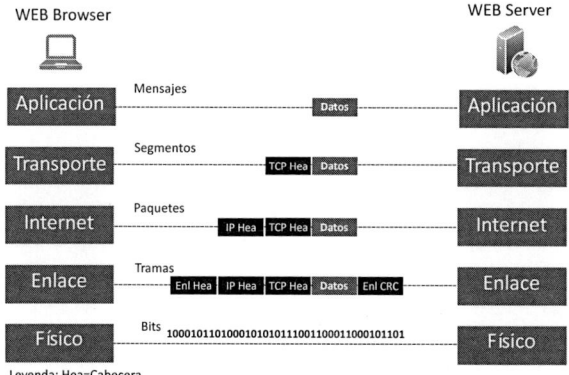

Figura 1.8 Paquetización y encapsulado/desencapsulado de la información en el modelos de capas TCP/IP.

resaltar es que, aunque las capas de los nodos que se están comunicando hablen entre sí con su *peer* usando su protocolo correspondiente, la comunicación física solo puede ir por un camino que es, valga la redundancia, el físico. De esta forma, el método que se sigue para la comunicación es que la capa de nivel superior va construyendo la información y la pasa a la capa inferior, que también incorpora la suya (encapsulado), así hasta llegar al nivel físico, y es enviada por el medio de transmisión (cable u onda de radio). Una vez la información llega al destino, el proceso es el inverso (desencapsulación) y cada capa va tratando su nivel y pasándolo al nivel superior.

1.5.5. Tratamiento del tráfico por los nodos intermedios

Por último, se indica que el objetivo de la comunicación es entre el nodo origen y destino (p. ej. entre un ordenador personal y un servidor WEB), pero que para que esto se produzca tiene que pasar el tráfico (paquetes) por los diferentes nodos de red (*hubs*, *switches*, *routers*, *firewalls*, etc.) de las diferentes redes (LAN, MAN, Internet) que tiene que atravesar. En función del nodo por donde pase el paquete de información, este analizará diferentes niveles de esta información. Por ejemplo, un *router* analiza hasta nivel el 3 y, en cambio, un *hub* simplemente tendrá en consideración el nivel físico. Esto significa que si un nodo intermedio no tiene implementado un nivel, todo lo que lleve el paquete de ese nivel pasa de forma transparente por el nodo y no recibe ningún tipo de tratamiento. En la Fig. 1.9 se resume todo este proceso.

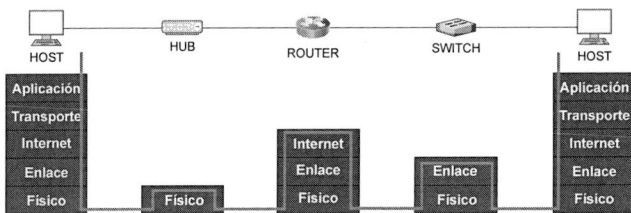

Figura 1.9   Tratamiento del tráfico por los nodos intermedios de una comunicación.

1.6. Entorno VirtualBox y máquinas virtuales con Linux

Para llevar a cabo la experimentación y el análisis de los diferentes conceptos sobre redes de ordenadores que se estudiarán en este libro, será necesario montar un laboratorio de experimentación que nos permita investigar y probar los diferentes protocolos y servicios que ofrecen las redes TCP/IP. Para ello, se utilizará el entorno VirtualBox de Oracle, que nos permitirá montar múltiples máquinas virtuales en nuestro equipo (ordenador, portátil, etc.) que simularán los diferentes nodos de una red, a la vez con sus servicios asociados.

1.6.1. Entorno de experimentación

El entorno de experimentación estará formado por múltiples máquinas virtuales Linux que funcionarán dependiendo de la práctica que se trate como cliente de aplicaciones, *router*, *firewall* y múltiples servidores de aplicaciones, como pueden ser WWW, FTP, SSH, DNS, DHCP, etc.

1.6.2.   Instalación VirtualBox

El primer paso para montar el entorno de experimentación es descargar la aplicación VirtualBox de Oracle e instalarla en nuestro PC. Siguiendo unos pasos muy sencillos, se instala esta aplicación rápidamente. En el siguiente enlace `https://www.virtualbox.org/` está el acceso y las instrucción a dicha aplicación, tal y como se muestra en la Fig. 1.10.

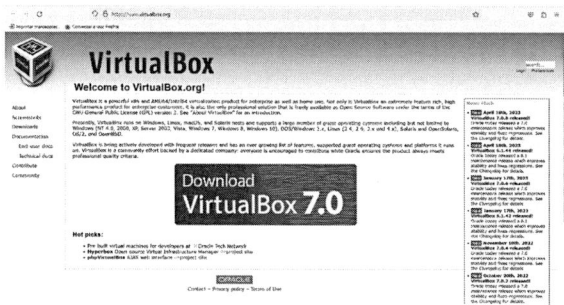

Figura 1.10   WEB del entorno VirtualBox.

Esta aplicación tiene continuas actualizaciones, con lo que es interesante que cada vez que nos proponga realizar una actualización lo hagamos para tener el entorno siempre actualizado a la última versión disponible.

1.6.3.   Máquinas virtuales con SO Ubuntu

Una vez se dispone del entorno VirtualBox, se pueden crear tantas máquina virtuales como se necesite; eso sí, teniendo en cuenta los recursos (procesadores, memoria RAM, disco duro, etc.) de nuestro equipo para no congestionarlo. Esto significa que si nuestro equipo tiene 8 GB de RAM y 4 procesadores, no podremos crear más de tres máquinas (ya que cada una necesita, mínimo, un procesador), ni la memoria RAM de todas ellas podrá acercarse a los 8 GB. El criterio es sencillo: los recursos que asignamos a las máquinas virtuales se los retraemos al equipo; además, hay que dejarle un margen de recursos suficientes al equipo para que siga funcionando. Nuestro laboratorio estará basado en SO Linux Ubuntu, para lo cual nos descargaremos una imagen del sistema operativo en la página oficial y crearemos con esta una máquina virtual con este SO. En el siguiente enlace `https://releases.ubuntu.com/` se pueden descargar las imágenes disponibles. En nuestro, caso nos descargaremos la versión Ubuntu 22.04.1 LTS (Jammy Jellyfish) en su versión Desktop (ver Fig. 1.11).

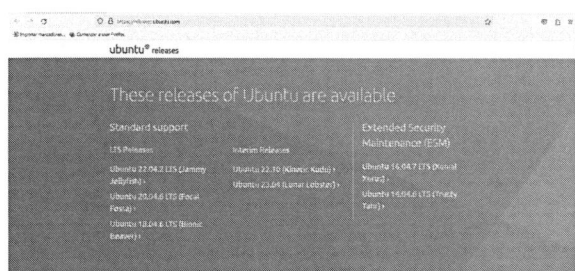

Figura 1.11   WEB del SO Ubuntu.

1.7. Configuración básica de conectividad

En los apartados anteriores se han descrito las nociones básicas para montar un laboratorio de redes de ordenadores basado en la aplicación VirtualBox, cuyos elementos básicos son las máquinas virtuales con SO Ubuntu. En este apartado se hará un análisis más profundo de estas máquinas virtuales, desde un punto de vista de la conectividad, ya que son elementos clave de cualquier red ordenadores que nos permiten implementar las diferentes configuraciones. En este caso se hablará de las interfaces, configuraciones de conectividad IP (NAT, adaptador puente y red interna). Finaliza el apartado mostrando cómo hacer pruebas de conectividad una vez montado el entorno.

1.7.1. Interfaces y configuración de máquinas virtuales

Las máquinas virtuales en VirtualBox, como cualquier dispositivo conectado a una red de ordenadores, dispone, de interfaces (puntos de conexión para conectar a otros dispositivos). En este caso, VirtualBox soporta hasta cuatro interfaces. Esto nos facilita en el diseño de las diferentes redes ya que podemos crear desde nodos que tienen una sola interfaz (como puede ser un, cliente/servidor Web o SSH) hasta elementos más complejos (como un *router* o un *firewall*) con múltiples interfaces. Veámoslo con un poco de detalle en la Fig. 1.12.

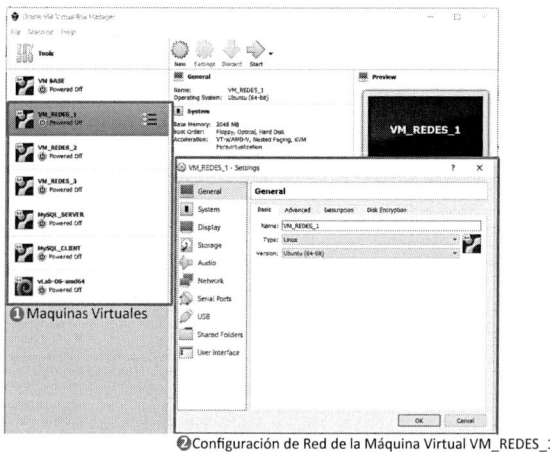

Figura 1.12   Configuración de red de las máquinas virtuales.

Como se observa en dicha figura, tenemos el entorno VirtualBox con varias máquinas virtuales en la parte izquierda de la interfaz (VM_REDES_1, VM_REDES_2, etc.). Si elegimos una de ellas (p. ej. VM_REDES_1) y seleccionamos en Settings (rueda dentada de la parte superior), entramos en la configuración de dicha máquina. Seguidamente, si elegimos Network, podemos ver las diferentes interfaces de red Adapter 1, Adapter 2, etc. En esta parte, podemos activar/desactivar las interfaces de la máquina virtual que necesitemos para el experimento, a la vez que configurar ciertas opciones.

1.7.2. Modo NAT, adaptador puente y red interna

Una vez activadas las interfaces que necesitamos (1, 2, 3 hasta 4), debemos elegir dónde conectamos dichos interfaces en la opción Attached to, tal y como se muestra en la Fig. 1.13.

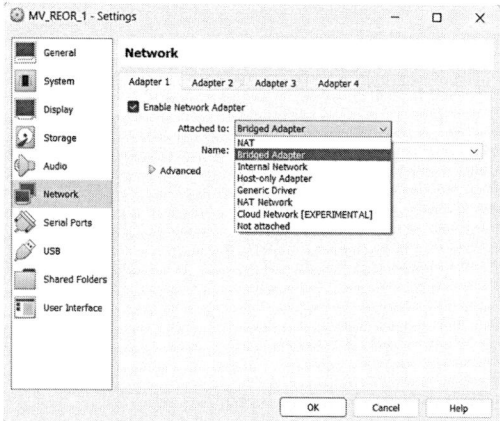

Figura 1.13 Tipos de adaptadores de las máquinas virtuales.

Como se observa, hay varias opciones que establecen la configuración IP de estas máquinas. En este libro, nos centraremos en los tres más importantes, que son:

- NAT: permite acceso a Internet a las máquinas virtuales, pero no permite que las máquinas virtuales se vean entre sí. Suele usarse cuando queremos trabajar con una máquina de forma independiente.

- Bridged Adapter (adaptador puente): en este segundo caso, las máquinas virtuales también pueden acceder a Internet a la vez que pueden *verse* entre sí. Su aplicación más directa es tener una red local de máquinas virtuales que tengan acceso a Internet.

- Internal Network (red interna): las máquinas virtuales pueden *verse* entre sí, pero están aisladas de Internet. Suele usarse para tener una intranet aislada de Internet. En este caso, hay que configurar manualmente los parámetros de conectividad de dichas máquinas.

En la Fig. 1.14 se muestra un esquema simplificado de la filosofía de conexión de cada configuración de interfaces.

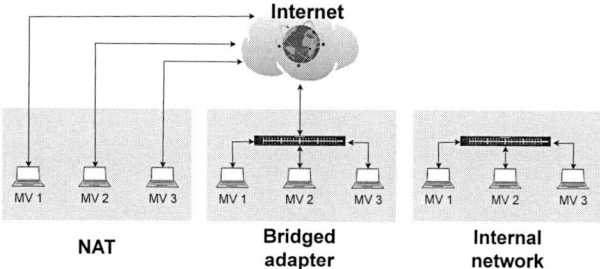

Figura 1.14 Arquitectura de conexión: NAT, adaptador puente y red interna.

1.8. Introducción a la herramienta Wireshark

En este punto ya tenemos descritos los elementos necesarios para montar un laboratorio de experimentación basado en máquinas virtuales. Se dispone del entorno VirtualBox que nos permite crear máquinas virtuales en nuestro equipo y, así, simular diferentes componentes de una red de ordenadores, como pueden ser máquinas clientes, máquinas servidoras de aplicaciones, *routers*, *firewalls*, etc. El siguiente paso es disponer de una herramienta que nos permita analizar el tráfico que circula por dicha red y comprobar su funcionamiento. Para ello, nos apoyaremos en una de las herramientas de SW libre más potentes que existen para este propósito, que es el Wireshark.

1.8.1. Descripción de la herramienta Wireshark

En la Fig. 1.15, se muestra la interfaz principal de la herramienta Wireshark.

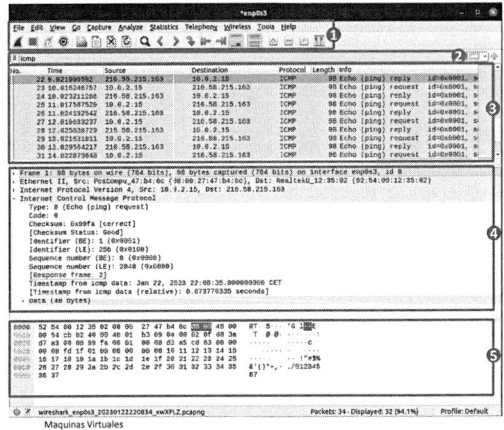

Figura 1.15 Interfaz de la herramienta Wireshark.

Wireshark (`https://www.wireshark.org/`) es uno de los analizadores de protocolos de red más importante y ampliamente utilizado del mundo. Permite analizar lo que sucede en la red y es el estándar de facto en muchas empresas comerciales y sin fines de lucro, agencias gubernamentales e instituciones educativas. El desarrollo de Wireshark prospera gracias a las contribuciones voluntarias de expertos en redes de todo el mundo y es la continuación de un proyecto iniciado por Gerald Combs en 1998. Sus principales características son:

- *Deep inspection* sobre cientos de protocolos.

- *Live capture* y *offline analysis*.

- *Standard three-pane packet browser*.

- *Multi-platform*: Windows, Linux, macOS, Solaris, FreeBSD, NetBSD y muchos otros.

- Los datos de red capturados se pueden mostrar vía GUI o a través de la utilidad TTY-mode TShark.

- Sistema de filtrado más potente de la industria.

- Análisis de VoIP enriquecido.

- Lectura/escritura en infinidad de formatos: tcpdump (libpcap), Pcap NG, Catapult DCT2000, Cisco Secure IDS iplog, Microsoft Network Monitor, Network General Sniffer® (*compressed and uncompressed*), Sniffer® Pro, NetXray®, Network Instruments Observer, NetScreen snoop, Novell LANalyzer, RADCOM WAN/LAN Analyzer, Shomiti/Finisar Surveyor, Tektronix K12xx, Visual Networks Visual UpTime, WildPackets EtherPeek/TokenPeek/AiroPeek y muchos otros.

- Ficheros comprimidos con gzip pueden ser descomprimidos en modo de ejecución.

- Datos en tiempo real leídos directamente de Ethernet, IEEE 802.11, PPP/HDLC, ATM, Bluetooth, USB, Token Ring, Frame Relay, FDDI, etc.

- Soporte para el descifrado de muchos protocolos, incluido ISAKMP, Kerberos, SNMPv3, SSL/TLS, WEP, y WPA/WPA2.

- Salida exportable a XML, PostScript®, CSV o texto plano.

- Reglas de coloración que pueden aplicarse a la lista de paquetes para un análisis rápido e intuitivo.

Por otro lado, la interfaz principal de Wireshark (ver Fig. 1.15), tiene los siguientes elementos:

- Menú y barra de Herramientas principales (1): están las principales funciones y accesos rápidos de la herramienta.

- Barra de Filtrado (2): permite a los usuarios establecer filtros de visualización para filtrar los paquetes a mostrar.

- Ventana de Lista de paquetes (3): muestra un resumen de cada paquete capturado. Al hacer clic en los paquetes de este panel, aparece la información detallada de ese paquete en las otras dos ventanas (Detalle de paquetes y Paquetes de bytes).

- Ventana de Detalle de paquetes (4): presenta el paquete seleccionado en el panel Lista de paquetes con más detalle.

- Ventana de Paquetes de bytes (5): representa los datos (bytes) del paquete seleccionado en el panel Lista de paquetes y resalta el campo seleccionado en el panel Detalles de paquetes.

En la sección de learning `https://www.wireshark.org/#learnWS` se pueden encontrar una cantidad inmensa de cursos, presentaciones y tutoriales tal y como se muestra en la Fig. 1.16. También, está disponible el manual de Wireshark (ver Fig. 1.17).

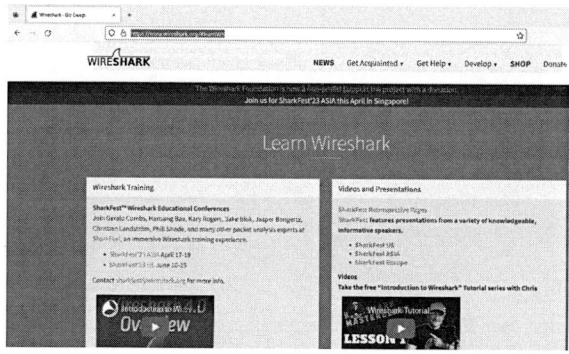

Figura 1.16 *Hub* de documentación de Wireshark.

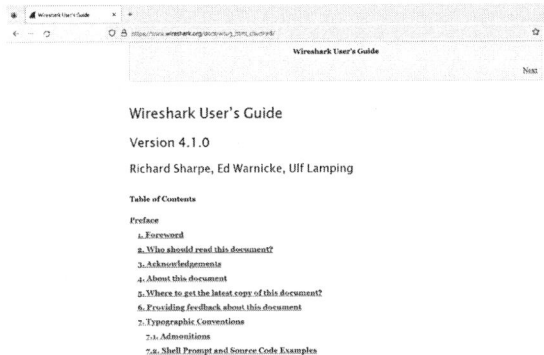

Figura 1.17   Manual de usuario de Wireshark.

Aparte de todas las bondades y actualización continua que tiene esta herramienta, también posee una cantidad inmensa de documentación y tutoriales, que resultan de gran ayuda tanto para los principiantes como para los usuarios experimentados en estas herramientas. Dentro de este mismo apartado, encontramos la pieza clave de la documentación que es el manual de usuario, que se puede descargar o consultar online en el siguiente enlace `https://www.wireshark.org/docs/wsug_html_chunked/`.

1.8.2.   Instalación del entorno Wireshark

El siguiente paso para trabajar en este entorno es instalar la aplicación. En el enlace de descargas `https://www.wireshark.org/#download` (ver Fig. 1.18) están las versiones para Windows y macOS. Además, en el manual de usuario se indica cómo instalar e incluso compilar una *release* para Linux.

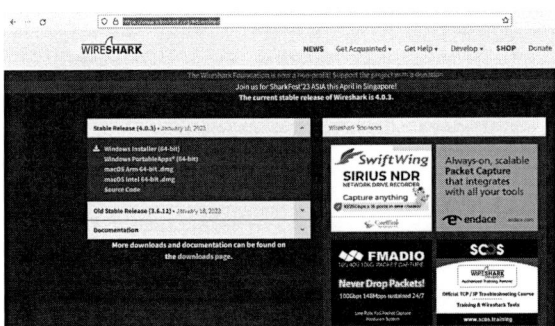

Figura 1.18   WEB de descargas Wireshark.

En nuestro caso, como trabajaremos con máquinas virtuales con SO Ubuntu, seguiremos los pasos para instalarlo en Linux. Esto será tan sencillo como introducir los siguientes comandos en una consola de Linux como root o con privilegios de administrador:

- apt update
- apt upgrade
- apt install wireshark

- y seguir las instrucciones de las ventanas de configuración que van apareciendo.

Una vez está instalada la aplicación ya se puede arrancar con el comando wireshark &. Con este proceso, solo el administrador de la máquina virtual podrá capturar paquetes con Wireshark; el resto de usuarios solo podrán hacer uso de la herramienta para hacer análisis del tráfico que tengan guardado en un fichero. Si se quiere que un usuario de la máquina virtual tenga los mismos privilegios que el administrador, hay que seguir los siguientes pasos con el usuario root si queremos que, por ejemplo, el usuario rsocas pueda usar Wireshark con todas las posibilidades de captura:

- **dpkg-reconfigure wireshark-common**
- Elegir «yes» en el mensaje que aparece de «Should non-superuser be able to capture packets?»
- **adduser rsocas wireshark**

1.8.3. Captura en tiempo real y en diferido

Wireshark tiene dos modos de trabajo principales:

- Tiempo real: en tiempo real la herramienta es capaz de capturar el tráfico que está pasando en ese momento por las interfaces de las máquinas virtuales y mostrarlo al usuario para que pueda hacer los análisis que necesite. Una vez se detiene este modo, se puede salvar la captura de tráfico realizada en un fichero para enviarlo a otro sitio o para un análisis posterior con Wireshark u otras herramientas que soporten los formatos de salida. La forma de trabajar en tiempo real es tan sencilla como pulsar en el botón de la barra de herramientas principal Capture options (rueda dentada), donde emergerá el menú de las interfaces disponibles y, ahí, elegir sobre la que queremos hacer la captura en tiempo real. Ver Fig. 1.19.

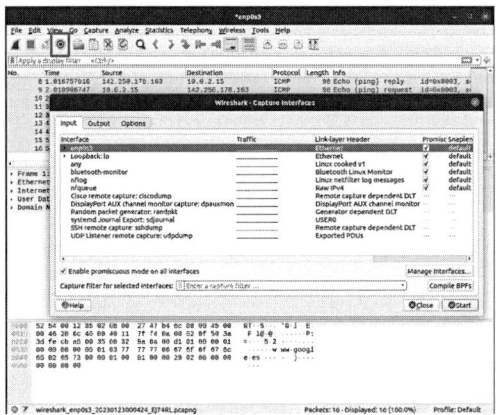

Figura 1.19 Interfaces para captura en tiempo real.

- Tiempo diferido: la opción de tiempo diferido lo que significa es que somos capaces, con Wireshark, de analizar tráfico que está almacenado en un fichero, bien sea porque se ha generado ese fichero con el propio Wireshark o bien porque ha sido generado por otra aplicación de captura de tráfico. En este caso, basta con ir al menú principal y en la opción File, elegir el fichero del que queremos analizar la captura, tal y como se muestra en la Fig. 1.20.

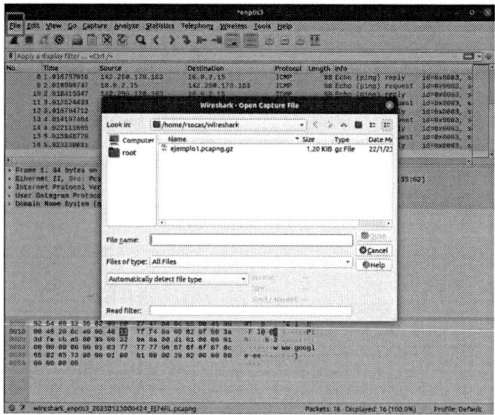

Figura 1.20   Interfaces para captura en tiempo diferido.

1.8.4.   Métodos básicos de filtrado

En la Fig. 1.21, se presenta la interfaz para los filtros de captura y visualización.

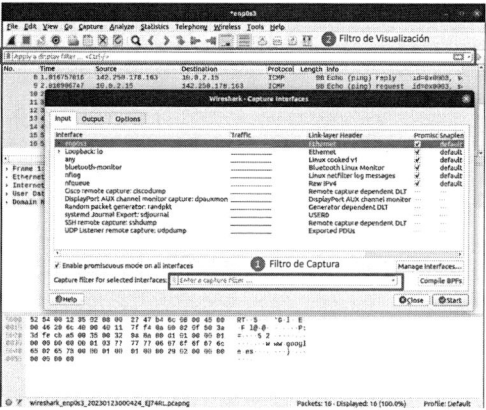

Figura 1.21   Interfaces para incluir filtros de captura y los filtros de visualización.

Para concluir, veamos una de las funcionalidades más potentes que posee Wireshark, que es el filtrado de paquetes. Estos filtros se pueden aplicar en dos ámbitos diferentes:

- Filtros de captura: son los filtros que aplica la herramienta cuando está capturando tráfico en tiempo real. Es muy útil para no saturar el *buffer* y capturar solo el tráfico de nuestro interés.

- Filtros de visualización: es el filtrado que se aplica en la visualización de los paquetes. El tráfico que se está capturando en tiempo real (que puede ir filtrado o no por un filtro de captura) o el tráfico que extraemos de un fichero en diferido podemos filtrarlo para hacer un estudio más preciso y sencillo, ya que mostramos en la herramienta solo los paquetes que queremos analizar.

Cada uno de estos filtros se aplica en ventanas diferentes en la aplicación; el de captura en la ventana donde se configuran las interfaces de captura y el de visualización en la ventana principal.

El filtrado de captura y aún más el de visualización tiene unas posibilidades casi infinitas, por lo que es un tema muy extenso y que cada día evoluciona. En este libro mostraremos las sintaxis básicas de ambos modos de filtrado, que se ilustrarán con varios ejemplos.

1.8.5. Diseño de filtros de captura

Como se ha explicado anteriormente, los filtros de captura se aplican en el momento en el que se está capturando el tráfico, y todo paquete que no cumpla las condiciones de filtrado será descartado por la herramienta. En la Tabla 1.3 se muestra su sintaxis con algunos ejemplos.

Filtro captura	Descripción
host 172.18.5.25	Capturar tráfico solo cuyo origen o destino sera la dirección 172.18.5.25.
net 192.168.1.0/24 , net 192.168.1.0 mask 255.255.255.0	Capturar tráfico cuyo origen o destino sea un rango de IP.
src net 192.168.0.0/24 , src net 192.168.0.0 mask 255.255.255.0	Capturar tráfico origen un rango de IP.
dst net 192.168.0.0/24 , dst net 192.168.0.0 mask 255.255.255.0	Capturar tráfico destino un rango de IP.
port 53	Capturar tráfico DNS (puerto 53).
port not 53 and not arp	Capturar todo excepto tráfico DNS y ARP.
tcp portrange 1501-1535	Capturar de un rango de puertos.
not ether dst 01:80:c2:FF:00:0e	No capturar tráfico destino una MAC.
ip	Capturar solo tráfico IPv4.
not broadcast and not multicast	Capturar solo tráfico unicast.

Tabla 1.3 Filtros de captura ("," significa que vale cualquiera de los filtros).

Una información más exhaustiva sobre los filtros de captura pueden consultarse en el siguiente enlace del manual de Wireshark. `https://www.wireshark.org/docs/wsug_html_chunked/C hCapCaptureFilterSection.html`.

1.8.6.   Diseño de filtros de visualización

Como hemos comentado, los filtros de captura son unas herramientas bastante potentes que ofrece Wireshark; pero los filtros de visualización lo son aún más, ya que soportan multitud de operadores comparación, operaciones lógicas, operadores aritméticos y funciones, etc. En nuestro caso, describiremos los operadores de comparación y las operaciones lógicas, que son las que se muestran en las siguientes tablas. En la Tabla 1.4 se presentan los operadores de comparación y en la Tabla 1.5 las operaciones lógicas.

Operador	Descripción	Ejemplo
==	Igual	ip.src==10.0.0.3
!=	No igual	ip.src!=10.0.0.3
>	Mayor que	frame.len >15
<	Menor que	frame.len <128
>=	Mayor o igual que	frame.len >= 0x100
<=	Menor o igual que	frame.len <= 0x20
contains	Un protocolo o un campo contiene un valor.	sip.To contains "a1762"
matches	Protocolo o campo de texto coincide con una expresión.	http.host matches "acme \\.(org|com|net)"

Tabla 1.4 Operadores de comparación para filtros de visualización.

Operación	Descripción	Ejemplo
&&	Lógica AND	ip.src==10.8.0.5 && tcp.flags.fin
||	Lógica OR	ip.src==10.0.0.5 || ip.src==192.168.1.1
^^	Lógica XOR	tr.dst[0:3] == 0.6.29 ^^ tr.src[0:3] == 0.6.29
!	Lógica NOT	! llc
in	Pertenencia a conjunto	http.request.method in {"HEAD", "GET"}

Tabla 1.5 Operaciones lógicas para filtros de visualización.

Información detallada de cómo hacer estos filtros de visualización en Wireshark puede consultarse en el manual de usuario, en el siguiente enlace `https://www.wireshark.org/docs` `/wsug_html_chunked/ChWorkBuildDisplayFilterSection.html`

En la Fig. 1.22 se muestra un ejemplo de filtro de captura cuya misión es presentar paquetes cuya IP origen sea 10.0.2.15 y cuyo protocolo sea DNS.

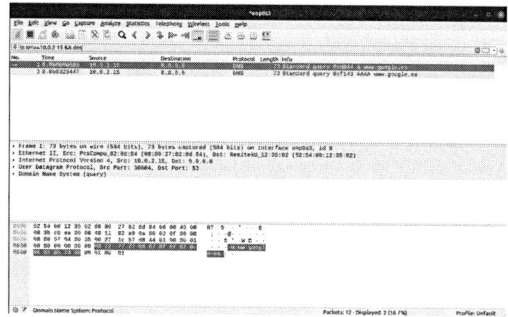

Figura 1.22   Resultado de aplicar el filtro de captura.

Para ver ejemplos prácticos de filtros de visualización en Wireshark puede consultarse el siguiente enlace `https://gitlab.com/wireshark/wireshark/-/wikis/DisplayFilters#e` `xamples`.

En este punto es importante resaltar un concepto esencial sobre la diferencia entre los filtros de captura y los filtros de visualización. En los filtros de captura los paquetes que no cumplan los criterios de filtrado son descartados por la herramienta y ya no se pueden recuperar. En cambio, los paquetes que no cumplan los criterios de filtrado en los filtros de visualización no se presentarán al usuario, pero siguen almacenados en la herramienta; solo se descartan a efectos de visualización. Por tanto, cambiado el filtro de visualización o simplemente no poniendo ningún filtro, se muestran todos los paquetes capturados por la herramienta.

1.9.   Conclusiones

Como conclusiones de este capítulo, podemos resumir que el/la lector/lectora dispone de los conocimientos suficientes sobre:

- Conceptos sobre redes de ordenadores y arquitectura de Internet.
- Elementos *hardware* y modelo *software* de una red de ordenadores.
- Conocimiento de los modelos SW teórico OSI y práctico TCP/IP.
- Concepto de paquetización, encapsulado/desencapsulado de la información, además de comprender la misión de un protocolo, interfaz e identidades de una red.
- Identificación de los principales protocolos e identidades del modelo TCP/IP.
- Entorno de laboratorio basado en VirtualBox y máquinas virtuales con Linux (Ubuntu).
- Conocimiento de la herramienta de análisis Wireshark.

1.10.   Bibliografía

La bibliografía consultada para elaborar este capítulo ha sido la siguiente:

- *Computer networks, 6th edition* [Tanenbaum y Wetherall, 2021].
- *Computer networking: A top-down approach, 8th edition* [Kurose y Ross, 2020].
- *Computer networks: A systems approach* [Peterson y Davie, 2007].

- *An introduction to computer networks* [Dordal, 2014].

- *Telecommunication networks: protocols, modeling and analysis* [Schwartz, 1986].

- *Getting started with oracle VM Virtualbox* [Dash, 2013].

- *VirtualBox 3.1: Beginner's Guide* [Romero, 2010].

1.11. Proyecto práctico

1.11.1. Descripción del proyecto

Este proyecto se propone generar tráfico en las máquinas virtuales Ubuntu y capturarlo con la herramienta Wireshark utilizando filtros de captura y filtros de visualización. El objetivo es que el lector ponga en práctica el uso de la herramienta Wireshark para analizar tráfico en redes de ordenadores. En la Fig. 1.23 se presenta la arquitectura de red a implementar para realizar este proyecto práctico.

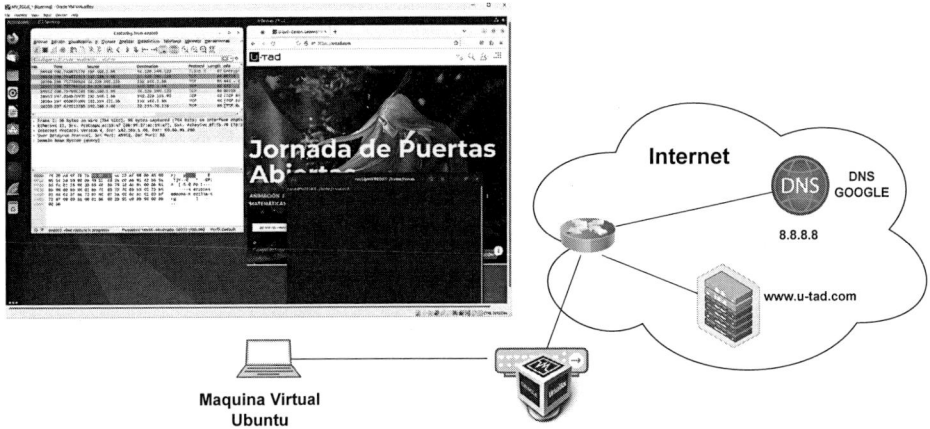

Figura 1.23   Arquitectura del proyecto práctico del capítulo 1.

1.11.2. Fases de ejecución

Para llevar a cabo este proyecto, el lector debe tener una máquina virtual con sistema operativo Ubuntu, en la cual tenga abierta una consola y la herramienta Wireshark correctamente instalada. La máquina virtual debe tener la conexión de red configurada como adaptador puente o NAT (vale cualquiera de las dos opciones). Esta conexión debe permitirle la conectividad a Internet.

La ejecución consistirá en los siguientes pasos:

1. Arranque el Wireshark sin filtro de captura ni filtro de visualización.

2. Genere tráfico, Para ello, arranque el navegador y vaya a la página del U-tad www.u-tad.com, ejecute en la consola el comando ping 8.8.8.8 –c 5 y nslookup www.u-tad.com 8.8.8.8.

3. Pare el Wireshark y analice los paquetes capturados.

4. Ahora aplique un filtro de captura que solo permita capturar el tráfico que va y viene a la IP 8.8.8.8.

5. Arranque el Wireshark con esta nueva configuración.

6. Genere tráfico de la misma forma que hizo en el punto (2).

7. Pare el Wireshark y analice los paquetes capturados.

8. Ahora aplique, además, un filtro de visualización que solo capture los paquetes cuya dirección destino sea la 8.8.8.8 y el protocolo DNS.

9. Arranque el Wireshark con esta nueva configuración; debe estar aplicado el filtro de captura y el de visualización descrito en los puntos anteriores.

10. Genere tráfico de la misma forma que hizo en el punto (2).

11. Pare el Wireshark y analice los paquetes capturados.

Capítulo 2

Nivel de aplicación

«Si piensas que los usuarios de tus programas son idiotas, solo los idiotas usarán tus programas»

Linus Torvalds

2.1. Introducción

Este capítulo se centra en estudiar en profundidad la capa de aplicación del modelo TCP/IP, analizando sus funciones y las arquitecturas cliente-servidor y P2P. Se hace una introducción a las diferentes conexiones que ofrece el nivel de transporte a la capa de aplicación y se introduce el concepto de puerto. Se enumeran los diferentes servicios de aplicación que ofrece el modelo TCP/IP junto con sus protocolos de aplicación y su relación con el nivel de transporte. Se estudian diferentes aplicaciones para analizar el estado de las aplicaciones servidoras, tanto desde el punto de vista del sistema operativo como con una visión externa mediante el escaneo de puertos o el uso de la herramienta Wireshark. Por último, se estudian, tanto a nivel teórico como práctico, las aplicaciones más típicas de Internet, como son: navegación WEB, servicios de DNS, servidor de almacenamiento de fichero y conexiones remotas. Los apartados a tratar en este capítulo serán:

- Funciones de la capa de aplicación.
- Aplicaciones cliente-servidor y P2P.
- Conexiones del nivel de transporte.
- Servicios y protocolos de la capa de aplicación.
- Herramientas de gestión y análisis de las aplicaciones servidoras.
- Servicios de Internet: navegación WEB, DNS, FTP y conexiones remotas.

2.2. Objetivos

Los objetivos de este capítulo son:

- Entender las funciones de la capa de aplicación y los servicios que ofrece.

- Introducir las formas de conexión que ofrece el nivel de transporte.

- Conocer las servicios y protocolos más típicos de la capa de aplicación en el modelo TCP/IP.

- Disponer de herramientas de gestión y chequeo de las aplicaciones servidoras.

- Analizar en profundidad los servicios más típicos de Internet, como son: WEB, DNS, FTP, TELNET y SSH.

2.3. Funciones del nivel de aplicación

En el *software* de una red de ordenadores, modelo de capas OSI o TCP/IP, la capa del nivel superior es la de aplicación, que se encarga de gestionar el servicio que se está ofreciendo entre los dos nodos que se comunican. Es esta capa la que «ven» los usuarios, ya que es el eslabón que une al usuario con la red. En esta capa es donde residen las diferentes aplicaciones (navegación WEB, correo electrónico, WhatsApp, conexión remota, etc.) y es la que utilizan los usuarios de Internet o de cualquier red de ordenadores. En este contexto podríamos analizar el nivel de aplicación del modelo OSI y el del modelo TCP/IP, en este caso solo analizaremos el TCP/IP, ya que es el que tiene una aplicación práctica directa.

2.3.1. Funciones de la capa de aplicación

En la Fig. 2.1 se presentan las funciones y los elementos de la capa de aplicación.

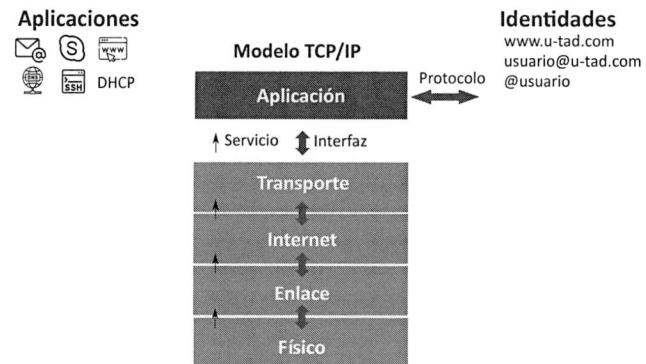

Figura 2.1   Funciones y elementos de la capa de aplicación.

La capa de aplicación contiene el *software* de aplicación junto con toda su lógica correspondiente y, además, en ella, se definen las aplicaciones de red y los servicios de Internet estándar que puede utilizar un usuario. Estas aplicaciones pueden ser de dos tipos:

- Aplicaciones de red: son las que utiliza la red para su propio funcionamiento, como puede ser el servicio de resolución de nombres de dominio DNS o la asignación de IP de forma automática DHCP.

- Servicios: son las aplicaciones que utiliza el usuario final, es decir, los humanos o cualquier sistema autónomo que utilice la red como medio. Aquí, por ejemplo, tenemos la navegación WEB, el servicio de correo electrónico, las comunicaciones por Skype o la conexión remota (SSH).

La capa de aplicación utiliza protocolos para comunicarse con sus *peers* de aplicación en el nodo que está al otro extremo de la comunicación. También se puede ver que existen entidades propias de esta capa (URL WEB, dominios de correo, usuarios de RRSS, etc.), una amalgama de aplicaciones y, además, interfaces/servicios que ofrecen las capas inferiores.

2.3.2. Requisitos de las aplicaciones

Como se ha explicado anteriormente, la capa de aplicación alberga las aplicaciones que prestan los servicios a los usuarios de Internet o de las redes de ordenadores en general. Esta capa de aplicación solicitará a los niveles inferiores una serie de prestaciones que dependerán del tipo de aplicación que se esté usando. Por ejemplo, una navegación WEB será muy estricta en cuanto a la pérdida de información, pero será más flexible en cuanto al retardo. Por otro lado, una comunicación por Skype puede perder algunos paquetes (el oído humano no lo percibe) pero, en cambio, es muy sensible al retardo porque puede producir eco en la comunicación. En este sentido, dependiendo de la aplicación que se use, las capas inferiores tienen que ofrecer una serie de prestaciones. En la Tabla 2.1 se muestran una serie de requisitos genéricos para los diferentes servicios que se ofrecen sobre las redes, tanto desde el punto de vista de la pérdida de información o velocidad (*throughput*) como de presencia de retardos.

Aplicación	Pérdida datos	Velocidad	Sensible al retardo
Transferencia de ficheros	Sensible	Elástico	No
Correo electrónico	Sensible	Elástico	No
Navegación web	Sensible	Elástico	No
Telefonía	Tolerante	1M bps	Sí
Vídeoconferencia	Tolerante	5Mbps	Sí
Streaming audio/vídeo	Tolerante	1Mbps/5Mbps	Sí
Juegos interactivos	Sensible	>5 Mbps	Sí
Mensajería instantánea	Sensible	Elástico	No

Tabla 2.1 Requisitos de las aplicaciones.

Se observa que aplicaciones como el correo electrónico o la navegación WEB, si bien no permiten pérdida de información, son menos restrictivas con los requerimientos de velocidad y retardo. En cambio, la telefonía por Internet permite pérdida de información, pero es mucho más estricta en cuando a la velocidad y los retardos que pueda introducir la red. Todos estos aspectos de pérdida de información, velocidad de transmisión y retardo vienen fijados por las capacidades que ofrecen las capas inferiores en este caso, la capa de transporte, la de Internet, la de enlace y el nivel físico. Existen varias categorías de la capa de transporte, no orientadas a la conexión y orientadas a la conexión, que veremos un poco más adelante[1] y que son las que ofrecen estas prestaciones a los diferentes servicios.

2.4. Aplicaciones cliente-servidor y P2P

Hasta ahora se ha visto que la capa de aplicación alberga las diferentes aplicaciones que usan los clientes y las propias redes para gestionar su funcionamiento. Sabemos, además, que en los extremos de la comunicación estarán ambas aplicaciones en ejecución. El siguiente paso es ver cómo funcionan ese par de aplicaciones. Existen dos categorías principales:

- Aplicaciones cliente-servidor

- Aplicaciones *Peer to Peer* (P2P)

En la Fig. 2.2 se muestran esquemáticamente estos dos tipos de aplicaciones.

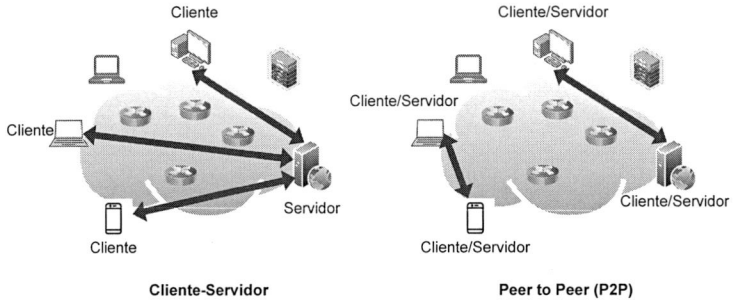

Figura 2.2   Aplicaciones cliente-servidor y P2P.

A continuación, se verá cada una de ellas en detalle.

2.4.1. Aplicaciones cliente-servidor

Las aplicaciones cliente-servidor, como su nombre indica, consisten en que un extremo de la comunicación funciona como cliente (el que solicita el servicio) y el otro terminal funciona como servidor (el que lo ofrece). El caso más típico es una navegación WEB donde un navegador (Firefox, Edge, Chrome, etc.) actúa como cliente, ya que solicita una página WEB a un servidor WEB (p. ej. Apache) que actúa como aplicación servidora. Algunas características típicas de esta configuración son:

- El servidor está continuamente activo esperando solicitudes («escuchando» un puerto).

- El clientes solo se ejecuta cuando necesita el servicio.

- El servidor atiende muchas peticiones de muchos clientes a la vez; por tanto, suelen ser equipos robustos y de altas prestaciones.

---

[1]En este capítulo, de forma somera, en la sección «conexiones orientadas y no orientadas a la conexión». Luego, en el capítulo 3 «TCP/IP: nivel de transporte y red» con mayor profundidad.

2.4.2. Aplicaciones *Peer to Peer* (P2P)

En este caso, la comunicación también se establece entre dos extremos, pero ninguno actúa como servidor en exclusiva, sino que va cambiando el rol a medida que transcurre la comunicación. Cuando la información va en un sentido, un extremo hace de cliente y el otro de servidor; y cuando cambia el sentido, se hace a la inversa. Al contrario que sucedía con las aplicaciones cliente-servidor, que la comunicación se establecía desde muchos clientes a un servidor, en este caso la comunicación suele hacerse solo entre dos extremos. Ejemplos de este tipo de aplicación son el BitTorrent o el EDonkey2000.

2.5. Conexiones orientadas y no orientadas a la conexión

La capa de aplicación requiere de las capas inferiores ciertas capacidades, como son garantías en la entrega de información, velocidad de la comunicación y retardo. Normalmente, estas funciones que garantizan la entrega de información las asume la capa de transporte. Por otro lado, las funciones relacionadas con la velocidad y el retardo recaen en las capas de Internet (red) y enlace/físico. Para ello, existen básicamente dos modalidades de conexión para la capa de transporte, que son: conexión no orientada a la conexión (*connectionless*) y una conexión orientada a la conexión (*connection-oriented*). A continuación, se describe en detalle cada una de ellas.

2.5.1. Servicios ofrecidos por el nivel de transporte

Para intentar garantizar las prestaciones de las diferentes aplicaciones, la capa de transporte ofrece una serie de facilidades (relacionadas con las garantías en la pérdida de información), que son complementadas por el nivel de Internet (red), tales como QoS basado en DiffServ. En este libro, solo nos centraremos en ver lo que ofrece la capa de transporte, ya que los mecanismos de QoS que puede ofrecer el nivel de Internet (capa 3) se escapan del contexto de este texto.

La capa de transporte ofrece dos tipos de conexión, como se resumen en la Fig. 2.3.

	No orientada a la conexión	Orientada a la conexión
Conexión	No necesita conexión para enviar paquetes.	Necesita establecer conexión para enviar paquetes.
Routing	Los paquetes pueden seguir cualquier ruta.	Los paquetes suelen seguir una ruta determinada.
Secuencia	Los paquetes no tienen que recibirse en orden.	Los paquetes suelen recibirse en orden.
Verificación	No se verifica la entrega de los paquetes.	Se verifica la entrega de los paquetes.
Ancho de banda	Requieren menor ancho de banda.	Requieren mayor ancho de banda.
Congestión	No gestionan la congestión.	Posee mecanismos para gestionar la congestión.
Fiabilidad	Menos fiable.	Más fiable.

Figura 2.3 Tipos de conexiones: orientadas a la conexión y no orientadas a la conexión.

De entre las principales características de las conexiones, la no orientada a la conexión, como su nombre indica, no necesita conexión (es más rápida), no garantiza la entrega de paquetes ni es capaz de gestionar la congestión de la red. En cambio, la orientada a la conexión sí es capaz de hacerlo, a cambio de tener que establecer una conexión y, por tanto, ser más lenta su comunicación, a la vez que requiere mayor ancho de banda. En nuestro caso, en la pila TCP/IP, la no orientada a la conexión es el protocolo de transporte UDP; en cambio, para la orientada a la conexión, consideraremos el protocolo de transporte TCP.

2.5.2. Modos de conexión y flujo de paquetes

Hay protocolos de transporte que no requieren conexión, como el UDP, y otros que si como es TCP. Establecer una conexión simplemente ayuda a que ambos extremos acuerden unos números de secuencia al iniciar la comunicación; de esta forma, el cliente va indicando al servidor qué paquetes ha enviado (mediante su secuencia) y el servidor le indica la secuencia que ha recibido. Si tanto en el envío como en la confirmación se pierde algún paquete, se puede detectar, ya que existe una salto en la secuencia. En este caso, se puede pedir al cliente que lo envíe de nuevo. Este mismo mecanismo se usa también en sentido inverso, es decir, desde el servidor al cliente. Resumiendo, para garantizar que se entregan todos los paquetes, se fijan unas secuencias de envío y durante la transmisión, si se detectan saltos en ella, se solicita que se reenvíen los paquetes perdidos. Estos mecanismos se resumen en la Fig. 2.4.

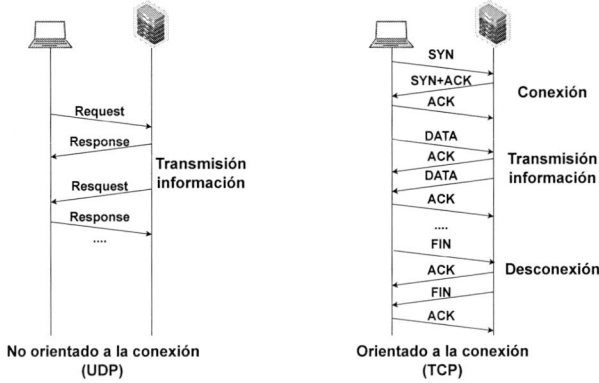

Figura 2.4 Conexiones no orientadas a la conexión (UDP) vs. orientadas a la conexión (TCP).

Como se observa en la figura, en UDP no hay conexión y por tanto ante una pérdida de paquetes, el nivel de transporte no dispone de ningún mecanismo para recuperarlo. En esta situación, será el nivel de aplicación el responsable de su recuperación. Respecto al TCP, para poder inicializar esta secuencia y poder garantizar la entrega de todos los paquetes, la comunicación se formaliza en tres fases bien diferenciadas:

- Conexión (*Three Way Handshake* SYN, SYN+ACK, ACK): donde se sincronizan los números de secuencia.

- Transmisión de la información: se envían los paquetes de información y se confirma su recepción (ACK). En caso de pérdida de secuencia se reenvían los paquetes perdidos.

- Desconexión (*Four Way Handshake* FIN, ACK, FIN, ACK): se liberan los números de secuencia para que estén disponibles para otra conexión.

2.6. Aplicaciones sobre la pila TCP/IP

Una vez descritas las principales aplicaciones y qué requerimientos necesitan del nivel de transporte, veremos ahora el mapeo que se hace de estas con los diferentes protocolos de transporte (TCP o UDP), a la vez que su propio protocolo de aplicación. En este caso, solo nos centraremos en aplicaciones de tipo cliente-servidor.

2.6.1. Aplicaciones clásicas sobre TCP/IP

Con las aplicaciones clásicas que ofrecen servicio sobre redes de ordenadores TCP/IP, como puede ser Internet, existe un *mapping*[2] directo y estandarizado entre los protocolos de transporte y los de aplicación. En la Fig. 2.5 se muestra esta relación.

Aplicación	Tipo conexión (Protocolo transporte)	Protocolo nivel aplicación
Navegación de páginas WEB	TCP	HTTP , HTTPS
Servicio de correo electrónico	TCP	SMTP , SMTPS POP3/S , IMAP/S
Transferencia de ficheros	TCP	FTP , SFTP
Conexión remota	TCP	TELNET, SSH
Resolución de nombres de dominio	UDP	DNS
Asignación parámtros de conectividad	UDP	DHCP

Figura 2.5 Relación entre aplicaciones y protocolos de transporte.

Como se observa en la figura, los servicios que requieren garantías en la conexión van sobre protocolo TCP; en cambio, lo que no son tan restrictivos en este ámbito y prima la velocidad de respuesta, usan protocolo UDP. Respecto a los protocolos de aplicación, existe también una relación directa entre los servicios y los protocolos de aplicación utilizados. En estos hay que destacar que existen versiones que envían la información en claro, como puede ser HTTP o FTP, y otras versiones del mismo servicio seguras (que cifran la información extremo a extremo), como puede ser HTTPS o SFTP. En este caso, los protocolos que ofrecen esas facilidades se apoyan en otros protocolos complementarios, como pueden ser SSL o TLS.

2.6.2. Familia de protocolos de aplicación

Haciendo un esquema llave de los protocolos de aplicación más comunes, nos podemos apoyar en la Fig. 2.6. Observando esta figura, tenemos los siguientes protocolos para los diferentes servicios:

- HTTP o HTTPS: navegación de Páginas WEB.
- SMTP o SMTPS: protocolo en envío de correo electrónico (del cliente de correo al servidor).
- POP3, IMAP o POP3S, IMAPS: protocolo de recepción de correo electrónico (del servidor al cliente).
- FTP o SFTP: servicio de transferencia de ficheros.
- TELNET o SSH: conexión remota en texto en claro o cifrado, respectivamente.

---

[2]Se puede leer como mapeo, lo que significa que se estable una relación.

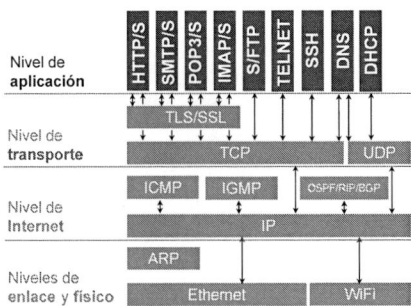

Figura 2.6   Mapa de protocolos de aplicación y relación con los protocolos de transporte y los niveles inferiores.

- DNS: servicio de nombres de dominio.
- DHCP: asignación de parámetros de conectividad, como puede ser la IP, máscara de red, DNS, *Default Gateway*, dominio, etc.

2.7.   Chequeo de la disponibilidad de las aplicaciones

Se ha explicado, en los apartados anteriores, que el modelo de aplicaciones más extendido en las redes de ordenadores es el modelo cliente-servidor, en el que un servidor está continuamente activo esperando a ser invocado por una aplicación cliente o por muchas aplicaciones cliente a la vez. En este punto, se trata de analizar cómo podemos asegurar que nuestra aplicación servidora está ejecutándose correctamente y que al ser invocada por un cliente le va a prestar el servicio requerido. Para ello, se harán dos análisis: uno sobre el propio servidor, apoyándonos en el sistema operativo, y otro basado en el escaneo de puertos, que se puede realizar desde máquinas distantes o también sobre el propio servidor como en el caso anterior. Evidentemente, la forma más completa de verificar un servicio es invocarlo con la aplicación cliente correspondiente. Estos mecanismo que se explicarán aquí nos pueden servir, además, para hacer otras comprobaciones y acciones como administrador del sistema e incluso escanear un grupo de servicios sin tener una aplicación cliente específica para cada uno de ellos.

2.7.1.   Servicios del sistema operativo

Cuando tenemos acceso a la máquina servidora que ofrece el servicio (servidor WEB, servidor DNS, etc.) y esta opera sobre un entorno Linux, podemos comprobar el estado del servicio usando el comando 'service' en una consola del SO, tanto para conocer su estado como para parar/arrancar/reiniciar dicho servicio. En la Tabla 2.2 se muestra un grupo de comandos muy útiles para este propósito. (*) En este ejemplo se usa el servicio apache2, que es un servidor de páginas WEB, pero podría ser cualquier otro. Aunque es evidente, esto solo puede utilizarse si tenemos acceso a la máquina que ofrece el servicio; si queremos saber si el servidor de DNS de Google está operativo o trabajamos en Google y tenemos privilegios de administrador sobre este servidor (si no, este mecanismo no nos sirve y tenemos que explorar el que se explica en el próximo apartado).

Comando	Descripción
service –status-all	Consultar todos los servicios del sistema.
service –status-all | grep +	Consultar solo los servicios activos.
service apache2 status	Consultar el estado de un servicio*.
service apache2 start	Arrancar servicio*.
service apache2 stop	Parar el servicio*.
service apache2 restart	Reiniciar el servicio*.

Tabla 2.2 Comandos del sistema operativo para gestión de los servicios.

2.7.2. Herramienta de escaneo de puertos NMAP

Aunque ya se verá en detalle más adelante[3], las aplicaciones (junto con su protocolo de aplicación) están directamente ligadas a un protocolo (algunas veces dos, como puede ser el DNS) de transporte TCP o UDP y asociadas a un puerto. Podemos decir que un puerto es un identificador que permite diferenciar las aplicaciones dentro de una misma máquina. Analicemos el siguiente caso: un servidor en el que se ejecutan dos aplicaciones, un servicio WEB y conexión remota Telnet. Ambas usan TCP, pues la capa de transporte para diferenciar qué paquetes van a la capa aplicación WEB usa el puerto 80 y para el Telnet el 23; de esta forma, usando los puertos se solventa la ambigüedad. Por consiguiente, los servidores de aplicaciones usan puertos bien conocidos (*well known ports*) para las diferentes aplicaciones. Esto podemos resumirlo de la siguiente forma: un servidor que ofrezca navegación WEB segura y servicio de DNS estará «escuchando» en los puertos TCP/443 y UDP 53 respectivamente. En la Tabla 2.3 se muestra una lista de los puertos de las aplicaciones más comunes que usa la pila TCP/IP, y en el siguiente enlace `https://es.wikipedia.org/wiki/Anexo:Puertos_de_red` se muestra un anexo con todos los disponibles.

Una vez que sabemos que las aplicaciones servidoras están «escuchando» en los puertos correspondientes, el siguiente paso para analizarlas es escanear y comprobar si tienen esos puertos abiertos (la aplicación está operativa y «escuchando» ese puerto). Para ello, usaremos una aplicación muy conocida y muy potente que se denomina NMAP. La herramienta NMAP se puede descargar desde el siguiente enlace https://nmap.org/download.html (ver Fig. 2.7). Como se observa, hay versiones para todas las plataformas Windows, macOS y Linux, aunque nosotros trabajaremos directamente en Linux y no será necesario descargarlo, sino instalarlo directamente como el comando 'apt'.

Para instalar NMAP en Ubuntu hay que seguir los siguientes pasos, y estar en una consola donde entremos como *root*:

- apt update
- apt install nmap

Una vez tenemos la herramienta NMAP instalada, el uso es muy sencillo, aunque soporta

---

[3]En el capítulo 3 TCP/IP: nivel de transporte y red.

Aplicación/Protocolo aplicación	Protocolo transporte/puerto
Navegación WEB / HTTP	TCP/80
Navegación WEB seguro / HTTPS	TCP/443 TLS
Envío correo electrónico / SMTP	TCP/25
Envío correo electrónico seguro / SMTPS	TCP/465 SSL, TCP/587 TLS
Recepción correo electrónico / POP3	TCP/110
Recepción correo electrónico seguro / POP3S	TCP/995 SSL
Recepción correo electrónico / IMAP	TCP/143,220
Recepción correo electrónico seguro / IMAPS	TCP/993 SSL
Transferencia ficheros / FTP	TCP/20 data, TCP/21 control
Transferencia ficheros seguro / SFTP	TCP 22
Conexión remota / TLENET	TCP/23
Conexión remota Segura / SSH	TCP/22
Servicio de nombres de dominio / DNS	UDP/53, TCP/53
Asignación parámetros conectividad /DHCP	UDP/67 servidor, UDP/68 cliente

Tabla 2.3   Relación entre aplicación y protocolo/puerto de transporte.

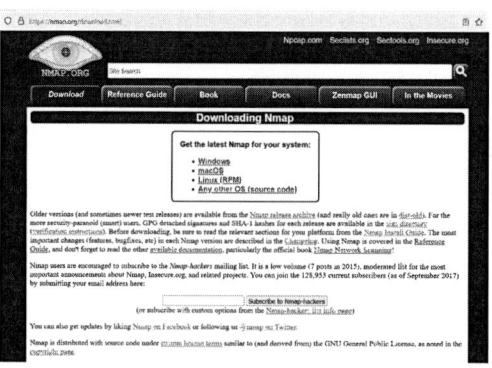

Figura 2.7   WEB de descarga de la aplicación NMAP.

muchas funcionalidades que ya veremos más adelante[4]. De momento, se muestran estos dos usos básicos:

- Escaneo de puertos TCP: nmap <servidor> -p<puerto> -sT
- Escaneo de puertos UDP: nmap <servidor> -p<puerto> -sU

Si, por ejemplo, queremos escanear el puerto TCP 443 de la página WEB del U-Tad, podemos escribir nmap www.utad.com –p443 –sT; en cambio, si queremos escanear el puerto UDP 53 en el servidor de DNS de Google 8.8.8.8, escribiríamos nmap 8.8.8.8 –p53 –sU. Como es obvio, dependiendo de cómo tengan estos servidores los puertos, unas veces responderán que los tienen abiertos y otras cerrados, tal y como se muestra en la Fig. 2.8. El servidor 8.8.8.8 y www.u-tad.com tienen el UDP 53 y el TCP 443, respectivamente, abiertos; en cambio, www.lacaixa.es tiene el TCP 21 cerrado.

Figura 2.8 Resultado del escaneo de puertos con la herramienta NMAP.

Por último, en el siguiente enlace https://nmap.org/man/es/ está disponible toda la documentación de la herramienta en diferentes idiomas.

2.8.   Servicio de navegación WEB

Uno de los servicios más usados en las redes de ordenadores y, por extensión, en Internet es la navegación de páginas WEB. Este servicio consta de dos aplicaciones en configuración cliente-servidor, donde como cliente usamos un navegador (Firefox, Edge, etc.) y como servidor usamos el demonio Apache. En este apartador se analizará cuál es la filosofía de este servicio, cómo instalar/configurar la aplicación servidora y cómo comprobar su funcionamiento mediante diferentes herramientas.

---

[4]En este capítulo, cuando veamos la descripción de los diferentes servicios de aplicación. Luego, en el capítulo 6 con mayor profundidad, al analizar los mecanismos de escaneo de puertos.

2.8.1. Descripción del servicio de navegación WEB

En el servicio de navegación WEB el usuario introduce una URL en el navegador (p. ej. www.u-tad-com) que, tras una resolución de DNS (se explica en el siguiente apartado), obtiene la IP del servidor WEB al que corresponde la URL. Seguidamente, hace una conexión al servidor para pedirle la página WEB (Get con protocolo HTTP) y el servidor obtiene el contenido de esa página y lo devuelve (200 OK protocolo HTTP). Finalmente, la página WEB se muestra en la pantalla del cliente. Si recordamos, el servicio WEB (protocolo HTTP) se ejecuta sobre protocolo de transporte TCP y previo a pedir la página WEB, hay que realizar la conexión (*three way handshake*). Una vez la página WEB ha sido entregada, hay que realizar la desconexión (*four way handshake* o *teardown*) de la sesión. En la Fig. 2.9 se ilustra este proceso obviando por simplicidad la conexión TCP.

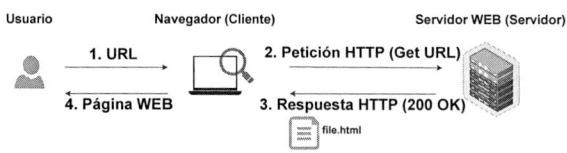

Figura 2.9   Funcionamiento del servicio de navegación WEB.

2.8.2. Instalación de un servidor WEB

A modo de aplicación práctica, instalamos el servidor Apache, que es uno de los servidores WEB más populares. En el siguiente enlace https://httpd.apache.org/ se puede consultar la información detallada sobre este producto. La forma de instalarlo es tan sencilla como en una consola; con el usuario *root* se introducen los siguientes comandos:

- apt update
- apt install apache2

Una vez ejecutados estos comandos, ya tenemos instalado el servidor web Apache en nuestra máquina, que estará actuando como servidor «escuchando» en el puerto TCP/80. El servidor mostrará una página de prueba index.html, que se encuentra en /var/www/html. Si cambiamos el contenido de esta página o la sustituimos por otra, podemos hacer que nuestro servidor WEB ofrezca diferentes contenidos. Para nuestros propósitos, con que se muestre la página de prueba o se agregue algún texto adicional a esta para identificarla es suficiente. Aun así, en el manual de Apache https://httpd.apache.org/docs/ está toda la documentación disponible para configurar este servidor WEB.

2.8.3. Chequeo mediante comandos del SO, NMAP y el navegador

Para comprobar que el servidor WEB está arrancado correctamente mediante comandos del SO basta con ejecutar el comando service apache2 status y ver el resultado en la consola. En la Fig. 2.10 se muestra el resultado de este comando; se observa el campo Active=active (running), lo que indica que el servidor WEB está operativo.

La siguiente forma de comprobación es mediante NMAP. En este caso, lo podemos hacer desde la propia máquina servidora a su propia IP o desde una máquina remota.

Figura 2.10   Comprobación del servicio WEB mediante comandos del sistema operativo.

Para ello, basta con ejecutar el comando nmap <IP servidor> -p80 –sT y obtener el resultado mostrado en la Fig. 2.11, donde se ve claramente que el puerto está abierto.

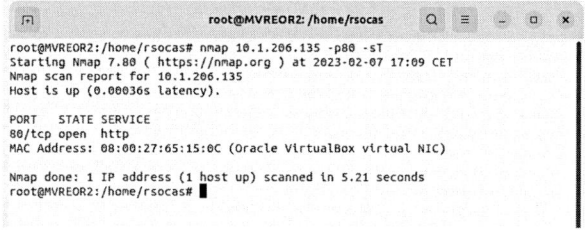

Figura 2.11   Comprobación del servicio WEB mediante la herramienta NMAP.

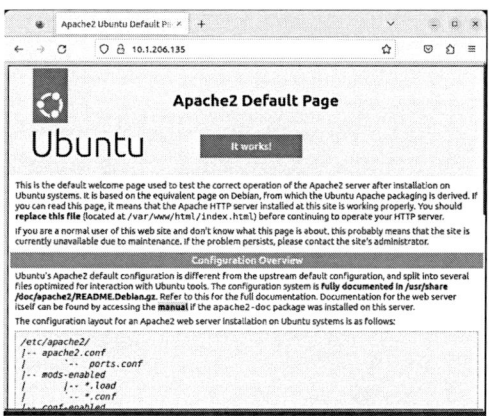

Figura 2.12   Comprobación del servicio WEB mediante un navegador.

Por último, veremos la prueba que haría un usuario del servicio. Se trata de abrir el navegador y poner la URL de nuestro servidor WEB. En nuestro caso, de momento pondremos la IP en vez de la URL hasta que estudiemos los servidores DNS. También, es importante indicar que lo que hemos configurado es un servidor WEB no seguro (puerto 80 con HTTP) y que muchos navegadores no nos dejan poner páginas en HTTP, sino que las fuerzan a HTTPS (entre ellos Firefox). Para que podamos hacer esta práctica con HTTP en Firefox, basta escribir en el navegador about:config y poner la siguiente propiedad a false:

browser.fixup.fallback-to-https = false

Una vez ejecutado este procedimiento, ya podemos poner en nuestro navegador la IP de servidor WEB; debería presentar la página de prueba de Apache tal y como se muestra en la Fig. 2.12.

2.8.4. Análisis del tráfico y paquetes intercambiados con Wireshark

En la Fig. 2.13 se presenta el análisis de tráfico mediante Wireshark.

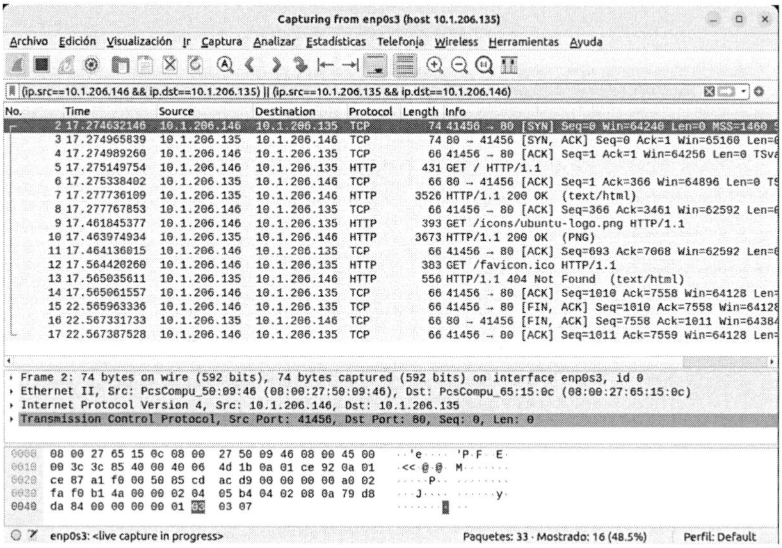

Figura 2.13 Paquetes intercambiados en la navegación WEB entre cliente y servidor.

La forma de analizar con mayor detalle el estado de una comunicación entre la aplicación cliente (navegador) y servidor es mediante el Wireshark. Esta herramienta nos permite mostrar todos los paquetes que se intercambian ambas aplicaciones. Para ello, tenemos la siguiente configuración:

- Cliente: donde está el navegador Firefox, IP=10.1.206.146.
- Servidor: donde está «escuchando» el Apache IP=10.1.206.135.

En este caso, el Wireshark se puede ejecutar en cualquiera de los extremos; aquí hemos optado por ejecutarlo en el lado del cliente. Además, hemos configurado los siguiente filtros para obtener solo el tráfico que nos interesa. Los filtros utilizados han sido:

- Filtro captura host=10.1.206.135: de esta forma solo capturamos el tráfico que va y viene del servidor WEB.
- Filtro de visualización (ip.src==10.1.206.146 && ip.dst==10.1.206.135) || (ip.src==10.1.206.135 && ip.dst==10.1.206.146): así solo capturamos paquetes cuyas IP origen y destino sean nuestro cliente y el servidor WEB.

Se puede observar todas las partes de la comunicación WEB:

- Paquetes 2, 3 y 4: conexión TCP al puerto 80, *three way handshake.*
- Paquete 5: petición de la página WEB del cliente al servidor, HTTP (Get).
- Paquete 7: envío de la página WEB del servidor al cliente HTTP (200 OK).
- Paquetes 8 al 14: más peticiones sobre la página, como son los logos, además de las confirmaciones de los paquetes ACK.
- Paquetes 15 al 17: cierre de la conexión TCP puerto 80, *four way handshake.*

2.9. Servicio DNS

Uno de los principales servicios de aplicación empleados por la red o el resto de aplicaciones es el servicio de nombre de dominio, más conocido como DNS. La principal función que hace el DNS es hacer más legible la red para los humanos; por tanto, su funcionamiento se basa en traducir los nombres de dominio tipo www.u-tad.com o mail.telefonica.net en las IP de los servidores que ofrecen estos servicios. En resumen, se trata de una base de datos distribuida que traduce URL a direcciones IP (v4 y v6). A continuación, se verá cómo funciona este servicio, la instalación/configuración de un servidor, realizar su chequeo y, finalmente, analizar los paquetes que se intercambian las aplicaciones cliente y servidor.

2.9.1. Descripción del servicio DNS

El servicio de DNS se basa en una base de datos distribuida con una estructura de árbol invertida y jerárquica. La estructura de árbol invertido jerárquico de DNS se denomina «espacio de nombres DNS». El árbol del espacio de nombres DNS tiene una raíz única y un gran número de subárboles. Un dominio es un subárbol del espacio de nombres DNS y, a la vez, un dominio se puede dividir en subdominios. Esta idea se resume en la Fig. 2.14.

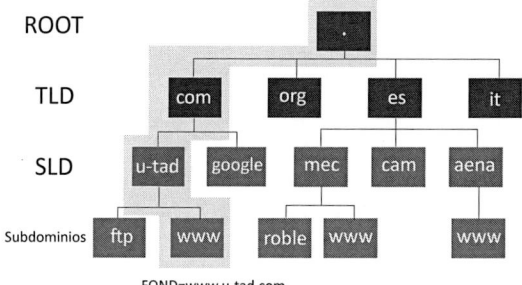

FQND=www.u-tad.com.

Figura 2.14 Estructura de datos del servicio DNS.

En la estructura de árbol invertida del sistema de nombres de dominio (DNS) la parte más alta se denomina raíz (*Root*), donde la raíz está representada por un punto (.).

Después de la raíz, la siguiente capa en la jerarquía de DNS se llama TLD (*Top Level Domains*). Ejemplos de TLD son .com, .org, .es, .it, etc. El segundo nivel en la jerarquía se llama SLD (*Second Level Domain*) y se compone de los nombres comerciales o nombres de las organizaciones. En el segundo nivel de la jerarquía DNS, una organización tiene control sobre su propia resolución de nombres y tiene autoridad para su propia base de datos DNS. Ejemplo: u-tad.com, google.com, mec.es, etc. Una *Fully Qualified Domain Name* (FQDN) identifica los *hosts* o subdominios dentro de la jerarquía DNS. Por ejemplo, www.u-tad.com. es un nombre de dominio completo (FQDN), que identifica un equipo/servicio, en este caso el www en el dominio u-tad.com. El nombre de dominio completo (FQDN) se compone de etiquetas individuales separadas por puntos (.). Hay servidores DNS que operan en diferentes niveles de la jerarquía del espacio de nombres DNS. IANA/ICANN tiene el control general de los servidores DNS ROOT y TLD; los servidores ROOT de Internet pueden consultarse en el siguiente enlace `https://www.iana.org/domains/root/servers` y los TLD en `https://www.iana.org/domains/root/db`. Por otro lado, cuando registramos un nombre de dominio (por ejemplo, u-tad.com), controlamos el espacio de nombres DNS dentro de u-tad.com y todo bajo este dominio es de nuestra autoridad con un servidor SLD. Para entender mejor cómo funcionan las consultas de DNS dentro de esta estructura jerárquica de los nombres de dominio, en la Fig. 2.15 se resumen todos estos pasos.

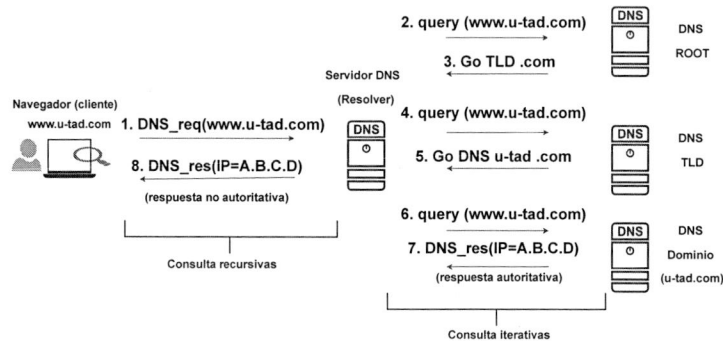

Figura 2.15 Consultas del servicio DNS: recursivas e iterativas.

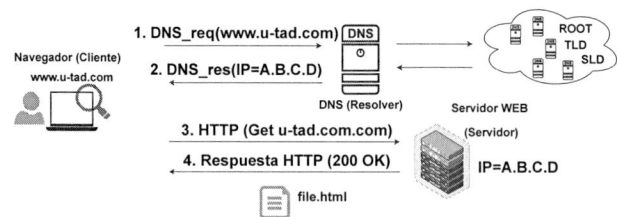

Figura 2.16 Proceso de navegación WEB apoyado en consulta DNS.

Una vez entendida la base de datos jerárquica del servicio DNS, veamos un caso de tráfico. Cuando nuestra aplicación cliente hace una consulta al servidor DNS que tiene definido (se les da el nombre de «*resolver*») y este no es el responsables del dominio (DNS no autoritativo), consulta en Internet a la nube de DNS (ROOT, TLD, SLD). Itera hasta encontrar el servidor propietario (DNS autoritativo) de la URL o FQDN solicitada. Una vez obtiene la respuesta, la devuelve al cliente y la guarda durante un tiempo en caché para evitar tráfico innecesario. En la Fig. 2.16 se resume todo este proceso.

2.9.2. Instalación y configuración de un servidor DNS

En este libro nos apoyaremos en un servidor DNS, el BIND, muy popular en la comunidad de Internet `https://en.wikipedia.org/wiki/BIND`. La forma de instalarlo en Linux es muy sencilla; basta con introducir los siguientes comandos como administrador en una consola Linux:

- apt update
- apt install bind9

Una vez está instalado, hay que configurar varios ficheros:

- /etc/bind/named.conf.options: fichero de configuración general.
- /etc/bind/named.conf.local: fichero de definición de la zona (dominio).
- /etc/bind/db.<dominio> : se crea a partir de /etc/bind/db.local, que es el fichero de configuración de la zona (dominio).

Los tres ficheros en cuestión se presentan a continuación para configurar un dominio que hemos escogido de ejemplo, que es el u-tad.uni. Para ello, vamos configurando cada fichero por separado:

- /etc/bind/named.conf.options: en este fichero se hace una configuración general del DNS; básicamente es que cualquier dominio que no tenga configurado vaya a buscarlo fuera a otros servidores. Esto lo hacemos con la primitiva *forwarders*; en este caso, le estamos diciendo que todo dominio que no tenga definido lo pregunte a los DNS de Google 8.8.8.8 y 8.8.4.4. Luego, hay otras dos primitivas con las que podemos limitar de qué interfaces o red pueden venir las consultas. Tenemos *listen-on*, donde se indica que cualquier interfaz (*any*) nos puede preguntar. Por otro lado, tenemos qué *hosts* o redes nos pueden consultar *allow-query*; en este caso, le indicamos que cualquiera (*any*). En la Fig. 2.17 se muestran las líneas a incorporar.

```
listen-on{
          any;
};

allow-query{
           any;
};

forwarders{
      8.8.8.8;
      8.8.4.4;
};
```

Figura 2.17 Fichero: /etc/bind/named.conf.options.

- /etc/bind/named.conf.local: aquí se define la zona o dominio; en nuestro ejemplo, vamos a definir un DNS para que sirva al dominio u-tad.uni (¡nos lo hemos inventado!). Para ello, usamos la primitiva *zone*, luego se indica que es *type master* (es un DNS primario) y el fichero donde está la base de datos con *file*. El fichero de la base de datos siempre se nombra como db.<dominio>. Finalmente, las primitivas *allow-transfer* y *also-notify* se usan para definir también un DNS secundario. Si fuera el caso, deberíamos indicar la IP de este; en este caso, como solo se está configurando un DNS primario, se pone a 0.0.0.0. En la Fig. 2.18 se muestra el contenido de este fichero.

```
zone "u-tad.uni" {
type master;
file "/etc/bind/db.u-tad.uni";
allow-transfer {0.0.0.0;};
also-notify {0.0.0.0;};
};
```

Figura 2.18 Fichero: /etc/bind/named.conf.local.

- /etc/bind/db.u-tad.uni: este es el fichero de zona o fichero de registro de recursos. Es realmente la base de datos del DNS, es decir, donde están los dominios que sabe resolver. Aquí la forma de proceder es copiar el fichero del sistema /etc/bind/db.local en el de nuestro dominio, que en este caso sería /etc/bind/db-u-tad.uni. Seguidamente, entramos en él y lo modificamos con nuestros datos. En la Fig. 2.19 se muestra el fichero actualizado.

```
$TTL        604800
@           IN      SOA     ns.u-tad.uni.       admin.u-tad-uni.(
                                    2           ;Serial
                                    604800      ;Refresh
                                    86400       ;Retry
                                    2419200     ;Expire
                                    604800 )    ;Negative Cache TTL
;
u-tad.uni.      IN      NS      ns.u-tad.uni.
ns.u-tad.uni.   IN      A       192.168.1.46
www.u-tad.uni.  IN      A       192.168.1.47
ftp.u-tad.uni.  IN      A       192.168.1.48
u-tad.uni.      IN      A       192.168.1.47
```

Figura 2.19 Fichero: /etc/bind/db.u-tad.uni.

Aquí se define lo siguiente:

- Es muy importante que todos los dominios que se escriben en este fichero acaben con ".". Esto indica que es el nivel más alto del dominio *root*.
- El TTL (*Time To Live*) indica el tiempo de vida de los registros en segundos (604800 s, que son 7 días). Cuando se hace una consulta a nuestro DNS, este devuelve la IP del dominio en cuestión y se indica que tiene una validez de 7 días. El receptor guarda esta información en caché y no vuelve a preguntar hasta pasado ese tiempo.
- En la parte de SOA (*Start Of Authority*, autoridad) indica de qué dominio es este DNS responsable. En este ejemplo, del dominio u-tad.uni. (ns significa servidor de DNS) y admin.u-tad-uni. sería el de email del responsable.
- Los parámetros Serial, Refresh, etc. pueden dejarse por defecto, pero indican la versión de la base de datos y los *timmer* (temporizadores) de comunicación con el DNS secundario, etc. Consultar la documentación de Bind para más detalles.

- IN: significa Internet y debe ir en todos los registros.
- NS: se refiere a servidor de DNS y le indicamos qué servidor de DNS es la autoridad del dominio u-tad.uni.
- A: son los registros de IPv4. Además, pueden ser AAAA para IPv6, MX para servidores de correo o CNAME para crear un alias. En nuestro, caso asignamos la IP 192.168.1.46 a nuestro DNS, .47 al servidor WEB, .48 al servidor de FTP y .47 también al dominio base.

A continuación, se muestran, en la Tabla 2.4, otros registros de un fichero de zona de ejemplo para afianzar los conceptos.

Name	**TTL**	*Class*	*Type*	*Data*
madrid.org.	3600	IN	NS	ns.madrid.org.
ns.madrid.org.	3600	IN	AAAA	2001:DB8:1234::1:101
www.madrid.org.	3600	IN	A	203.0.113.1
www.madrid.org.	3600	IN	AAAA	201:DB8:1234::2:102

Tabla 2.4 Ejemplos de registros para el fichero de zona de un DNS.

Finalmente, una vez que tenemos configurados y guardados los tres ficheros, siempre con usuario *root*, ejecutamos los siguientes comandos para que estas configuraciones tengan efectos en la aplicación servidora:

- named-checkconf: comprueba que no hay errores de sintaxis en los ficheros de configuración del DNS.
- named-checkzone: comprueba la sintaxis del fichero de zona, p. ej. named-checkzone u-tad.uni /etc/bind/db.u-tad.uni.
- rndc reload: recargamos la base de datos.
- service bind9 restart: reiniciamos el servidor de DNS.

De esta forma, ha quedado totalmente configurado el servidor DNS para el dominio u-tad.uni. Para más detalles, consultar la documentación del producto en el siguiente enlace https://www.isc.org/bind/.

2.9.3. Chequeo con comandos del SO, NMAP y NSLOOKUP

Una vez está instalado y configurado el servidor, la forma de comprobar si el servicio está activo es mediante el comando del SO service bind9 status. Debe ejecutarse en la máquina servidora, tal y como se muestra en la Fig. 2.20, donde se observa que está activo (*running*). Mediante NMAP, tanto desde la máquina cliente como desde la servidora, se comprueba el puerto UDP/53 mediante el comando nmap <IP servidor> -p53 –sU. En esta caso, se ejecuta desde la máquina cliente, que tiene la IP 192.168.1.47, hacia la servidora, con IP 192.168.1.46, tal y como se muestra en la Fig. 2.21. Tal y como se observa, el puerto está abierto, lo que indica que, servidor está operativo.

Para comprobar el servicio con una aplicación cliente usamos el nslookup. Para ello, preguntamos a la máquina servidora con alguno de los dominios definidos (p. ej. ftp.u-tad.uni) con el siguiente comando nslookup ftp.u-tad.uni 192.168.1.46, donde se observa que devuelve la IP correspondiente, en este caso la 192.168.1.48. Este proceso se muestra en la Fig. 2.22.

```
root@MVREOR1: /home/rsocas                    Q  ≡  _  □  ×

root@MVREOR1:/home/rsocas# service bind9 status
● named.service - BIND Domain Name Server
     Loaded: loaded (/lib/systemd/system/named.service; enabled; vendor preset:>
     Active: active (running) since Thu 2023-02-09 22:58:41 CET; 14min ago
       Docs: man:named(8)
    Process: 773 ExecStart=/usr/sbin/named $OPTIONS (code=exited, status=0/SUCC>
   Main PID: 831 (named)
      Tasks: 4 (limit: 2288)
     Memory: 11.9M
        CPU: 164ms
     CGroup: /system.slice/named.service
             └─831 /usr/sbin/named -u bind

feb 09 22:58:43 MVREOR1 named[831]: automatic empty zone: 8.B.D.0.1.0.0.2.IP6.A>
feb 09 22:58:43 MVREOR1 named[831]: automatic empty zone: EMPTY.AS112.ARPA
feb 09 22:58:43 MVREOR1 named[831]: automatic empty zone: HOME.ARPA
feb 09 22:58:43 MVREOR1 named[831]: configuring command channel from '/etc/bind>
feb 09 22:58:43 MVREOR1 named[831]: configuring command channel from '/etc/bind>
feb 09 22:58:43 MVREOR1 named[831]: reloading configuration succeeded
feb 09 22:58:43 MVREOR1 named[831]: scheduled loading new zones
feb 09 22:58:43 MVREOR1 named[831]: managed-keys-zone: Key 20326 for zone . is >
feb 09 22:58:43 MVREOR1 named[831]: any newly configured zones are now loaded
feb 09 22:58:43 MVREOR1 named[831]: running
lines 1-22/22 (END)
^C
root@MVREOR1:/home/rsocas# █
```

Figura 2.20 Comprobación del servicio DNS mediante comandos del sistema operativo.

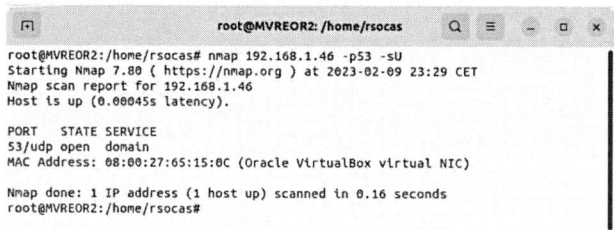

```
root@MVREOR2: /home/rsocas                    Q  ≡  _  □  ×

root@MVREOR2:/home/rsocas# nmap 192.168.1.46 -p53 -sU
Starting Nmap 7.80 ( https://nmap.org ) at 2023-02-09 23:29 CET
Nmap scan report for 192.168.1.46
Host is up (0.00045s latency).

PORT    STATE SERVICE
53/udp  open  domain
MAC Address: 08:00:27:65:15:0C (Oracle VirtualBox virtual NIC)

Nmap done: 1 IP address (1 host up) scanned in 0.16 seconds
root@MVREOR2:/home/rsocas#
```

Figura 2.21 Comprobación del servicio DNS mediante la herramienta NMAP.

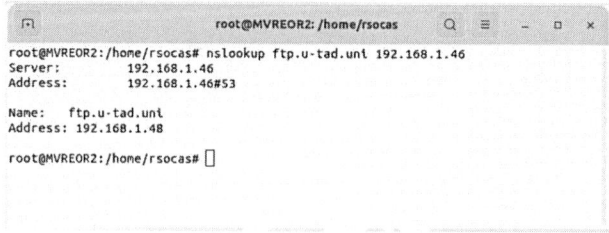

```
root@MVREOR2: /home/rsocas                    Q  ≡  _  □  ×

root@MVREOR2:/home/rsocas# nslookup ftp.u-tad.uni 192.168.1.46
Server:        192.168.1.46
Address:       192.168.1.46#53

Name:   ftp.u-tad.uni
Address: 192.168.1.48

root@MVREOR2:/home/rsocas# ▯
```

Figura 2.22 Comprobación del servicio DNS mediante el comando nslookup.

2.9.4. Análisis del tráfico y paquetes intercambiados con Wireshark

Para analizar el tráfico que intercambia el cliente con el servidor basta con generar tráfico con el nslookup y observar lo que pasa con el Wireshark desde el lado del cliente. Para este experimento nuestro cliente tiene la IP 192.168.1.47 y el servidor tiene la IP 192.168.1.46; con estos datos construimos el filtro de captura. En la Fig. 2.23 se muestra el resultado obtenido.

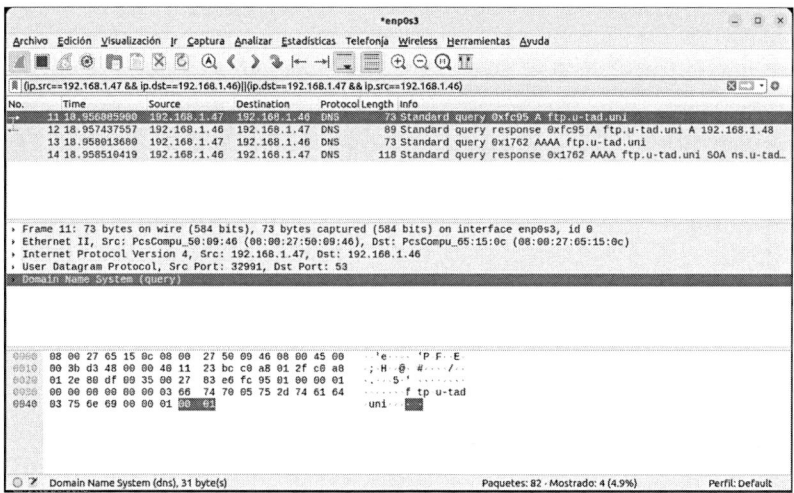

Figura 2.23 Intercambio de paquetes entre un cliente y un servidor DNS.

En este caso, lo primero que se observa es que el servicio DNS usa protocolo de transporte UDP, por lo que no hay conexión al principio ni desconexión al final. Por otro lado, el nslookup, cuando se ejecuta, envía dos preguntas: paquete 11 consulta tipo A (IPv4 para ftp.u-tad.com) y paquete 13 consulta AAAA (IPv6 para ftp.u-utad.com). La respuesta a la primera pregunta (paquete 12) es la IP correspondiente 192.168.1.48; en cambio, a la segunda pregunta no responde ninguna IP porque no tiene definida una IPv6 para ese dominio en su base de datos (paquete 14).

2.10. Servicio FTP, TELNET y SSH

En este apartado, se detalla otro conjunto de servicios típicos de Internet o de las redes TCP/IP, que son las aplicaciones de envío/recepción de fichero a un servidor de FTP y las conexiones remotas. Primero se analizará de forma muy somera la diferencia entre demonios (aplicaciones servidoras) *Stand Alone* y el demonio INETD. Posteriormente, se analizarán ambos servicios (transferencia de fichero y conexiones remotas) y veremos que ambos van sobre protocolo de transporte TCP. A su vez, analizaremos cómo FTP y TELNET usan texto en claro[5] y podremos ver las información transmitida e incluso hasta el usuario y la *password* que se está utilizando en la conexión. Por otro lado, analizaremos cómo en una conexión segura como SSH eso no será posible. Finalmente, una vez instalados, se harán los chequeos típicos del sistema operativo, NMAP y analizar el intercambio de paquetes con la herramienta Wireshark.

---

[5]Texto en claro es el texto o mensaje legible y comprensible para la entidad que puede leerlo (sea una persona, máquina o programa). Fuente: Wikipedia.

2.10.1.   Demonios INETD y *stand alone*

De las aplicaciones servidoras que conocemos hasta ahora (servidor WEB y DNS), cuando se instala el demonio correspondiente (Apache2 o Bind9) se mantiene la aplicación operativa, escuchando en el puerto correspondiente, esperando a que las aplicaciones cliente lo invoquen. Esto es lo que se denomina demonio *Stand Alone*; se necesitan tener operativos tantos como servicios esté ofreciendo el servidor. Dentro de los sistemas tipo UNIX/Linux existe un demonio denominado INETD, súperservidor de Internet, o súperdemonio de red. Este «escucha» todas las peticiones que llegan al servidor y, dependiendo del puerto que soliciten, inicia la aplicación correspondiente. Esto sucede siempre y cuando la aplicación esté instalada y asociada al INETD. En resumen, con este mecanismo, INETD optimiza los recursos del servidor ya que solo inicia los demonios correspondientes cuando los solicita el cliente; en caso contrario, los mantiene «dormidos». En la Fig. 2.24 se presenta esta arquitectura.

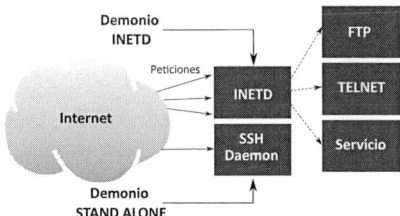

Figura 2.24   Tipos de demonios presentes en los sistemas operativos Linux.

2.10.2.   Servicios de transferencia de ficheros y de conexión remota

El servicio de transferencia de ficheros es un servicio muy útil cuando se quiere guardar información de forma más segura. Normalmente, los servidores de aplicaciones están físicamente en localizaciones más seguras (DC, *Data Center*), donde tienen muchas más garantías para tener la información disponible y con capacidad de recuperación ante fallos técnicos o ataques (*hackers*). Pues el servicio consiste básicamente en que un usuario remoto con una aplicación cliente se conecta al servidor y deposita o recupera los ficheros que tiene en el espacio reservado para su cuenta. En la Fig. 2.25 se representa un esquema de este servicio.

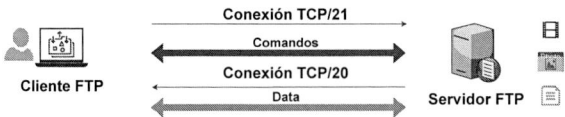

Figura 2.25   Funcionamiento del servicio de transferencia de ficheros FTP.

Aunque existen muchos clientes de FTP gráficos (GUI, *Graphical User Interface*), si se decide usar un cliente por consola (CLI, *Command Line Interface*), los principales comandos a utilizar se presentan como guía en la Tabla 2.5.

Normalmente, los grandes servidores de aplicaciones se disponen físicamente en emplazamientos con seguridad garantizada de difícil acceso. También muchos sistemas están altamente distribuidos; pensemos, por ejemplo, una red móvil que cubra todo un país con más del 20k antenas. Para acceder a estos equipos y gestionarlos desde un punto remoto, como puede

Comando	Descripción
ftp	Accede al intérprete de comandos ftp.
ftp sistema_remoto	Establece una conexión ftp a un sistema_remoto.
open	Inicia sesión en el sistema remoto desde el intérprete de comandos.
close	Cierra la sesión del sistema remoto y vuelve al intérprete de comandos.
bye	Sale del intérprete de comandos ftp.
help	Muestra todos los comandos ftp o, si se proporciona un nombre de comando, se describe brevemente lo que hace el comando.
reset	Vuelve a sincronizar la secuenciación de respuesta de comando con el servidor ftp remoto.
ls	Muestra los contenidos del directorio de trabajo remoto.
pwd	Muestra el nombre del directorio de trabajo remoto.
cd	Cambia el directorio de trabajo remoto.
lcd	Cambia el directorio de trabajo local.
mkdir	Crea un directorio en el sistema remoto.
rmdir	Elimina un directorio en el sistema remoto.
get, mget	Copia un archivo (o varios archivos) del directorio de trabajo remoto al directorio de trabajo local.
put, mput	Copia un archivo (o varios archivos) del directorio de trabajo local al directorio de trabajo remoto.
delete, mdelete	Elimina un archivo (o varios archivos) del directorio de trabajo remoto.

Tabla 2.5 Comandos FTP para cliente tipo CLI.

Característica	SSH	TELNET
Seguridad	Muy seguro.	Menos seguro que SSH.
Puertos	TCP/22.	TCP/23.
Formato de datos	SSH envía todos los datos en formato cifrado. SSH utiliza un canal seguro para transferir datos a través de la red.	Telnet envía los datos en texto en claro.
Autenticación*	SSH utiliza cifrado de clave pública para autenticar a los usuarios remotos.	Telnet no utiliza mecanismos de autenticación.
Privacidad de los datos	Los nombres de usuario y las contraseñas pueden ser propensos a ataques maliciosos.	Los datos enviados utilizando este protocolo no pueden ser fácilmente interpretados por los *hackers*.
Recomendación de red pública/privada	Adecuado para redes públicas.	Adecuado para redes privadas.
Vulnerabilidades	Puede considerarse un reemplazo de Telnet, ya que ha superado muchos de los problemas de seguridad de Telnet.	Es más antiguo que SSH y tiene muchas vulnerabilidades.
Uso de ancho de banda	Alto uso de ancho de banda.	Bajo uso de ancho de banda.
Sistema operativo	Usado en los sistemas operativos más populares.	Utilizado en el sistema operativo Linux y Windows.
RFC	RFC 4253 especifica el servidor SSH.	Telnet fue desarrollado en 1969, comenzando con RFC 15 y extendido en RFC 854.

Tabla 2.6 Análisis comparativo entre SSH y TELNET. (*) Definición de 'autenticación' según la RAE https://twitter.com/RAEinforma/status/12971358755503 06304?lang=es.

ser un centro de control, se usan las conexiones remotas. El cliente que usa la aplicación de conexión remota trabaja en el servidor distante como si estuviera conectado a él directamente. La aplicación cliente, la red y la aplicación servidora le hacen todo ese trabajo y para el usuario es como si estuviese sentado delante del servidor que puede estar a miles de kilómetros. Existen dos tipos de aplicaciones, las que envían texto en claro y las que envían la información cifrada. En cuanto a las primeras, su principal uso es en redes privadas, y en cuanto a las segundas, las que lo hacen con la información cifrada, su uso normalmente es en redes públicas como Internet. En la Fig. 2.26 se muestran de forma resumida estas ideas.

Figura 2.26   Servicios de conexión remota: TELNET y SSH.

Dentro de las aplicaciones de conexión remota, las más típicas son TELNET para texto en claro y SSH para la información cifrada. En la Tabla 2.6 (Fuente: `https://ipwithease.com /ssh-vs-telnet/`) se resumen las características de cada una de ellas.

2.10.3. Instalación de los demonios FTP, TELNET y SSH

Para poner en práctica los conceptos aprendidos, los servicios de FTP y TELNET los instalaremos sobre el demonio INETD. En cambio, el servicio SSH lo instalaremos mediante un demonio Stand Alone. Empezamos instalando FTP y TELNET sobre INETD con los siguientes comandos:

- apt update : actualizamos las lista de paquetes disponibles en Ubuntu.
- apt install openbsd-inetd: instalamos el demonio INETD.
- apt install ftpd : instalamos el paquete FTP sobre INETD.
- apt install telnetd: instalamos el paquete TELNET sobre INETD.

Seguidamente, para instalar el demonio SSH como Stand Alone, la secuencia sería la siguiente:

- apt update: actualizamos la lista de paquetes disponibles en Ubuntu.
- apt install openssh-server: instalamos el paquete SSH como demonio Stand Alone.

2.10.4. Chequeo mediante SO, NMAP y APP cliente

La forma de analizar si estos demonios (aplicaciones servidoras) están ejecutándose en el servidor es utilizar el comando 'service' como hemos hecho en ocasiones anteriores. En este caso, para presentar todos los servicios activos tanto de red como de otras aplicaciones del SO usamos la siguiente modalidad:

service –status-all | grep +

Figura 2.27 Comprobación de los servicios activos en el sistema operativo.

Obtenemos el resultado presentado en la Fig. 2.27.

Como se observa, aparece el demonio INETD (openbsd-inetd), pero no hay ningún registro de FTP ni de TELNET, ya que estos los gestiona directamente INETD. En cambio, para SSH sí que aparece el demonio Stand Alone (ssh). Respecto al INETD sí que se puede revisar su fichero de configuración /etc/inetd.conf y observar que tiene asociados el FTP y el TELNET (línea sin comentar con #). Ver Fig. 2.28.

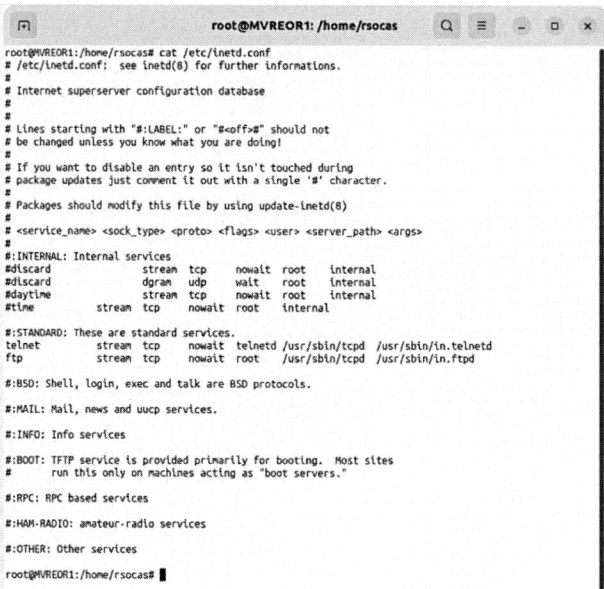

Figura 2.28 Fichero de configuración INETD /etc/inetd.conf.

Para hacer un análisis con NMAP basta con revisar qué puertos TCP tiene abiertos nuestro servidor, cuya IP es 192.168.1.46, con el comando nmap 192.168.1.46 –sT; el resultado se muestra en la Fig. 2.29, donde puede verse claramente que «escucha» el FTP, TELNET y SSH, donde aparecen abiertos.

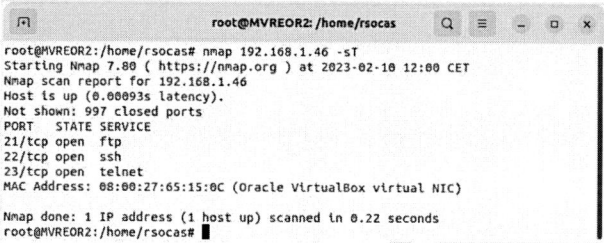

Figura 2.29 Comprobación de los servicios activos mediante la herramienta NMAP.

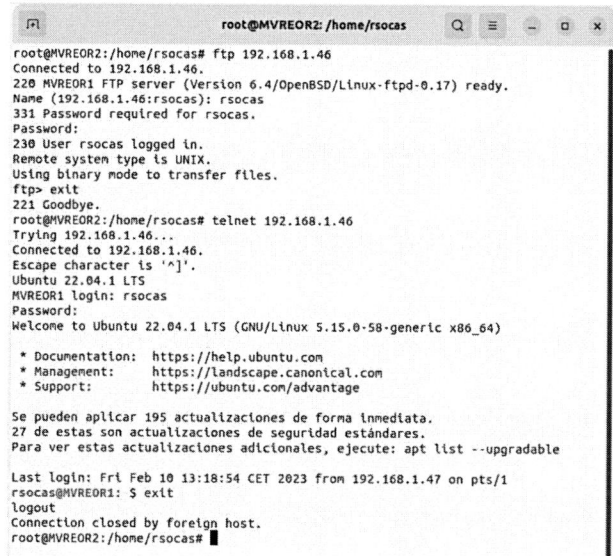

Figura 2.30 Comprobación del acceso al servicio FTP mediante una aplicación cliente.

Si se desea comprobar el acceso a los servicios mediante las aplicaciones cliente, para FTP y TELNET accedemos a los servicios con el comando ftp <servidor> y telnet <servidor> (Fig. 2.30), y para SSH con ssh <usuario>@<servidor> (Fig. 2.31) donde se observa que se conecta correctamente. Normalmente, Ubuntu ya trae instalados los clientes FTP y SSH, y a veces TELNET no lo incorpora. Para ello, basta con instalarlo con apt install telnet.

2.10.5. Análisis del tráfico y paquetes intercambiados con Wireshark

Como último paso para analizar los mensajes intercambiados entre las aplicaciones cliente-servidor de FTP, TELNET y SSH, nos apoyamos en el Wireshark.

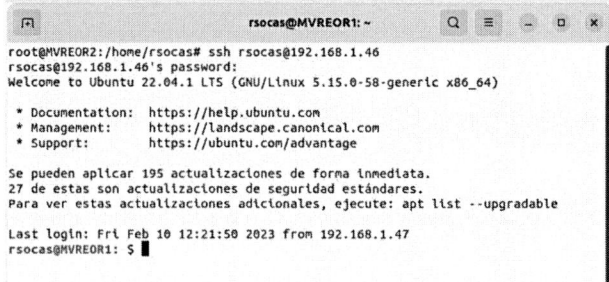

Figura 2.31 Comprobación del acceso al servicio SSH mediante una aplicación cliente.

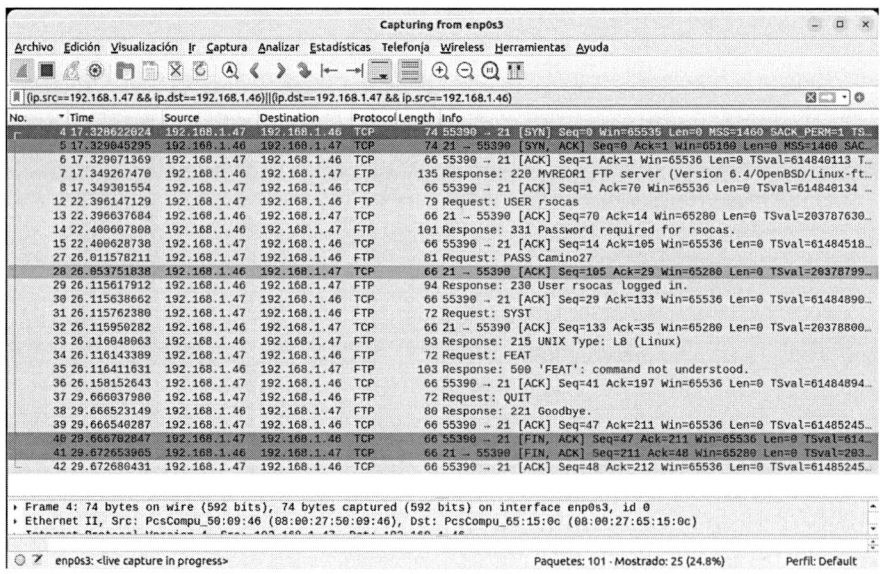

Figura 2.32 Intercambio de paquetes entre la aplicación cliente y servidora del servicio FTP.

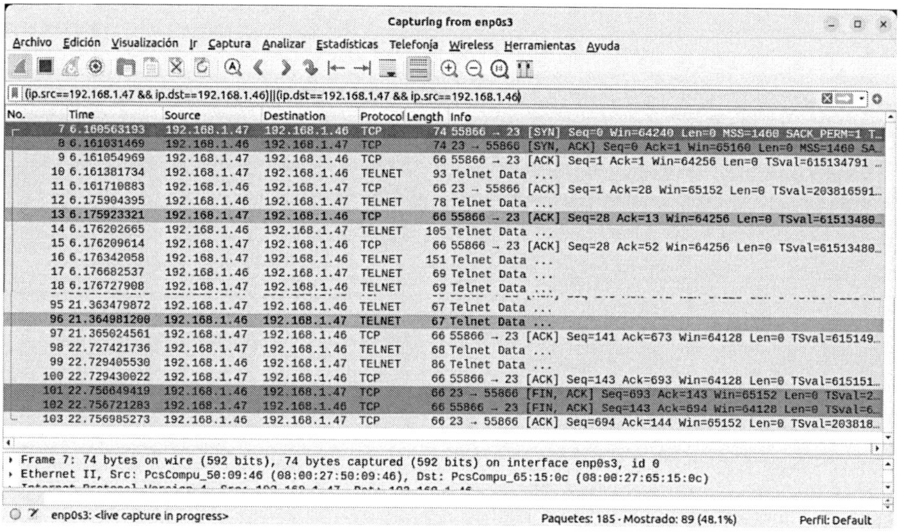

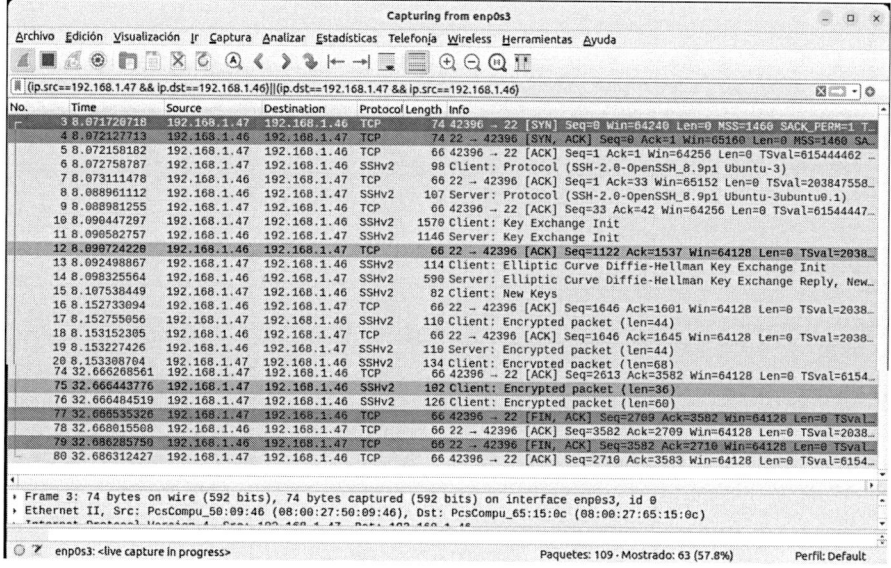

Figura 2.33   Intercambio de paquetes entre la aplicación cliente y servidora del
servicio TELNET.

Figura 2.34   Intercambio de paquetes entre la aplicación cliente y servidora del
servicio SSH.

Para ello, tomamos como dato para el filtro de captura la IP del servidor 192.168.1.46 y la IP del cliente 192.168.1.47.

En la Fig. 2.32 se observa cómo se realiza la conexión de transporte al servidor FTP (*three way handshake*, paquetes 4, 5 y 6); luego vendrá la conexión a nivel de aplicación con protocolo FTP, donde puede verse en texto en claro el usuario y el *password*. Una vez conectado a nivel de aplicación, el usuario intercambiará fichero apoyándose en el puerto 20 (aquí no aparece porque solo hemos hecho conexión y desconexión del servicio). Finalmente, cierra la conexión TCP (*four way handshake*) con los paquetes 40, 41 y 42.

Para el caso del TELNET, la forma de trabajo es la misma (Fig. 2.33). Conexión TCP (paquetes 7 al 9), intercambio de información con protocolo TELNET (paquetes 10 al 100) y cierre de conexión (paquetes 100 al 103). Al igual que pasaba en FTP, aquí la información va en texto en claro y podemos ver todos los datos intercambiados, incluidos el usuario y la *password*.

Por último, para el caso del SSH (Fig. 2.34), se realiza una conexión TCP (paquetes 3 al 5), pero luego cuando empieza la transmisión de información a nivel de aplicación SSH la información va cifrada. Puede verse que los paquetes van encriptados, y por mucho que indaguemos en los campos de Wireshark no podremos ver la información que contienen. Finalmente, se cierra la conexión con el *four way handshake* (paquetes 77 al 80).

2.11. Conclusiones

Como conclusiones de este capítulo, podemos resumir que el/la lector/lectora dispone de los conocimientos suficientes sobre:

- La capa de aplicación en el modelo TCP/IP, tanto de sus funciones como de los requisitos de velocidad, pérdida de información y retardo.
- La diferencia entre una arquitectura cliente-servidor y una P2P.
- Los servicios de Internet más comunes, así como sus protocolos de aplicación.
- El conjunto de un set de herramientas para comprobar y gestionar cualquier aplicación servidora.
- Conocimientos detallados, tanto a nivel teórico como práctico, de los diferentes servicios de Internet, como son: WEB, DNS, FTP, TELNET y SSH.

2.12. Bibliografía

La bibliografía consultada para elaborar este capítulo ha sido la siguiente:

- *Computer networks, 6th edition* [Tanenbaum y Wetherall, 2021].
- *Computer networking: A top-down approach, 8th edition* [Kurose y Ross, 2020].
- *Telecommunication networks: protocols, modeling and analysis* [Schwartz, 1986].
- *TCP/IP protocol suite* [Forouzan, 2002].
- *TCP/IP networking: architecture, administration, and programming* [Martin y Leben, 1994].
- *iLab@ Home: Hands-On Networking Classes without Lab Access* [Pahl, 2020].
- *TCP/IP network administration* [Hunt, 2002].
- *Apache Server 2.0: The Complete Reference* [Bloom, 2002].
- *DNS and Bind* [Liu y Albitz, 2006].

2.13. Proyecto práctico

2.13.1. Descripción del proyecto

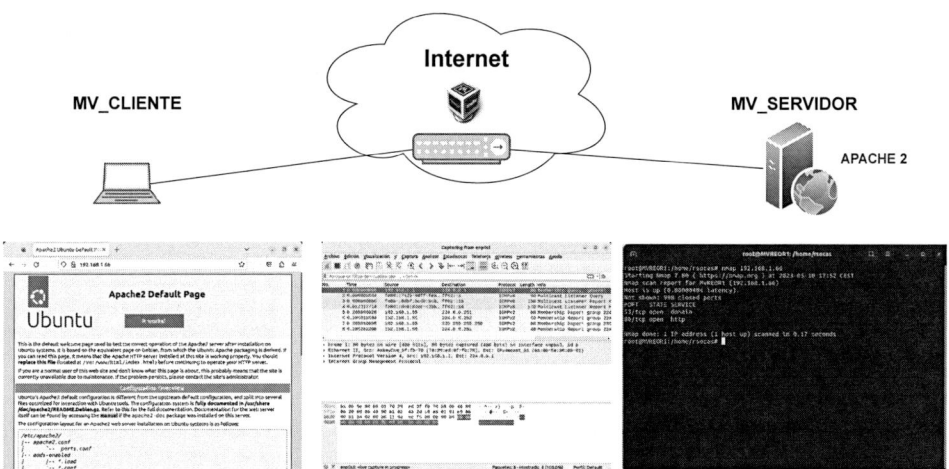

Figura 2.35 Arquitectura del proyecto práctico del capítulo 2.

Este proyecto se propone instalar un servicio de navegación WEB en configuración cliente servidor y comprobar su correcto funcionamiento. El objetivo es que el/la lector/lectora ponga en práctica la instalación de aplicaciones cliente-servidor y utilice el conjunto de herramientas explicadas en este capítulo para validar su funcionamiento. En la Fig. 2.35 se presenta la arquitectura de red a implementar para realizar este proyecto práctico.

2.13.2. Fases de ejecución

Para llevar a cabo el proyecto, el lector debe tener dos máquinas virtuales con sistema operativo Ubuntu correctamente configuradas. Para poder ejecutar este experimento, las máquinas virtuales deben tener la conexión de red configurada como adaptador puente. La ejecución del proyecto consiste en los siguientes pasos:

1. Decida de las dos máquinas virtuales cuál será el cliente que llamaremos MV_CLIEN-TE y cuál será la servidora que llamaremos MV_SERVIDOR.

2. En la máquina servidora MV_SERVIDOR instale el paquete Apache2 y modifique la página de prueba /var/www/html/index.html para que aparezca el nombre del alumno en algún sitio de la página WEB y que este sea visible al cargar la página en el navegador. Al modificar la página para que surta efecto hay que reiniciar el servicio Apache2 (comando 'service').

3. En la máquina cliente MV_CLIENTE tienen que estar instalas las siguientes aplicaciones:
   - Wireshark
   - NMAP
   - Navegador Firefox, que ya está instalado por defecto al instalar el Ubuntu; si no está, hay que instalarlo.

4. Desde la consola de la máquina virtual MV_SERVIDOR se debe comprobar que el demonio apache está corriendo (usar los comandos del SO service), y analizar el resultado de este análisis comentando lo que aparece en pantalla tras la ejecución de estos comandos.

5. Desde la consola de la máquina virtual MV_CLIENTE, comprobar que el puerto para el servicio HTTP en el servidor está abierto (usar herramienta NMAP) y analizar el resultado del comando NMAP.

6. En la máquina virtual MV_CLIENTE se debe arrancar el Wireshark y poner los filtros necesarios para ver SOLO el tráfico que circula entre la MV_CLINTE y MV_-SERVIDOR en ambos sentidos. Hay que cargar la página en el navegador poniendo la IP de servidor en este y comprobar que aparece la página de prueba en el navegador. Al mismo tiempo, hay que analizar todos los paquetes que aparecen en el Wireshark e intentar interpretar todos y cada uno de los paquetes que muestra la herramienta.

Capítulo 3

TCP/IP: nivel de transporte y red

«Los ordenadores son buenos siguiendo instrucciones, no leyendo tu mente»

Donald Knuth

3.1. Introducción

Este capítulo se centra en estudiar en profundidad el nivel de transporte y el nivel de red del modelo TCP/IP, analizando sus funciones y los diferentes servicios que ofrecen a las capas superiores, a la vez que los mecanismos que implementan para conseguir una comunicación fiable y sin errores. Se hace una introducción histórica al modelo TCP/IP y se detalla su evolución y cómo ha marcado lo que es hoy en día Internet. Se explican las principales funciones de la capa de transporte, cómo es el control de errores, el direccionamiento de aplicaciones, la segmentación, la multiplexación, el control de flujo y de la congestión. Se analizan también con cierto detalle los mecanismos de suma de verificación, más conocida como *checksum*, se profundiza en los protocolos de transporte UDP/TCP y se completa con el estudio del protocolo IP, incluyendo el direccionamiento CIDR. Este capítulo finaliza con la descripción de los protocolos que complementan al IP, como son ICMP o los protocolos de *routing*. Los apartados a tratar en este capítulo serán:

- Historia del modelo TCP/IP.

- Funciones de la capa de transporte.

- Suma de verificación.

- Protocolos de transporte UDP/TCP.

- Funciones de la capa de Internet

- Direccionamiento CIDR IPv4.

- Otros protocolos de nivel de Internet.

3.2. Objetivos

Los objetivos de este capítulo son:

- Entender las funciones de la capa de aplicación y los servicios que ofrece.

- Introducir las formas de conexión que ofrece el nivel de transporte.

- Conocer las servicios y protocolos más típicos de la capa de aplicación en el modelo TCP/IP.

- Disponer de herramientas de gestión y chequeo de las aplicaciones servidoras.

- Analizar en profundidad los servicios más típicos de Internet, como son: WEB, DNS, FTP, TELNET y SSH.

3.3. Historia del modelo TCP/IP

Internet tal y como lo conocemos hoy en día ha tenido un desarrollo importante en las últimas décadas para tener un conjunto de protocolos que nos permiten ofrecer los servicios que usamos a diario. Pero esto tuvo un comienzo no muy lejano, allá por los años 70 del siglo pasado, cuando pioneros como Robert Kahn[1] y Vinton Cerf[2] pusieron los cimientos para que se produjera el milagro de lo que hoy en día conocemos como Internet. En este apartado se describirán de forma somera cómo se fraguó este hito.

3.3.1. Historia del modelo TCP/IP

El trabajo sobre TCP e IP se remonta a la década de 1970, cuando Robert Kahn y Vinton Cerf presentaron el primer artículo, titulado *A Protocol for Packet Network Intercommunication* (`https://www.cs.princeton.edu/courses/archive/fall06/cos561/papers/cerf74.pdf`) en la conferencia IEEE Transactions on Communications en 1974. Por este hecho y los desarrollos posteriores de sus trabajos en este campo se los considera los padres de Internet. (Fuente: `https://es.m.wikipedia.org/wiki/Robert_Kahn`, `https://es.m.wikipedia.org/wiki/Vinton_Cerf`).

Posteriormente, Vinton Cerf, Yogen Dalal y Carl Sunshine publicaron el artículo RFC 675, *Specification of Internet Transmission Control Program*, en diciembre de 1974 `https://www.rfc-editor.org/rfc/rfc675`. La versión inicial publicada, RFC 675, no era completamente funcional, por lo que se pidió a los autores que revisaran el trabajo original. Finalmente, en 1981, se publicó la especificación v4 de TCP/IP. Esta vez no fue uno, sino dos RFCs separados:

- RFC 791 *Internet Protocol*, `https://www.rfc-editor.org/rfc/rfc791`.

- RFC 793 *Transmission Control Protocol*, `https://www.rfc-editor.org/rfc/rfc793`.

Estas dos RFCs constituyeron el famoso *set* de protocolos TCP/IP, que hoy en día son el sistema nervioso de Internet.

---

[1]Fuente: COIT `https://forohistorico.coit.es/index.php/personajes/personajes-internacionales/item/khan-robert-elliot`.
[2]Fuente: BBC `https://grupobcc.com/speakers/vinton-cerf/`.

3.3.2. Evolución del IP

El v4 en IPv4 es una herencia de su relación con TCP: no existen protocolos IPv1, IPv2 o IPv3 independientes. Por lo tanto, 'v4' en IPv4 significa la cuarta versión de la RFC original que nunca se llegó a publicar.

El trabajo sobre protocolo de Internet de próxima generación (IPng) comenzó en 1994. IPng significa IP de próxima generación, pero fue nombrado IPv6 (el nombre oficial del protocolo de Internet) debido a la convención de nomenclatura. Tanto TCP como IP han pasado por actualizaciones significativas en las últimas cinco décadas. Se han propuesto más de 100 variantes de TCP en la literatura hasta la fecha. Están disponibles más de 10 variantes de TCP en el kernel de Linux (TCP CUBIC es el predeterminado). Se ha usado CUBIC en macOS como predeterminado desde 2014, y Microsoft Windows lo usa desde 2017.

3.3.3. Evolución del TCP

Los fundamentos establecidos por la RFC 793, que fue el primer artículo sobre Internet y TCP, incluían todas las características excepto el control de congestión, que se incluyó a partir de la siguiente versión. En ese momento, no se sabía que Internet se volvería tan popular y avanzado en las siguientes décadas. El protocolo TCP se enfrentó y se enfrenta a muchos desafíos por este hecho; por tal motivo, un campo de opción se incluyó en la cabecera TCP para futuras optimizaciones.

TCP Tahoe fue la primera variante TCP con la incorporación de algoritmo de control de congestión. Inicialmente tenía sus limitaciones y, luego, TCP Reno encontró una solución. TCP NewReno dominó Internet durante diez años, y ahora es, junto con TCP CUBIC, uno de los más extendidos.

Se puede ampliar más información sobre estos aspectos de evolución del TCP/IP en los siguientes enlaces:

- `https://www.geeksforgeeks.org/history-of-tcp-ip/`.
- `https://en.wikipedia.org/wiki/Internet_protocol_suite`.

3.4. Funciones de la capa de transporte

Este apartado se centra en estudiar de manera genérica la capa de transporte, que servirá de base para entender en los apartados posteriores los protocolos TCP y UDP, que son una implementación real de este nivel en la pila TCP/IP. Se presenta una descripción de las funciones que tiene la capa de transporte, haciendo alusión a los mecanismos de control de errores, al direccionamiento de las aplicaciones, a la segmentación, la multiplexación, al control de flujo y a la gestión de la congestión.

3.4.1. Funciones del nivel de transporte

La capa de transporte establece canales de datos básicos que las aplicaciones utilizan para el intercambio de información entre los nodos finales que se están comunicando. La capa establece la conectividad de *host* a *host* (equipo final a equipo final) en forma de servicios de transferencia de mensajes de extremo a extremo que son independientes de la red subyacente e independientes de la estructura de los datos del usuario y la lógica de la aplicación. La conectividad en la capa de transporte se puede clasificar como orientada a la conexión (*connection-oriented*), implementada en TCP, o sin conexión (*connectionless*), implementada en UDP. En la Fig. 3.1 se representa esta situación, donde se ve que el diálogo de los protocolos de transporte es siempre extremo a extremo. Como resumen, podemos indicar que la capa de transporte aporta los canales de comunicación básicos (*sockets*) que las aplicaciones utilizan para enviar la información desde el origen al destino.

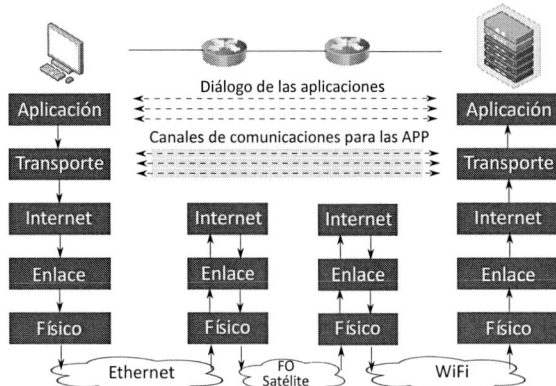

Figura 3.1   Diálogo de los nodos finales a través de la capa de transporte.

Los protocolos de transporte están diseñados para proporcionar, entre otras, las siguientes funcionalidades básicas:

- Control de errores.
- Direccionamiento de aplicaciones (puertos).
- Segmentación y multiplexación.
- Control de flujo.
- Control de congestión.

De cada una de estas funcionalidades que aporta la capa de transporte se hará una descripción en los siguientes subapartados.

3.4.2.   Control de errores

El nivel de transporte tiene, entre otras funciones, la entrega fiable de información. Para ello se apoya en tres aspectos básicos:

- Control de errores.
- Control y pérdidas de secuencia.
- Control de duplicados.

El control de errores se basa en la detección de errores y en la retransmisión de los segmentos erróneos o dañados. Cada mensaje contiene un campo de suma de verificación (*checksum*) para comprobar si el segmento está dañado. Si se encuentra que un segmento está dañado debido a una suma de comprobación no válida, el punto final lo descartará y se considerará perdido. Si bien el control de errores del nivel de enlace de datos asegura este aspecto nodo a nodo, no lo hace extremo a extremo; por eso se hace necesario implementarlo también en la capa de transporte. El control de secuencia en los segmentos de información enviada/recibida también es crucial para detectar cuándo se pierde información (y solicitar que se reenvíe), cuándo no está ordenada o para que se pueda reensamblar correctamente. Por último, para el control de duplicados, el nivel de transporte debe garantizar que ningún segmento de datos llegue al receptor duplicado. Para ello, se apoya también en los números de secuencia que identifican los segmentos duplicados para descartarlos. En la Fig. 3.2 se representan de forma simplificada estos conceptos.

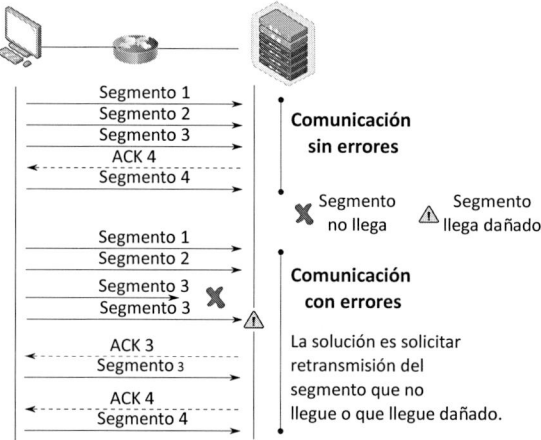

Figura 3.2 Mecanismos de control de errores.

3.4.3. Direccionamiento de aplicaciones (puertos)

El nivel de transporte interactúa con el nivel de aplicación para la entrega de los datos; por ello, la comunicación no es entre equipos finales sino de aplicación a aplicación. Dado que muchas aplicaciones pueden estar ejecutándose en un mismo equipo, sea cliente o servidor, es necesario un nivel de direccionamiento que asegure la entrega del mensaje a la aplicación adecuada. Para ello, el nivel de transporte se apoya en el concepto de puerto para identificar la aplicación Internet. La *Internet Assigned Numbers Authority* (IANA) define procedimientos para la administración del registro de nombres de servicio y números de puerto de protocolo de transporte (RFC 6335) `https://www.rfc-editor.org/rfc/rfc6335.html`. En la Tabla 3.1 se presenta un extracto de los más populares.

Resumiendo, y como se ha visto en capítulos anteriores, el puerto a nivel de transporte identifica de forma unívoca las aplicaciones que se están comunicando y evita ambigüedades a la hora de entregar la información a las diferentes aplicaciones, tanto clientes como servidoras, cuando en ellas está ejecutándose más de una aplicación a la vez.

Para ilustrar este concepto nos apoyaremos en la Fig. 3.3. En esta figura, cuatros aplicaciones clientes (WEB, FTP, DNS y DHCP) en una misma máquina cliente se están comunicando con cuatro aplicaciones servidoras (WEB, FTP, DNS y DHCP), también es una sola máquina servidora.

El modo de direccionamiento es sencillo:

- Cada aplicación cliente, cuando tiene que comunicarse con su aplicación servidora, envía la información correspondiente al nivel de transporte.

Aplicación/Protocolo aplicación	Protocolo transporte/puerto
Navegación WEB / HTTP	TCP/80
Navegación WEB seguro / HTTPS	TCP/443 SSL
Envío correo electrónico / SMTP	TCP/25
Envío correo electrónico seguro / SMTPS	TCP/465 SSL, TCP/587 TLS
Recepción correo electrónico / POP3	TCP/110
Recepción correo electrónico Seguro / POP3S	TCP/995 SSL
Recepción correo electrónico / IMAP	TCP/143,220
Recepción correo electrónico seguro / IMAPS	TCP/993 SSL
Transferencia ficheros / FTP	TCP/20 data, TCP/21 control
Transferencia ficheros seguro / SFTP	TCP 22
Conexión remota / TLENET	TCP/23
Conexión remota regura / SSH	TCP/22
Servicio de nombres de dominio / DNS	UDP/53, TCP/53
Asignación parámetros conectividad /DHCP	UDP/67 servidor, UDP/68 cliente

Tabla 3.1 Relación entre aplicación y protocolo/puerto de transporte. (Fuente: `ht tps://www.iana.org/assignments/service-names-port-numbers/service-nam es-port-numbers.xhtml`).

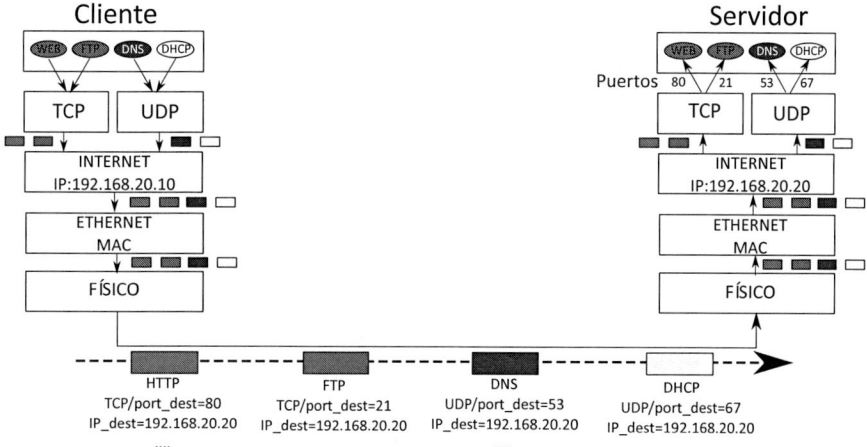

Figura 3.3   Direccionamiento de aplicaciones a través de los puertos.

- Cuando las aplicaciones requieren conexiones orientadas a la conexión, como es el caso de WEB y FTP, solicitan una conexión TCP (*socket* TCP). En cambio, aquellas aplicaciones que requieren una conexión no orientada a la conexión solicitan una conexión UDP (*socket* UDP).

- Existe una asociación estándar entre aplicación, protocolo de transporte y puerto regulada por la IANA. De esta forma, todos los servidores en Internet funcionan de la misma manera. Los servidores WEB «escuchan» siempre en el puerto 80 o 443 si va cifrada, los de FTP el 21, DNS 53, etc.

- En el siguiente paso, en el nivel de la capa de Internet (red), los segmentos de información ya van todos bien etiquetados de la siguiente forma:
  - WEB, protocolo aplicación HTTP, transporte TCP y puerto destino 80.
  - Transferencia de ficheros, protocolo aplicación FTP, transporte TCP y puerto destino 21.
  - Servicio de nombres de dominio, protocolo aplicación DNS, transporte UDP y puerto destino 53.
  - Servicio conectividad IP, protocolo aplicación DHCP, transporte UDP y puerto destino 67.

- Posteriormente, todos los paquetes circulan por la red con la misma IP destino 192.168.20.20 y esto provoca que lleguen a la misma máquina servidora.

- Cuando la información se entrega al nivel de transporte de la máquina servidora, esta hace una primera segmentación y la reparte entre TCP y UDP.

- Finalmente, apoyado en el puerto, se identifica la aplicación específica en el servidor.

Queda todavía por resolver el camino de vuelta. ¿Qué sucedería en el caso de que un usuario (cliente) tratase de ejecutar dos navegadores WEB a la vez y cargasen la misma página del servidor?, ¿cómo sabe el servidor a quién enviar el tráfico de vuelta?, ¿al navegador 1 o al navegador 2? Pues la solución es muy sencilla: cada vez que la aplicación cliente abre una aplicación, escoge como puerto origen uno aleatorio de un grupo de puertos definidos para tal fin (puertos efímeros). En resumen, el tráfico en sentido cliente servidor irá siempre con puerto destino del servidor, p. ej. TCP 80, y como puerto origen uno específico de cada cliente que se está conectando con él; de esa forma se solventan las ambigüedades. En el camino de vuelta, los paquetes llevarán como puerto destino el del cliente que se trate y como origen siempre el puerto 80 del servicio que se está usando. En la Fig. 3.4 se resumen este caso de tráfico.

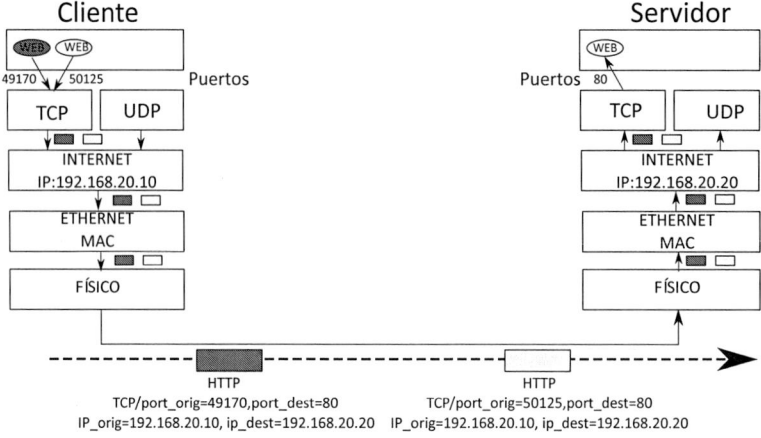

Figura 3.4   Identificación de los flujos de tráfico basada en el puerto origen.

Los protocolos más comunes de capa 4 son el TCP *Transmission Control Protocol* y el UDP *User Datagram Protocol*. Se analizarán con detalle más adelante en este capítulo. Por ahora, es suficiente con saber que ambos usan puertos con una longitud de 16 bits, lo que significa que se pueden usar hasta $2^{16} = 65536$ puertos diferentes (¡por protocolo!). Además, es importante conocer que cualquier paquete de información que circule por la red lleva siempre dos puertos, un puerto origen que lo pone el nodo emisor del paquete de información y un puerto destino que indica a qué puerto del nodo receptor del mensaje va dirigido dicho paquete. Esta misma filosofía se aplica también al resto de niveles de la pila TCP/IP; es decir, a nivel de Internet (red) en los mensajes siempre va una IP origen y una IP destino, y a nivel de enlace, una MAC origen y una MAC destino.

Volviendo a los puertos TCP/UDP, se observa que se dividen en tres rangos:

- Bien conocidos (*Well Known Ports*) 0-1023: los puertos entre 0 y 1023 se definen como puertos bien conocidos que se asignan a aplicaciones específicas y deberían ser usados solo por estas. Por ejemplo, un *web browser* usa el puerto 443 para hablar con un servidor web. Este puerto está reservado para HTTPS, que es un protocolo que se usa para direccionar servidores web de forma segura. Otro ejemplo muy común es el puerto 80 para HTTP. Estos puertos se asignan por la IANA *Internet Assigned Numbers Authority*. Con la estandarización de los puertos bien conocidos, estos se reservan para las diferentes aplicaciones (protocolos de aplicación).

- Puertos registrados (*Registered Ports*) 1024-49151: estos puertos pueden asignarse a una aplicación/protocolo concreto por la IANA a la entidad solicitante, pero en la práctica cualquiera podría usarlos.

- Puertos efímeros (*Ephemeral Ports*) 49152-65535: finalmente, los puertos efímeros pueden usarse libremente, p. ej. como puerto origen. Estos puertos normalmente no están asignados a aplicaciones concretas.

Como resumen general podemos decir que en una comunicación:

- El servidor usa como puerto del servicio uno del rango de puertos bien conocidos 0-1023, como por ejemplo TCP/80 para HTTP, TCP/443 para HTTPS o UDP/53 para DNS.

- El cliente en cada comunicación eligen un puerto efímero 49152-65535 (aunque también puede coger uno de los registrados) libre y aleatoriamente. Cada vez que se establece una nueva comunicación escoge uno de este rango que ya no esté utilizando, así no hay ambigüedad a la hora de separar el tráfico.

- Los dos puertos mencionados anteriormente, serán los utilizados en toda la comunicación. Por ejemplo, imaginemos un servidor WEB Apache que ofrece navegación WEB segura; el puerto normalizado será el 443, el cliente que se quiera conectar con él (p. ej. un navegador Firefox) elegirá uno de los efímeros, p. ej. 50150, y entonces tendremos lo siguiente:
  - Todos los paquetes que van del cliente al servidor: puerto origen=50150, puerto destino=443.
  - Todos los paquetes que van del servidor al cliente: puerto origen=443, puerto destino=50150.

3.4.4. Segmentación y multiplexación

Respecto a la segmentación (paquetización), como se ha explicado anteriormente en el capítulo 1, es fundamental para que todos los usuarios puedan enviar la información de manera simultánea. En el lado del remitente, la capa de transporte recibe datos de la capa aplicación y luego realiza la segmentación, divide el mensaje real en segmentos, agrega los números de puerto de origen y destino en el encabezado del segmento y transfiere el mensaje a la capa red (capa Internet, no se debe confundir con la red Internet). En el lado del receptor, la capa de transporte recibe datos de la capa de red, vuelve a ensamblar los datos segmentados, lee su encabezado e identifica el número de puerto. Una vez conocido el puerto, envía la información a la aplicación correspondiente (ver Fig. 3.5).

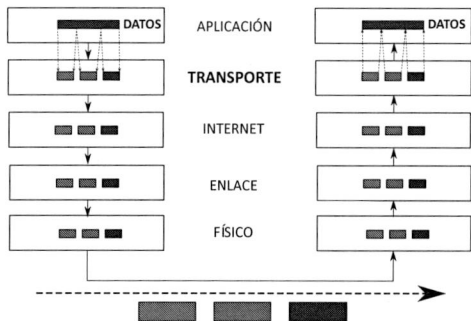

Figura 3.5 Segmentación y ensamblado del tráfico.

La capa de transporte también utiliza la multiplexación para mejorar la eficiencia de la transmisión, y puede implementarse de dos formas diferentes, según se muestra en la Fig. 3.6:

- Multiplexación ascendente: significa que varias conexiones de capa de transporte utilizan la misma conexión de red. Para que sea más rentable, la capa de transporte envía varias transmisiones por una misma conexión de red. Cuando las conexiones de red son de altas prestaciones, este tipo de multiplexación hace un uso más eficiente de las mismas.

▪ Multiplexación descendente: se basa en que una conexión de capa de transporte utiliza las múltiples conexiones de red. La multiplexación descendente permite que la capa de transporte divida una conexión entre varias rutas para mejorar el rendimiento. Este es el caso típico cuando las redes tienen poca capacidad para transmitir la información.

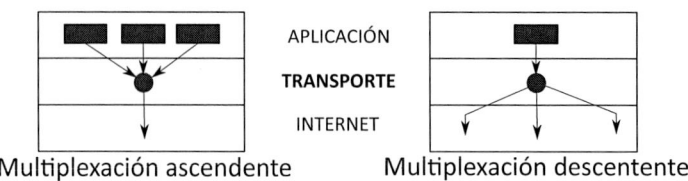

Figura 3.6   Tipos de multiplexación.

Dependiendo del tipo de multiplexación que se aplique en el emisor (ascendente o descendente), el receptor debe hacer el proceso contrario, es decir, demultiplexar para entregar la información de manera correcta a la capa de aplicación.

3.4.5.   Control de flujo y de congestión

La capa de transporte proporciona mecanismos de control de flujo entre estas capas adyacentes del modelo. De esta forma, evita la pérdida de datos debido a un emisor rápido y un receptor lento. Para ello, aplica técnicas de control de flujo. Normalmente, se utiliza el método de ventana deslizante que, de manera muy sencilla, significa que el receptor informa al emisor de cuánta información es capaz de procesar para que ajuste la cantidad de información que envía (ver Fig. 3.7).

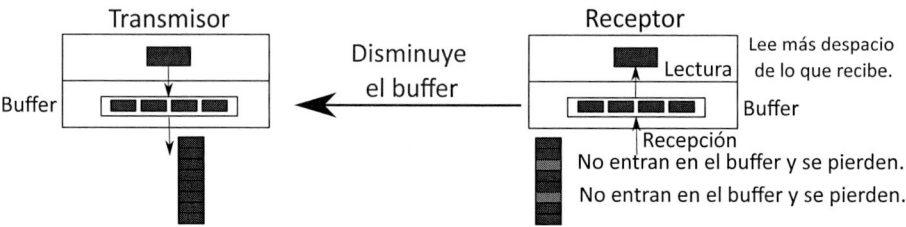

Figura 3.7   Mecanismos de control de flujo.

Otro de los efectos a gestionar en las redes es la congestión. La congestión es una situación que se produce cuando muchos equipos de la red intentan enviar datos y los *buffers*[3] de los *routers* comienzan a desbordarse y se produce la pérdida de paquetes. Como resultado, la retransmisión de paquetes desde los equipos aumenta aún más la congestión. En esta situación, la capa de transporte proporciona control de congestión de diferentes maneras. Por una parte, mediante el control de congestión de bucle abierto, para evitar la congestión.

---

[3]*Buffer*: es un espacio de memoria, en el que se almacenan datos de manera temporal. (Fuente: Wikipedia).

O a través del control de congestión de bucle cerrado, para eliminar la congestión en una red una vez que esta se produce. Estos dos mecanismos se resumen de la siguiente forma:

- Bucle abierto: también llamada «soluciones pasivas». Combaten la congestión de las redes mediante un adecuado diseño de las mismas. Existen múltiples variables con las que el diseñador puede jugar a la hora de diseñar la red, como pueden ser el tamaño de los *buffers*, el valor de los temporizadores, política de descartes y retransmisiones, etc. Estas variables influirán en el comportamiento de la red frente a la congestión.

- Bucle cerrado: también llamada «soluciones activas». Actúan cuando se detectan problemas. Tienen tres fases:
  - Monitorización de los parámetros de congestión para ver cuándo y dónde sucede la congestión.
    - Ocupación y tamaño de los enlaces y *buffers*.
    - Volumen de paquetes descartados.
    - Porcentaje de retransmisiones.
    - Retardos y *jitter*[4]
  - Envío de información a los puntos necesarios para que tomen medidas sobre la congestión.
    - Enviar paquetes especiales a los nodos que generan el tráfico.
    - Utilizar bits reservados en las cabeceras para informar de la congestión.
    - Enviar paquetes solicitando información sobre la congestión.
  - Ajuste del sistema.
    - Disminuir la velocidad de transmisión.
    - No permitir nuevas conexiones.
    - Descartar paquetes.

Por último, y solo a título ilustrativo, en la Fig. 3.8 se resumen los mecanismos disponibles para gestionar la congestión.

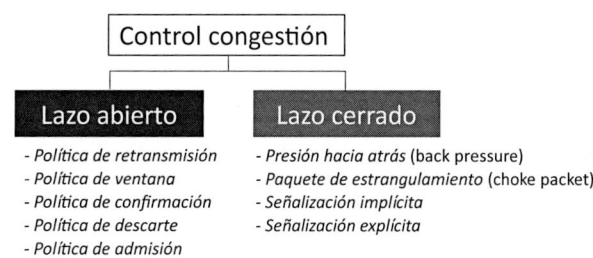

Figura 3.8 Técnicas para el control de la congestión.

3.5. Suma de verificación

La forma que tienen los protocolos de detectar errores en los paquetes recibidos es a través del mecanismo de suma de verificación (*checksum*). Dependiendo del protocolo, se deben

---

[4]Se denomina *jitter* a la fluctuación del retado. (Fuente: `https://es.wikipedia.org/wiki/Jitt er`).

seleccionar ciertos campos de las cabeceras para realizar los cálculos del *checksum*. En IP, el *checksum* se calcula solo sobre los octetos (bytes) que componen la cabecera del paquete IP (RFC791). En UDP (RFC768) se calcula sobre una *pseudo-header*, que es una combinación entre campos de la cabecera y datos de UDP, además de campos de la cabecera IP. En TCP (RFC793) se hace un cálculo similar que en UDP. En las siguientes secciones se presentan estas ideas de forma genérica aplicadas tanto a los protocolos de transporte (TCP y UDP) como al protocolo IP.

3.5.1. Mecanismos de suma de verificación

Como se ha explicado en el apartado anterior, la forma de verificar si un paquete que llega al destino contiene la información correcta o si esta se ha modificado por problemas en la comunicación es mediante la suma de verificación. Veamos en qué consiste este mecanismo, ya que lo aplican los protocolos UDP, TCP e IP. Estos protocolos utilizan el método del complemento a 1 para calcular la suma de verificación. El complemento a 1 no es más que el valor que obtenemos cuando cambiamos todos los 0 por 1, y los 1 por 0. Por ejemplo, el complemento a 1 de 1101.1100.1010 es 0010.0011.0101. Para entender cómo es el proceso, ayudémonos de la Fig. 3.9 para TCP/UDP aunque, en IP es similar.

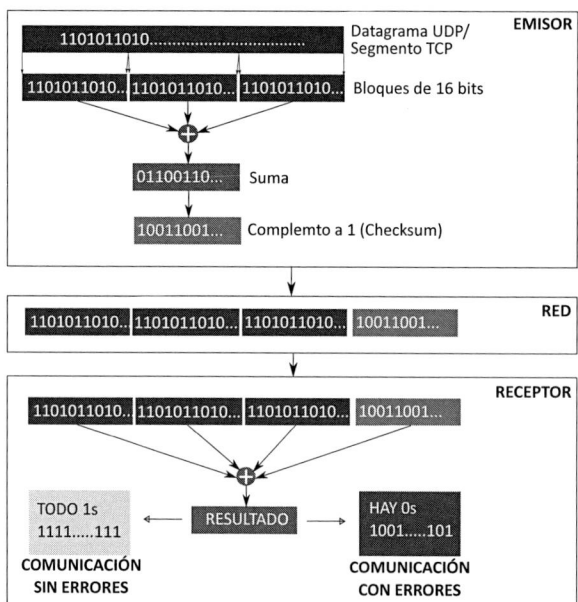

Figura 3.9   Algoritmo de suma de verificación (*checksum*).

Los pasos son los siguientes:

- El emisor va seleccionando los datagramas UDP o los segmentos TCP y los va dividiendo en bloques de 16 bits (imaginemos que lo hace con tres bloques).

- Posteriormente, se realiza la suma binaria de esos tres bloques.

- Seguidamente, se obtiene el complemento a uno del resultado anterior (recuerde que es cambiar los 0 por 1 y los 1 por 0). Con esto obtenemos la suma de verificación (*checksum*).

- Por la red se envía la información, los tres bloques junto con el *checksum*.
- Una vez en el receptor, este suma todos los bloques, es decir, los tres de información junto que el *checksum*, y obtiene el resultado. En función de cómo sea ese resultado tenemos:
  - El resultado son todo 1s: podemos suponer que la transmisión ha transcurrido sin errores.
  - En el resultado hay algún 0: significa que ha habido errores y el paquete recibido está dañado.

En líneas generales, esta es la filosofía de la suma de verificación en UDP/TCP; pero el proceso real es aún un poco más complejo, ya que la suma de comprobación no solo se calcula utilizando encabezados y datos TCP/UDP, sino que también utiliza varios bits de datos del encabezado IP. Estos datos adicionales se denominan pseudo cabeceras. Para el caso del protocolo IP, se usan solo los datos de la cabecera IP y la forma de trabajo del algoritmo es similar. Para más información puede consultarse el siguiente enlace `http://www.arcesio.net/checksum/checksuminternet.html` y la RFC 1071 `https://www.rfc-editor.org/rfc/rfc1071`.

3.5.2. Ejemplo práctico

Veamos un ejemplo de sencillo de cómo funciona una suma de verificación. Supongamos que tenemos el siguiente conjunto de datos a transmitir por la red:

1 0 0 1 1 0 1 0.0 1 0 1 0 1 1 0.0 0 0 0 1 0 1 1.1 0 0 0 1 1 1 0.0 0 0 0 1 1 0 1.1 1 0 0 1 1 0 0

En el emisor dividimos la información en bloques de 16 bits:

B1: 1 0 0 1 1 0 1 0.0 1 0 1 0 1 1 0: 39510

B2: 0 0 0 0 1 0 1 1.1 0 0 0 1 1 1 0: 2958

B3: 0 0 0 0 1 1 0 1.1 1 0 0 1 1 0 0: 3532

Ahora sumamos los tres bloques y calculamos el *checksum*:

Suma= 1 0 1 1 0 0 1 1.1 0 1 1 0 0 0 0: 46000

Checksum= 0 1 0 0 1 1 0 0.0 1 0 0 1 1 1 1: 19535

A la red se envía la información, es decir, B1 B2 B3, más el *checksum*.

Cuando la información llega al receptor, este suma los bloques B1+B2+B2+*checksum*:

B1: 1 0 0 1 1 0 1 0.0 1 0 1 0 1 1 0: 39510

B2: 0 0 0 0 1 0 1 1.1 0 0 0 1 1 1 0: 2958

B3: 0 0 0 0 1 1 0 1.1 1 0 0 1 1 0 0: 3532

Checksum: 0 1 0 0 1 1 0 0.0 1 0 0 1 1 1 1: 19535

RESULTADO= 1 1 1 1 1 1 1 1.1 1 1 1 1 1 1 1: 65535

RESULTADO: Son todo 1s, lo que significa que **NO HA HABIDO PROBLEMAS EN LA COMUNICACIÓN**.

Pero veamos qué pasa si al receptor llegan bits incorrectos, p. ej. el último bit del B1 llega con 1 en vez de con un 0, y dos bits de B3 que estaban a 1 en su último byte han llegado a 0:

B1: 1 0 0 1 1 0 1 0.0 1 0 1 0 1 1 1: 39511

B2: 0 0 0 0 1 0 1 1.1 0 0 0 1 1 1 0: 2958

B3: 0 0 0 0 1 1 0 1.1 1 0 0 0 0 0 0: 3520

Checksum: 0 1 0 0 1 1 0 0.0 1 0 0 1 1 1 1: 19535

RESULTADO= 1 1 1 1 1 1 1 1.1 1 1 1 0 1 0 0: 65524

RESULTADO: Aparecen 0s en el resultado, lo que significa que **HA HABIDO PROBLE-MAS EN LA COMUNICACIÓN**.

3.6. Protocolos de transporte UDP/TCP

Una vez se han entendido las funciones de la capa de transporte y los mecanismos que aportan, en este apartado se estudiarán con detalle los protocolos de transporte por excelencia del modelo TCP/IP, que son: UDP y TCP. De ellos, se analizan las principales aplicaciones que los usan, el formato de sus cabeceras y cómo es el flujo de información a este nivel de la capa TCP/IP.

3.6.1. Protocolo UDP

El UDP (*User Datagram Protocol*) es un protocolo sin conexión (*connectionless*) del grupo de protocolos TCP/IP que funciona en la capa de transporte. Sus orígenes datan de 1980, cuando fue especificado en la RFC 768 `https://www.rfc-editor.org/rfc/rfc768`. El protocolo UDP se utiliza para transmitir datagramas de forma rápida en redes IP y funciona como una alternativa sencilla y sin retardos del protocolo TCP. Se usa principalmente para consultas tipo DNS y para la transmisión de audio y vídeo.

El UDP ofrece la funcionalidad mínima requerida por un protocolo de capa 4, es decir, el direccionamiento de aplicaciones. UDP es un protocolo poco fiable (*unreliable*), lo que significa que no da ninguna garantía al emisor (o receptor) sobre un datagrama con respecto a la entrega. El término datagrama se usa como nombre para los mensajes UDP. UDP es un protocolo sin estado (*stateless*), lo que significa que cada datagrama es independiente y que no van regulados por una conexión inicial.

El protocolo de Internet (nivel 3) no garantiza ningún orden en los paquetes enviados. Eso significa que al enviar dos o más paquetes de la capa 3, estos pueden llegar al destino en cualquier orden. UDP envía los paquetes a la aplicación en el orden recibido. Como veremos en TCP, un protocolo de capa 4 puede también ordenar los paquetes para entregarlos ordenados al nivel de aplicación. Con UDP el nivel de aplicación tiene que gestionar los paquetes desordenados; UDP tampoco comprueba si un datagrama se ha perdido por el camino. Además, es un protocolo que no establece conexión previa al envío de la información, lo que lo dota de la ventaja de ser muy rápido.

Las principales características del UDP las podemos resumir en:

- No es necesaria la conexión.
- Aporta una comunicación rápida y sin retardos.
- No ofrece garantías de entrega ni el orden de los paquetes.
- Información se envía en datagramas.
- Contiene solo los campos imprescindibles en su cabecera.

Considerando sus ventajas e inconvenientes, se puede decir que:

- Ventajas:
  - Baja sobrecarga de red.
  - Simplemente «dispara y olvida» para los datagramas, sin establecimiento de sesión, retransmisiones o reordinación de datagramas.
  - Muy adecuado para aplicaciones en tiempo real (p. ej. juegos *online*, voz sobre IP) donde no importa si algunos datagramas se pierden.
- Desventajas:
  - No fiable: posibilidad de una pérdida de datagramas arbitraria y ordenación no garantizada de los datagramas recibidos.
  - No verifica la capacidad del receptor. Por ejemplo, puede ser que el receptor no sea capaz de recibir datagramas tan rápido como el remitente los puede enviar.

3.6.2. Formato cabecera UDP e intercambio de datagramas

La RFC 768 define el formato de las caberas UDP, esta tiene los campos que se presentan en la Fig. 3.10.

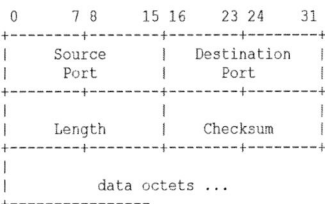

Figura 3.10 Cabecera de los datagramas UDP. (Fuente: `https://www.rfc-edito` `r.org/info/rfc768`).

Figura 3.11 Diálogo de datagramas en el protocolo UDP.

La cabecera UDP tiene 8 bytes de longitud y consiste en 4 campos de 2 bytes (16 bits), cada uno seguido de los datos (*payload*):

- Puerto origen (*source port*): el puerto origen especifica qué aplicación envía el datagrama UDP.
- Puerto destino (*destination port*): el puerto destino indica la aplicación en el *host* que recibe el datagrama UDP.
- *Length*: contiene la longitud total del datagrama UDP en bytes, incluyendo la cabecera y los datos.

- *Checksum* (suma de verificación): se utiliza para detectar errores de transmisión en el datagrama recibido.

- *Data*: contiene la información procedente o para la capa de aplicación.

Como se observa, es una cabecera muy sencilla y solo tiene los campos imprescindibles. La forma en la que se intercambian los datagramas las aplicaciones cliente-servidor con UDP es también muy sencilla, sin conexión y de tipo petición-respuesta, tal y como se muestra en la Fig. 3.11.

3.6.3. Aplicaciones sobre UDP

A pesar de sus inconvenientes, UDP es un protocolo ampliamente usado en Internet. Algunas de las muchas aplicaciones que usan UDP son:

- En comunicaciones de voz VoIP (*Voice over IP*).

- Protocolos de *routing* IP como RIP (*Routing Information Protocol*).

- Funciones de asignación de parámetros de conectividad DHCP (*Dynamic Host Configuration Protocol*).

- Resolución de nombres de dominio DNS (*Domain Name System*).

Por tanto, UDP es utilizado por aquellas aplicaciones que prefieren baja sobrecarga de red sobre todo lo demás y tienen otros mecanismos para asegurarse de que los datagramas se procesan en el orden correcto si es necesario.

3.6.4. Protocolo TCP

El TCP (*Transmission Control Protocol*) es un protocolo del nivel de transporte especificado en la RFC 9293 `https://datatracker.ietf.org/doc/html/rfc9293` con estado (*stateful*), lo que significa que la aplicación que envía y la que recibe comparten contexto sobre las comunicación. Para hacer esto, se establece una conexión vía *handshake*. TCP utiliza un establecimiento de conexión dedicado antes de la transmisión de datos. Este protocolo incluye mecanismos para resolver muchos de los problemas que surgen de la mensajería basada en paquetes, como paquetes perdidos, paquetes fuera de orden, paquetes duplicados, paquetes dañados o control de flujo/congestión.

TCP no maneja individualmente cada paquete IP recibido, como hace UDP con sus datagramas. En su lugar, utiliza *streams* entre las aplicaciones en ambos *hosts*. Un *stream* se compone de todos los mensajes TCP desde que se establece la conexión hasta que se libera. Para habilitarlo, los paquetes denominados «segmentos» proporcionan más información que los datagramas UDP. Esto, junto con el estado que se mantiene entre ambos extremos de la conexión TCP, proporciona una alternativa fiable a UDP.

Mientras que en UDP cada datagrama es autónomo (lo que significa que es independiente del datagrama previo y del posterior), los segmentos TCP no lo son. Una conexión TCP puede verse como un *stream* de bytes dentro de una secuencia de segmentos TCP. Por eso la importancia en el orden de los segmentos para TCP. Si una aplicación recibe segmentos en un orden diferente de lo esperado, la secuencia de bytes completa se estropearía o sería inutilizable.

La fiabilidad es una característica importante que se utiliza por muchas aplicaciones que utilizamos a diario. Por ejemplo, HTTPS, el protocolo que usa tu *browser* para hacer peticiones a los sites web, usa TCP. SSH es otro ejemplo de una aplicación que se basa en TCP. Estos son solo dos de los muchos ejemplos. Todas estas aplicaciones tienen en común que importa que todos los datos se transmitan y se reciban en el orden correcto. Incluso si solo faltan algunos bytes de un sitio web, el contenido de la página web podría volverse completamente ilegible, ya que el navegador se basa en que todos los datos se transmiten correctamente.

3.6.5. Formato cabecera TCP e intercambio de segmentos

Según la RFC 9293 que define el formato de las caberas TCP, esta tiene los siguientes campos (Fig. 3.12):

```
 0                   1                   2                   3
 0 1 2 3 4 5 6 7 8 9 0 1 2 3 4 5 6 7 8 9 0 1 2 3 4 5 6 7 8 9 0 1
+-+-+-+-+-+-+-+-+-+-+-+-+-+-+-+-+-+-+-+-+-+-+-+-+-+-+-+-+-+-+-+-+
|          Source Port          |       Destination Port        |
+-+-+-+-+-+-+-+-+-+-+-+-+-+-+-+-+-+-+-+-+-+-+-+-+-+-+-+-+-+-+-+-+
|                        Sequence Number                        |
+-+-+-+-+-+-+-+-+-+-+-+-+-+-+-+-+-+-+-+-+-+-+-+-+-+-+-+-+-+-+-+-+
|                     Acknowledgment Number                     |
+-+-+-+-+-+-+-+-+-+-+-+-+-+-+-+-+-+-+-+-+-+-+-+-+-+-+-+-+-+-+-+-+
|  Data |       |C|E|U|A|P|R|S|F|                               |
| Offset| Rsrvd |W|C|R|C|S|S|Y|I|            Window             |
|       |       |R|E|G|K|H|T|N|N|                               |
+-+-+-+-+-+-+-+-+-+-+-+-+-+-+-+-+-+-+-+-+-+-+-+-+-+-+-+-+-+-+-+-+
|           Checksum            |         Urgent Pointer        |
+-+-+-+-+-+-+-+-+-+-+-+-+-+-+-+-+-+-+-+-+-+-+-+-+-+-+-+-+-+-+-+-+
|                           [Options]                           |
+-+-+-+-+-+-+-+-+-+-+-+-+-+-+-+-+-+-+-+-+-+-+-+-+-+-+-+-+-+-+-+-+
|                                                               :
:                             Data                              |
:                                                               |
+-+-+-+-+-+-+-+-+-+-+-+-+-+-+-+-+-+-+-+-+-+-+-+-+-+-+-+-+-+-+-+-+
```

Figura 3.12 Formato de la cabecera TCP. (Fuente: `https://www.rfc-editor.or g/info/rfc9293`).

Como se observa ahora, la cabecera TCP es mucho más compleja y permite todas las funcionalidades que este protocolo ofrece a la capa de aplicación. El significado de los campos es el siguiente:

- *Source port* (16 bit): puerto origen, indica qué aplicación envía el segmento.
- *Destination port* (16 bit): puerto destino, aplicación destino en el *host* distante.
- *Sequence Number-SeqN* (32 bit): el número de secuencia se utiliza para garantizar que el receptor detecta los segmentos que faltan y puede organizar todos los segmentos recibidos en el orden correcto. Utiliza el valor que le han confirmado el receptor.
- *Acknowledgement Number-AckN* (32 bit): indica el número de secuencia que se espera que se reciba a continuación. También confirma la recepción de todos los bytes anteriores en esa conexión. Si llega un mensaje con SeqN=x y length=y, se devuelve un AckN=x+y.
- *Offset* (4 bit): indica dónde empiezan los datos en múltiplos de 4 bytes. Se necesita porque la cabecera tienen una longitud variable. El *offset* mínimo es 5 (5*4 bytes=20 bytes); como la cabecera TCP es de al menos 20 bytes, el máximo *offset* es 15 (60 bytes).
- *Reserved* (6 bit): actualmente, no hay uso para estos 6 bits. Están reservados para uso futuro y normalmente se ponen a 0.
- *Window* (16 bit): indica cuántos bytes está dispuesto a recibir el remitente del segmento. Se utiliza para habilitar el control de flujo, lo que significa que el remitente de datos no envía más de lo que el receptor puede procesar.
- *Checksum* (16 bit): se utiliza para detectar errores de transmisión en los segmentos TCP recibidos.

- *Urgent Pointer* (16 bit): no relevante en este texto.

- *Options* (tamaño variable): opciones adicionales.

- *Flags* (6 bit): los *flags* son muy importantes para realizar un seguimiento de la conexión TCP. Su significado se muestra a continuación:

  - URG: un valor a 1 en esta posición indica que la información en el *Urgent Pointer* es relevante.

  - ACK: este *flag* se utiliza en todos los segmentos, excepto en el primero en una conexión. Se utiliza para confirmar la recepción de los datos. ACK pueden ser *piggybacked*, lo que significa que un segmento transporta datos y reconoce los datos recibidos previamente (envío de datos y el acuse de recibo en un mismo paquete).

  - PSH: indica que hay que enviar los datos a la aplicación. Si no se activa, TCP almacena en un *buffer* los segmentos y espera más segmentos durante un tiempo antes de entregar los datos a la capa de aplicación.

  - RST: si ocurre algo inesperado, la conexión se resetea utilizando este *flag*.

  - SYN: el indicador SYN indica que el segmento pertenece al establecimiento de conexión inicial antes de que se transmitan los datos reales.

  - FIN: se usa para terminar la conexión. El transmisor envía un segmento con este *flag* activo cuando termina de enviar sus datos.

Como se ha comentado ya varias veces, el protocolo TCP es un protocolo orientado a la conexión, con lo que siempre que se utilice en la comunicación hay que seguir tres fases bien diferenciadas:

- Conexión (*three way handshake*).

- Transmisión de la información.

- Desconexión (*four way handshake* o *three way handshake*, dependiendo del protocolo de aplicación), también denominada *teardown*.

Veamos cada una de sus fases:

- Conexión: el objetivo de la conexión es indicar que un equipo se quiere conectar con otro, a la vez que sincronizar los números de secuencia para que posteriormente pueda usarse esta secuenciación para recuperar, ordenar paquetes, reenviar los mismos, etc. Para la conexión se usa el método del triple apretón de manos (*three way handshake*) con los *flags* SYN y ACK. En la Fig. 3.13 se muestra un ejemplo de conexión.

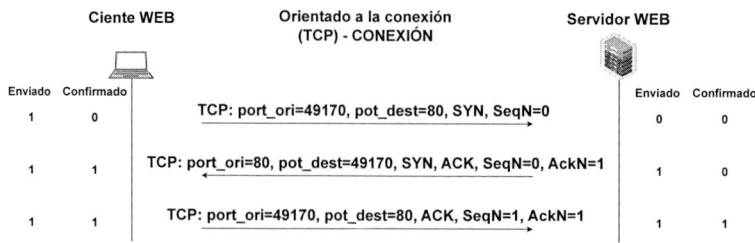

Figura 3.13 Conexión TCP (*three way handshake*).

- Transmisión de la información: una vez se ha realizado la conexión y tenemos los números de secuencia sincronizados, tanto desde el cliente como desde el servidor (SeqN y AckN), empieza la transferencia de la información, donde cada bloque información se va confirmado a medida que el receptor los va recibiendo. En la Fig. 3.14 se muestra el detalle de todo este proceso.

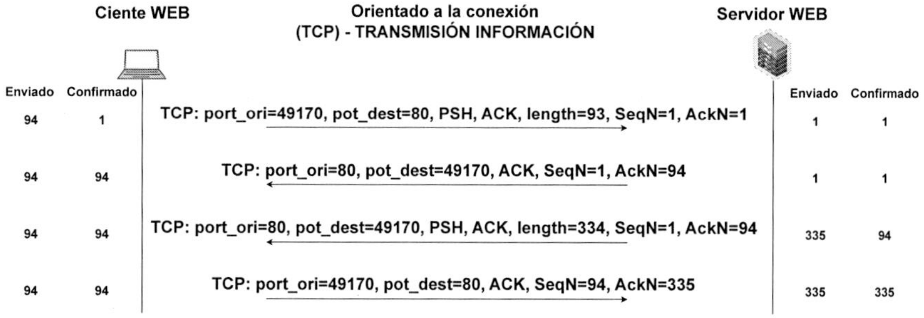

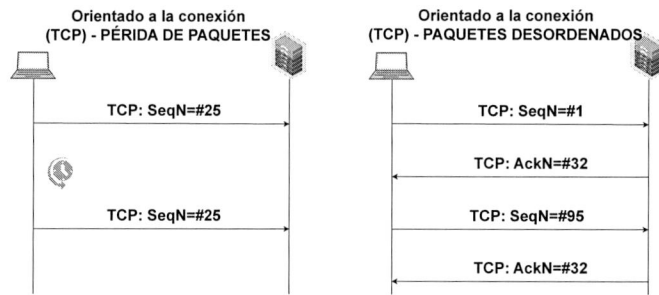

Figura 3.14 Transmisión de la información en una conexión TCP.

Figura 3.15 Pérdida y ordenación de segmentos en una conexión TCP.

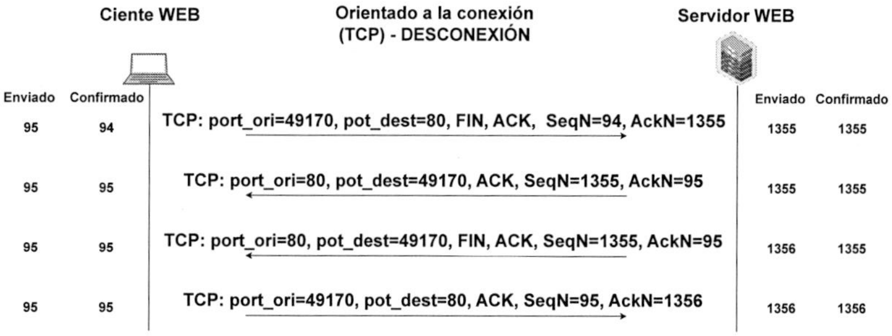

Figura 3.16 Desconexión TCP (*teardown*).

Durante la transmisión de información se pueden dar dos situaciones que pueden afectar a la comunicación y que el protocolo TCP sabe gestionar:

- Pérdida de paquetes: después de enviar un paquete, el remitente inicia un temporizador y coloca el paquete en una cola de retransmisión. Si el temporizador se agota y el remitente aún no ha recibido un ACK del destinatario, envía el paquete de nuevo.

- Desorden de paquetes: cuando el destinatario ve un número de secuencia más alto que el que ha reconocido hasta ahora, sabe que le falta al menos un paquete intermedio; por ejemplo, si el destinatario ve un número de secuencia de 95 pero espera un número de secuencia de 32. El destinatario le hace saber al remitente que algo anda mal, enviando un paquete con un número de confirmación establecido en el número de secuencia esperado, es decir, 32. A veces, el paquete que falta simplemente llega más tarde. En otras situaciones, el paquete puede haberse perdido y el remitente debe retransmitirlo nuevamente. En ambas situaciones, el destinatario tiene que tratar con paquetes desordenados. Afortunadamente, el destinatario puede usar los números de secuencia para volver a ensamblar los datos del paquete en el orden correcto.

Ambos efectos se representan en la Fig. 3.15.

- Desconexión: una vez se ha transmitido toda la información, hay que liberar la conexión para dejar los recursos libres para otras conexiones. Este cierre de conexión se hace con los *flags* TCP FIN y ACK. El que inicia el cierre informa al otro extremo de que quiere cerrar FIN, y el otro extremo se lo confirma ACK; este mismo proceso se repite en el sentido inverso. En la Fig. 3.16 se resume todo este proceso.

3.6.6. Aplicaciones sobre TCP

El protocolo TCP ofrece fiabilidad y recuperación de paquetes perdidos/desordenados. En este contexto, las aplicaciones más populares que requieren de estas capacidades son:

- Comunicaciones de texto como pueden ser Whatsapp, Instagram o GoogleChat.
- Transferencia de ficheros, como el Filezilla.
- Navegación WEB, tanto con páginas en claro HTTP como en páginas cifradas HTTPS, con las aplicaciones cliente como Firefox, Edge, Chrome o servidoras como Apache.
- Correo electrónico, como Yahoo, Gmail o Outlook.

3.6.7. Funciones avanzadas de TCP

Como se mencionó anteriormente, TCP tiene mecanismos que aseguran que cada segmento puede entregarse. Además, TCP también se ocupa de la congestión y el control de flujo. Para el control de la congestión, TCP se asegura de enviar solo el número de segmentos que el ancho de banda entre el transmisor y el receptor puede cursar. En cambio, para el control de flujo se asegura de que el remitente solo envíe tantos bytes como el receptor puede manejar. Dependiendo de la versión de TCP que tengamos (Reno, CUBIC, etc.) lo hará de una forma u otra. Más información en `https://lafibre.info/images/doc/201207_TCP_Congestion_Control_Comparison.pdf`.

3.7. Funciones de la capa de Internet (red)

Dentro de la familia de protocolos TCP/IP, el protocolo de capa de Internet (red) es el IP. En este apartado se estudiarán sus principales funciones y los principales campos que constituyen su cabecera. Entender con detalle qué función tienen esos campos nos aportará información crucial de las capacidades que ofrece este protocolo de nivel de red.

3.7.1. Funciones de la capa de Internet

La capa de Internet/red o Capa 3 proporciona servicios para permitir que los dispositivos finales intercambien datos a través de redes. Para conseguir esta comunicación entre los equipos finales a través de la red, los protocolos de capa de red realizan cuatro operaciones básicas:

- Direccionamiento de nodos: los nodos deben tener configurada una dirección IP única para identificarlos en la red.

- Encapsulamiento: la capa de red encapsula la información procedente de la capa de transporte. El proceso de encapsulación agrega información de encabezado IP, como la dirección IP de los *hosts* de origen (envío) y destino (recepción). El proceso de encapsulación lo realiza el origen del paquete IP.

- Enrutamiento o *routing*: la capa de Internet/red proporciona servicios para encaminar los paquetes por la red de *routers* hasta alcanzar el destino.

- Desencapsulamiento: cuando el paquete llega a la capa de red del *host* de destino, este desencapsula la información y se la pasa al nivel de transporte correspondiente.

En este nivel, el protocolo IP (*Internet Protocol*) `https://www.rfc-editor.org/rfc/rfc791` es el encargado de llevar a cabo estas funciones. Además, como principales características de este protocolo podemos destacar las siguientes:

- No orientado a conexión.
- No confiable.
- Basado en datagramas.
- Existen dos versiones: IPv4/IPv6.

3.7.2. Formato cabecera IPv4

Para IPv4, según la RFC 791, la cabecera IP tiene el formato mostrado en la Fig. 3.17.

```
 0                   1                   2                   3
 0 1 2 3 4 5 6 7 8 9 0 1 2 3 4 5 6 7 8 9 0 1 2 3 4 5 6 7 8 9 0 1
+-+-+-+-+-+-+-+-+-+-+-+-+-+-+-+-+-+-+-+-+-+-+-+-+-+-+-+-+-+-+-+-+
|Version|  IHL  |Type of Service|          Total Length         |
+-+-+-+-+-+-+-+-+-+-+-+-+-+-+-+-+-+-+-+-+-+-+-+-+-+-+-+-+-+-+-+-+
|         Identification        |Flags|      Fragment Offset    |
+-+-+-+-+-+-+-+-+-+-+-+-+-+-+-+-+-+-+-+-+-+-+-+-+-+-+-+-+-+-+-+-+
|  Time to Live |    Protocol   |         Header Checksum        |
+-+-+-+-+-+-+-+-+-+-+-+-+-+-+-+-+-+-+-+-+-+-+-+-+-+-+-+-+-+-+-+-+
|                       Source Address                          |
+-+-+-+-+-+-+-+-+-+-+-+-+-+-+-+-+-+-+-+-+-+-+-+-+-+-+-+-+-+-+-+-+
|                    Destination Address                        |
+-+-+-+-+-+-+-+-+-+-+-+-+-+-+-+-+-+-+-+-+-+-+-+-+-+-+-+-+-+-+-+-+
|                    Options                    |    Padding    |
+-+-+-+-+-+-+-+-+-+-+-+-+-+-+-+-+-+-+-+-+-+-+-+-+-+-+-+-+-+-+-+-+
```

Figura 3.17 Cabecera del paquete IPv4. (Fuente: `https://www.rfc-editor.or g/info/rfc791`).

Sus campos tienen el siguiente significado:

- *Version*: versión del protocolo IP, en este caso la versión 4.
- IHL (*Internet Header Length*): tamaño de la cabecera del paquete IP en palabras de 32 bits.

- *Type of Service* (TOS): indicación de la calidad de servicio que se espera recibir por parte de los *routers* (tráfico multimedia, información sobre la congestión de la red, etc.).

- *Total length*: tamaño del datagrama IP (cabecera y datos) en bytes. Un tamaño típico es el de 1.500 bytes (Ethernet).

- *Identification*: etiqueta creada por el emisor del paquete y que se utiliza cuando este se fragmenta.

- *Flags*: se usan para tratar la fragmentación del paquete IP.
  - Bit 0: reserved, must be zero.
  - Bit 1: (DF) 0 = May Fragment, 1 = Don't Fragment.
  - Bit 2: (MF) 0 = Last Fragment, 1 = More Fragments.

- *Fragment offset*: *offset* del paquete cuando se ha fragmentado en palabras de 8 bytes.

- *Time to Live* (TTL): valor que se decrementa cada vez que el paquete es retransmitido por un *router*. Cuando TTL = 0, el paquete se descarta. Se usa para evitar que un paquete esté circulando indefinidamente por la red.

- *Protocol*: protocolo al que va dirigido el paquete. Por ejemplo, cuando se transporta un paquete UDP se utiliza el 17, para TCP el 6, para ICMP el 1, etc.

- *Header checksum*: código de detección de errores que sirve para desechar el paquete si se han producido errores de transmisión en la cabecera. Es una suma de todas las palabras de 16 bits de (solo) la cabecera IP usando aritmética en complemento a 1 (RFC 1071). Este valor se recalcula en cada *hop* (salto) porque en cada uno de ellos el TTL se decrementa.

- *Source address*: dirección IP del *host* que generó el paquete.

- *Destination address*: dirección IP del *host* al que va dirigido el paquete.

- *Options*: campo de longitud variable (desde 0 bytes) que se utiliza para diferentes propósitos (almacenar rutas, colocar estampas de tiempo, etc.).

- *Padding*: bits a 0 rellenando la cabecera hasta tener un tamaño múltiplo de 32 bits.

3.8.   Direccionamiento CIDR IPv4

Una de las funciones clave del protocolo IP es la de direccionamiento de los diferentes nodos en una red. Este direccionamiento es global y de ahí la importancia de tener mecanismos robustos que nos garanticen un direccionamiento sin ambigüedades. En este sentido, se estudiarán los conceptos de CIDR (*Classless Inter-Domain Routing*) y VLSM (*Variable Length Subnet Mask*) aplicados a IPv4 (en un capítulo posterior se estudiará IPv6), que nos permiten tener un direccionamiento eficiente. También se expondrán los conceptos de IP públicas y privadas, a la vez que se comentarán las administraciones que se encargan de gestionar estos rangos de direcciones.

3.8.1.   Direccionamiento IP

El nivel de Internet (red) tiene la capacidad de transportar un paquete IP desde un nodo origen y entregarlo en el nodo destino. Para ello, utiliza unos mecanismos de encaminamiento basados en las direcciones IP de los nodos. Cada vez que un paquete pasa a través de un *router*, va atravesando una red de nivel 3 diferente; dicho de otra forma, un *router* conecta redes de nivel 3 que, a su vez, deben ser únicas para que no haya ambigüedad a la hora de enviar tráfico. Para ello, las IPv4 se codifican con 32 bits con formato decimal mediante la forma A.B.C.D, donde A, B, C, D son uno un grupo de 8 bits codificados en decimal, con lo que podemos escribir una IPv4 como:

IP=11000000.10101000.00010100.00001010=192.168.20.10

Además, para identificar las redes necesitamos un parámetro que denominamos «máscara de red M», que también tiene una longitud de 32 bits y cuyos primeros bits van a 1 (bM, p. ej. bM=24 significa que los 24 bits van a 1) y el resto van a 0 (32-bM, 32-24=8, 8 bits van a cero). Por ejemplo, una máscara de /24 significa que los 24 primeros bits de la máscara son 1 y, por tanto, los 8 restantes están al valor 0. La máscara que hemos puesto de ejemplo tiene el siguiente formato:

M=11111111.11111111.11111111.00000000=255.255.255.0 o /24

Otra propiedad que tiene la máscara de red es que los bits que están a 1 identifican a la red en cuestión y los que están a 0 los *hosts* dentro de esa red. Todos estos conceptos se presentan en la Fig. 3.18.

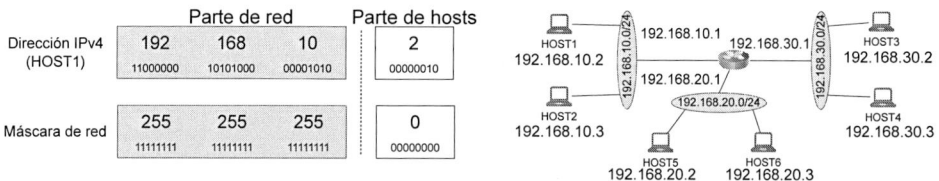

Figura 3.18 Conceptos de direccionamiento IPv4.

3.8.2. CIDR en IPv4

CIDR es la abreviatura de *Classless Inter-Domain Routing*, RFC 1519 `https://www.rfc-e ditor.org/info/rfc1519`. Se trata de un esquema de direccionamiento IP que reemplaza al sistema anterior basado en clases (A, B, C y D Multicast, que no se debe confundir con los dígitos A.B.C.D. de la notación que hemos usado para las IPv4). Se puede utilizar una sola dirección IP para designar muchas direcciones IP únicas con CIDR. Una dirección IP CIDR se parece a una dirección IP normal, excepto que termina con una barra seguida de un número, llamado «prefijo de red IP» o «máscara». Las direcciones CIDR reducen el tamaño de las tablas de enrutamiento y hacen que haya más direcciones IP disponibles dentro de las organizaciones. CIDR se basa en el enmascaramiento de subred de longitud variable (VLSM, *Variable Length Subnet Mask*), donde los prefijos de red tienen una longitud variable, a diferencia del prefijo de longitud fija del diseño de red con clase anterior. El principal beneficio de esto es que otorga un control más preciso de los tamaños de las subredes asignadas a las organizaciones, lo que ralentiza el agotamiento de las direcciones IPv4 de la asignación de subredes más grandes de lo necesario.

La idea principal con CIDR es que, una vez tenemos asignado un rango de IP con la máscara de red variable, podemos ir creando tantas subredes como necesitemos y asignando las IP de manera muy eficiente, dada la flexibilidad que otorga la máscara variable. Siempre que estamos diseñando una red de nivel tres (IP) necesitamos conocer los siguientes parámetros:

- Dirección de red y máscara: p. ej. 192.168.20.0/24, significa que tenemos la red 192.168.20.0, cuya máscara es /24 (bM=24); se pueden obviar los bits asociados a los *hosts* y escribir 192.168.20/24.

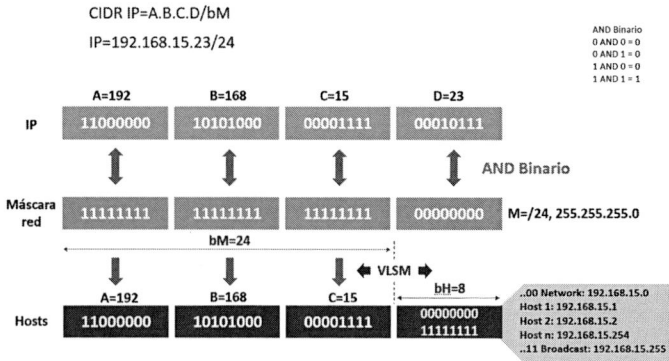

Figura 3.19   Conceptos del direccionamiento CIDR en IPv4.

- IP disponibles: son las que podemos asignar a los *hosts* que estén en esa red. Se calcula poniendo todas las combinaciones de *hosts* posibles; en nuestro ejemplo, 192.168.20.0, 192.168.20.1, ... 192.168.20.254, 192.168.20.255. Aquí hay que quitar siempre 2: la primera, que identifica a la red 192.168.20.0, y la última, que es la de *broadcast* 192.168.20.255. Por tanto, el rango de IP disponibles sería desde 192.168.20.1 hasta 192.168.20.254. Sobre los rangos de IP, añadimos dos comentarios adicionales:

  - La forma de saber cuántos *hosts* se pueden conectar a una red dada se calcula de la siguiente forma:

    IP disponibles$=2^{(32-bM)}-2$

  - Se suele usar el convenio de asignar la primera dirección a la interfaz del *router*, aunque se le podría asignar cualquiera del rango disponible.

- Dirección de *broadcast*: en todas las redes a nivel IP hay una dirección IP de *broadcast*, que se usa cuando se quiere enviar una información a todos los nodos de esa red. Esta se construye simplemente poniendo todos los bits que corresponden al *host* a 1 (los de la red se dejan tal cual). En nuestro ejemplo, la dirección de *broadcast* es la 192.168.20.255. Cuando ponemos en un paquete como dirección destino 192.168.20.255, llega a todos los nodos de esa red.

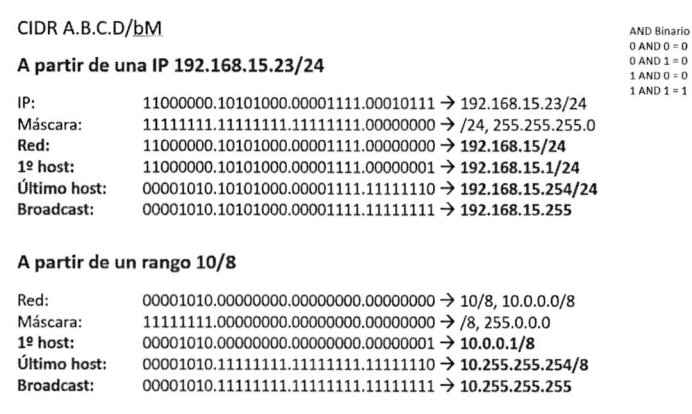

Figura 3.20   Ejemplo práctico de direccionamiento CIDR.

En la Fig. 3.19 se resume todo este proceso y en la Fig. 3.20 se ilustra un ejemplo práctico de uso. Aquí se han mostrado dos ejemplos, uno con una máscara de 24 bits y otro con una de 8 bits; pero las máscaras pueden tener cualquier longitud, de ahí la versatilidad de este esquema de direccionamiento. En Internet hay muchísimas utilidades para el cálculo de *subnets* mediante CIDR que, de una manera muy sencilla, nos calculan los rangos de direcciones IP posibles, la red y la dirección de *broadcast* (ver, por ejemplo, el siguiente enlace: `https://www.cidr.eu/en/calculator`).

3.8.3. IP públicas y privadas

En este punto, podemos hacer una clasificación de las direcciones IP atendiendo a dos ámbitos diferentes: estáticas/dinámicas o públicas/privadas:

- IP estáticas: son aquellas que se asignan a un nodo de forma permanente. Siempre tienen la misma IP y no cambia con el tiempo. Suele hacerse en los servidores y los clientes para que vayan siempre al mismo sitio, y para que los dominios de los DNS sean más o menos estables.

- IP dinámicas: se asigna una IP diferente cada vez que el equipo se conecta a la red; por ejemplo, en los equipos cliente, como puede ser nuestro portátil al conectarse a la WiFi.

La otra clasificación es la que desarrollaremos en este apartado:

- IP privadas: son las IP que usan las intranets o redes privadas para su funcionamiento. No necesitan que ningún nodo externo se conecte a ellas; en cambio, ellas si pueden conectarse a un nodo externo mediante NAT. Por ejemplo, todos los equipos de nuestra casa que están conectados a la WiFi. Una IP privada no puede viajar por Internet; los *routers* de Internet no las procesan y descartan esos paquetes.

- IP públicas: son las IP que tienen los nodos que se conectan a las redes públicas como Internet; cualquier nodo que quiera comunicarse a través de Internet debe usar una IP pública.

IP públicas, como bien público que son, están gestionadas por el IANA/ICANN `https://www.iana.org/numbers` (ver Fig. 3.21). Su gestión se lleva a cabo en diferentes regiones del mundo.

En este caso, se observa que hay siete regiones: AFRINIC, APNIC, ARIN, LACNIC y RIPE NCC, y esta última, la que nos asigna las IP públicas a los europeos, entre otros. Entrando en cada una de las regiones podemos saber a quién pertenece cualquier IP pública, incluida la que tiene el *router* de nuestra casa.

Por otro lado, las IP privadas que podemos utilizar para diseñar nuestras intranets también están estandarizadas según el IETF mediante la RFC 1918 `https://www.rfc-editor.org/rfc/rfc1918.html`. Los rangos IPv4 que se han destinado para tal fin son:

- desde 10.0.0.0 hasta 10.255.255.255 (10/8).
- desde 172.168.0.0 hasta 172.31.255.255 (172.16/12).
- desde 192.168.0.0 hasta 192.168.255.255 (192.168/16).

Por tanto, dentro de estos rangos podemos construir las intranets según nos convenga, haciendo máscaras más largas o más cortas. Si queremos más redes y menos *hosts*, máscaras largas, p. ej. /30; si queremos menos redes con más *hosts*, máscaras cortas, p. ej. /8.

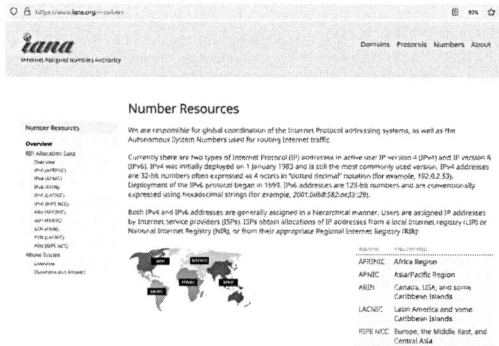

Figura 3.21 Administración del direccionamiento IP público IANA/ICANN. (Fuente: `https://www.iana.org/numbers`).

3.9. Otros protocolos: ICMP, RIP, OSPF y BGP

El protocolo IP es el protocolo maestro del nivel de Internet (red), pero necesita de otros protocolos que complementen su funcionalidad. En este caso, se estudiará el protocolo de mensajes de control de Internet (ICMP), tan útil para detectar y gestionar situaciones anómalas en la red. Por otro lado, se estudiarán los protocolos de *routing*, que son el sistema nervioso de Internet y que hacen posible el milagro de que un paquete que entra en Internet por un extremo del mundo pueda llegar al otro extremo. Esto parece «cosa de magia», ya que siguiendo una ruta totalmente dinámica confeccionada por la cooperación de cientos de *routers* en tiempo real, el paquete se entrega al destino.

3.9.1. Protocolos del nivel de Internet (red)

En la Fig. 3.22 se presenta el conjunto de protocolos del nivel de Internet. Como se observa, en este nivel operan diferentes protocolos como son: IP, ICMP y los protocolos de *routing*.

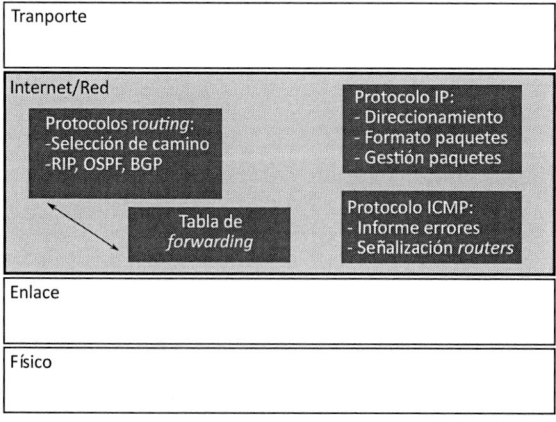

Figura 3.22 Familias de protocolos del nivel Internet/red.

El protocolo por excelencia del nivel de Internet es el IP, pero este nivel se ayuda de otros protocolos para conseguir que el transporte de los paquetes desde el origen hasta el destino sea lo más eficiente posible. Para ello, existen dos importantes grupos de protocolos, que son:

- Protocolo de mensajes de control de Internet (ICMP): permite a los nodos de Internet, como son *routers* e incluso elementos finales, enviarse mensajes de información para notificar ciertas situaciones anómalas de la red y tomar las acciones pertinentes.

- Protocolos de *routing*: posibilita que los *routers* «hablen» entre sí para intercambiarse tablas de encaminamiento y permitir así que los paquetes se envíen de un *router* a otro hasta encontrar el destino de una manera eficiente.

3.9.2. Protocolo de mensajes de control de Internet (ICMP)

El protocolo ICMP (*Internet Control Message Protocol*), especificado en la RFC 792 `https://www.rfc-editor.org/info/rfc792`, es empleado por los *hosts* (nodos finales) y los *routers* para comunicar información de la capa de red entre sí. El uso más típico de ICMP es informar de los errores. Cuando dos dispositivos se conectan a través de Internet, el ICMP genera errores para compartir con el dispositivo de envío en caso de que alguno de los datos no llegue a su destino previsto. Por ejemplo, si un paquete de datos es demasiado grande para un *router*, este descartará el paquete y enviará un mensaje ICMP a la fuente original de los datos.

Un uso secundario del protocolo ICMP es realizar diagnósticos de la red. Aplicaciones como el *traceroute* o *ping* operan usando ICMP. *Traceroute* se utiliza para mostrar la ruta de encaminamiento entre dos dispositivos de Internet. La ruta de encaminamiento es la ruta física real de los *routers* conectados, por la que debe pasar un paquete antes de llegar a su destino. También, *traceroute* informa del tiempo requerido para cada salto entre *routers*. Esto puede ser útil para determinar las fuentes de retardo de la red. La utilidad *ping* es una versión simplificada de *traceroute*. *Ping* analiza la velocidad de la conexión entre dos dispositivos e informa exactamente del tiempo que tarda un paquete de datos en llegar a su destino y volver al dispositivo remitente. Aunque *ping* no proporciona datos sobre enrutamiento o saltos, sigue siendo una métrica muy útil para medir la latencia entre dos dispositivos. Los mensajes ICMP echo-request y echo-reply se utilizan comúnmente con el fin de realizar un *ping*. Desafortunadamente, los ataques de red pueden explotar este proceso, creando medios de interrupción como el *ICMP flood attack* y el *ping of death attack*. Los diferentes mensajes que contempla ICMP para informar de las situaciones que se pueden presentar en la red se muestran en la Tabla 3.2.

3.9.3. Protocolos de *routing*: RIP, OSPF y BGP

Como se ha explicado, los paquetes de información salen del origen y van dando saltos por los diferentes *routers* (de Internet o de una intranet) hasta que llegan al destino. Todo esto es posible porque el nivel 3 usa las direcciones IP destino para determinar el camino hasta llegar a la red/nodo final (ver Fig. 3.23). El mecanismo es el siguiente:

- El paquete entra por una interfaz (enlace) del *router* y este analiza la IP/red destino.

- Esa IP/red se analiza en una tabla de *forwarding* y decide por qué interfaz debe salir el paquete.

- Si en la interfaz de salida está la red destino, el paquete habrá llegado a su destino.

- Si no, entrará en un siguiente *router* y así se repetirá el proceso hasta llegar al destino final.

Type	Code	Description
0 – Echo Reply	0	Echo reply
3 – Destination Unreachable	0	Destination network unreachable
3 – Destination Unreachable	1	Destination host unreachable
3 – Destination Unreachable	2	Destination protocol unreachable
3 – Destination Unreachable	3	Destination port unreachable
3 – Destination Unreachable	4	Fragmentation needed and DF flag set
3 – Destination Unreachable	5	Source route failed
5 – Redirect Message	0	Redirect datagram for the Network
5 – Redirect Message	1	Redirect datagram for the host
5 – Redirect Message	2	Redirect datagram for the Type of Service and Network
5 – Redirect Message	3	Redirect datagram for the Service and Host
8 – Echo Message	0	Echo Request
9 – Router Advertisement	0	Use to discover the addresses of operational routers
10 – Router Solicitation	0	Use to discover the addresses of operational routers
11 – Time Exceeded	0	Time to live exceeded in transit
11 – Time Exceeded	1	Fragment reassembly time exceeded
13 – Timestamp	0	Used for time synchronization
14 – Timestamp Reply	0	Reply to Timestamp message

Tabla 3.2 Mensajes del protocolo ICMP. (Fuente: `https://www.rfc-editor.or g/info/rfc792`).

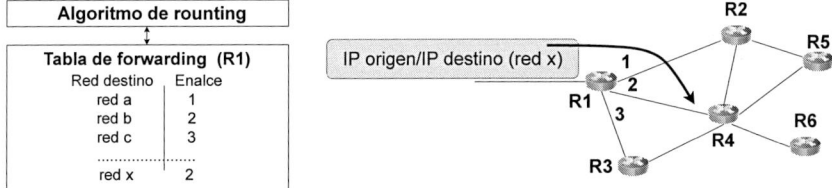

Figura 3.23 Filosofía de funcionamiento de los protocolos de *routing*.

Hasta aquí todo parece sencillo, pero la pregunta clave es, ¿cómo se construyen esas tablas de *forwarding*? Si las redes por las que consultamos son a las que están conectadas a las interfaces del *router* es directo, porque ese dato lo conoce el *router*. Pero, ¿qué pasa si es una IP/red que se encuentra a una distancia de dos, tres, o cincuenta *routers* de donde está el paquete que queremos encaminar?. La respuesta no es trivial y, por tanto, tiene una gran complejidad construir esas tablas de *forwarding*. Para construir esas tablas tenemos dos alternativas:

- Definir las rutas de manera manual, analizando nuestra red extremo a extremo.

- Usar protocolos de *routing*, que consiste en que los *routers* se intercambian información y, en base a esta y de forma dinámica (mediante algoritmos de *routing* o encaminamiento), se construyen las tablas de *forwarding*. Estas, a su vez, son dinámicas y se reajustan ante cambios en la red.

Por tanto, los protocolos de enrutamiento (*routing*) son mecanismos para intercambiar información de encaminamiento entre *routers* para tomar decisiones y crear las tablas de enrutamiento (tablas de *forwarding*). Independientemente de la escala de la red, estos protocolos facilitan la entrega segura de paquetes a su destino. El tema del *routing* IP es un campo muy amplio y se escapa del objetivo de este libro; aun así, se mostrarán a continuación unas ideas generales.

El *routing* IP lo podemos clasificar según varios ámbitos, tal y como se muestra en la Fig. 3.24.

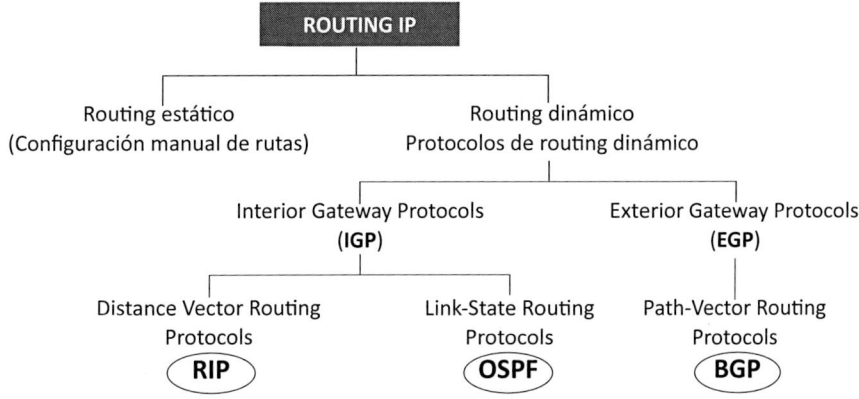

Figura 3.24 Clasificación de los protocolos de *routing*.

Según se ha explicado, el *routing* se puede dividir en estático, mediante rutas configuradas manualmente, y en *routing* dinámico, que se apoya en los protocolos de *routing*. Según esto, se pueden clasificar dichos protocolos en:

- *Interior Gateway Protocols* (IGP): los IGP son protocolos que intercambian información de enrutamiento entre los *routers* dentro de un solo sistema autónomo (AS). Un AS se define como una red o una colección de redes bajo el control de una empresa.

- *Exterior Gateway Protocols* (EGP): los protocolos EGP se utilizan para transferir información de enrutamiento entre *routers* de diferentes sistemas autónomos. Estos protocolos suelen ser más complejos que los IGP.

Además, en AS o entre AS, existen diferentes categorías, según su filosofía de funcionamiento. Por lo que tenemos:

- *Distance Vector Routing Protocols*: son protocolos que utilizan la distancia para determinar la mejor ruta de enrutamiento para los paquetes dentro de una red. Estos protocolos miden la distancia en función de cuántos saltos tienen que pasar los datos para llegar a su destino. El número de saltos es esencialmente el número de *routers* que se necesitan para llegar al destino. Generalmente, los protocolos de vector de distancia envían una tabla de enrutamiento llena de información a los dispositivos vecinos. Este enfoque hace que sean de baja inversión para los administradores. El único problema es que requieren más ancho de banda para enviar las tablas de enrutamiento y también pueden encontrarse con bucles de enrutamiento. Un ejemplo de este protocolo es el RIP.

- *Link State Routing Protocols*: los protocolos de estado de enlace adoptan un enfoque diferente para encontrar la mejor ruta de encaminamiento, ya que comparten información con otros *routers* cercanos. La ruta se calcula en función de la velocidad de la ruta hasta el destino y el coste de los recursos. Una de las diferencias clave con un protocolo de vector de distancia es que los protocolos de estado de enlace no envían tablas de enrutamiento. En cambio, los *routers* se notifican entre sí cuando se detectan cambios de ruta. Los *routers* que utilizan el protocolo de estado de enlace crean tres tipos de tablas: tabla vecina, tabla de topología y tabla de enrutamiento. La tabla vecina almacena detalles de *routers* vecinos mediante el protocolo de enrutamiento de estado de vínculo, la tabla de topología almacena toda la topología de red y la tabla de enrutamiento almacena las rutas más eficientes. Un ejemplo de estos protocolos es el OSPF.

- *Distance Path Vector Protocols*: en este caso, el protocolo estrella es el BGP. El mecanismo de toma de decisiones BGP analiza todos los datos y establece uno de sus pares como el siguiente donde enviar el tráfico, para reenviar paquetes para un destino determinado. Cada par administra una tabla con todas las rutas que conoce para cada red y distribuye esa información a sus sistemas autónomos vecinos. De esta manera, BGP permite que un AS recopile toda la información de enrutamiento de sus sistemas autónomos vecinos y «anuncie» esa información. Cada par transfiere la información internamente dentro de su propio sistema autónomo. Al igual que en la vida real, generalmente existe más de una ruta para llegar a un destino determinado. BGP es responsable de determinar la ruta más adecuada de acuerdo con la información recopilada y la política de enrutamiento de una organización, que se basa en el coste, la confiabilidad, la velocidad u otros factores.

Para ampliar información sobre este tema puede visitarse el siguiente enlace: `https://www.comparitech.com/net-admin/routing-protocol-types-guide/`.

3.10. Conclusiones

Como conclusiones de este capítulo podemos resumir que el/la lector/lectora dispone de los conocimientos suficientes sobre:

- Modelo TCP/IP y su importancia en el mundo de Internet.
- Las funciones de la capa de transporte y el detalle de los protocolos UDP y TCP.
- El protocolo IP y sus funciones, que permiten transportar paquetes de un punto a otro de Internet.
- Los mecanismos de direccionamiento CIDR para el diseño de redes IPv4.
- Otros protocolos de red como ICMP o los protocolos de *routing*, y cómo colaboran estos para garantizar la entrega eficiente de paquetes.

3.11. Bibliografía

La bibliografía consultada para elaborar este capítulo ha sido la siguiente:

- *Computer networks, 6th edition* [Tanenbaum y Wetherall, 2021].
- *Computer networking: A top-down approach, 8th edition* [Kurose y Ross, 2020].
- *Computer networks: a systems approach* [Peterson y Davie, 2007].
- *An introduction to computer networks* [Dordal, 2014].
- *TCP/IP protocol suite* [Forouzan, 2002].
- *TCP/IP networking: architecture, administration, and programming* [Martin y Leben, 1994].
- *Networking bible* [Sosinsky, 2009].
- *IP routing* [Malhotra, 2002].
- *TCP/IP network administration* [Hunt, 2002].

3.12. Proyecto práctico

3.12.1. Descripción del proyecto

Este proyecto se propone la instalación de un servidor WEB y un servidor DNS en una misma máquina servidora, y realizar una navegación WEB desde una máquina cliente mediante FireFox, analizando con Wireshark las cabeceras TCP, UDP e IP de la consulta DNS y de la navegación WEB. En la Fig. 3.25 se presenta la arquitectura de red a implementar para realizar este proyecto práctico.

3.12.2. Fases de ejecución

Para llevar a cabo el proyecto, el lector debe tener dos máquinas virtuales con sistema operativo Ubuntu correctamente configuradas. Para poder ejecutar este experimento correctamente, las máquinas virtuales deben tener la conexión de red configurada como adaptador puente. La ejecución del proyecto consiste en los siguientes pasos:

1. Decida de las dos máquinas virtuales cuál será la cliente, que llamaremos MV_CLIENTE, y cuál será la servidora, que llamaremos MV_SERVIDOR.

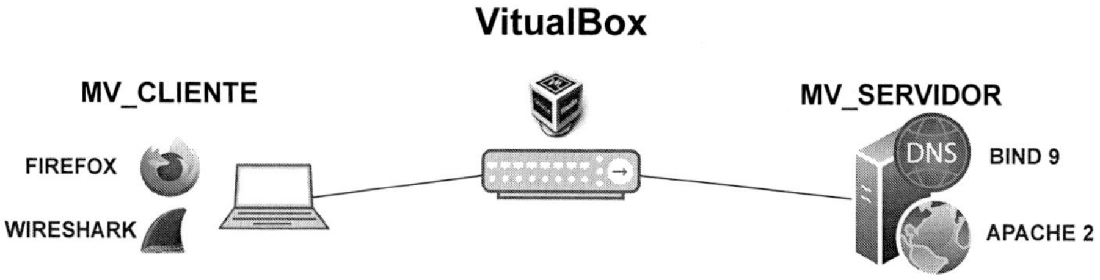

VitualBox

MV_CLIENTE   MV_SERVIDOR

FIREFOX   DNS   BIND 9

WIRESHARK   APACHE 2

Figura 3.25   Arquitectura del proyecto práctico del capítulo 3.

2. Identifique las IP de la MV_CLIENTE y MV_SERVIDOR.

3. En la máquina servidora MV_SERVIDOR, instale el paquete Apache2 y Bind9. Para el Apache vale con la página WEB de prueba que trae por defecto. Para el servidor Bind, apoyándose en lo explicado en el capítulo 2 (nivel de aplicación) configure lo siguiente:

   - El dominio que atiende el servidor DNS es tenerife.isla.
   - En la base de datos del servidor DNS tiene que haber una entrada donde el subdominio www.tenerife.isla apunte a la IP del servidor web, que en este caso es la IP de MV_SERVIDOR
   - Configure el DNS con TTL 15. De esta manera, forzamos que cada 15 segundos se pregunte al DNS y veamos su tráfico; de lo contrario tras la primera consulta se quedaría siempre en caché.
   - Pueden tomarse como base los ficheros de ejemplo que se vieron en teoría (capítulo 2) named.conf.options, named.conf.local y db.u-tad.uni (Fig. 2.17, 2.18 y 2.19). Recuerde que estos ficheros están configurados para definir el dominio u-tad.uni y ahora se está pidiendo tenerife.isla, por lo que debe configurarlos adecuadamente.
   - Una vez configurados los ficheros del DNS, ejecute los comandos necesarios para que se chequee la sintaxis de dichos ficheros y se carguen adecuadamente en el servidor DNS.

4. Una vez configurados los ficheros en Bind9, explique el contenido del fichero db.tenerife.isla.

5. En la máquina cliente MV_CLIENTE, configure como DNS el servidor de DNS que acaba de definir; es decir, ponga como IP de DNS la IP del MV_SERVIDOR.

6. Arranque en MV_CLIENTE el Wireshark y el navegador Firefox poniendo como URL en este último www.tenerife.isla (escribiendo http://www.tenerife.isla).

7. Analice lo que muestra el navegador con esta URL y comente el resultado obtenido.

8. Analice con Wireshark (poniendo los filtros adecuados y recargando varias veces la página por si no ha pasado el tiempo de caché) el tráfico de DNS entre cliente y servidor para resolver el dominio www.tenerife.isla. Analice solo el paquete de la consulta de la URL e identifique lo siguiente:

   - Del nivel UDP: el puerto origen, el puerto destino y el *checksum*.
   - Del nivel IP: la IP origen, la IP destino y el TTL.
   - Analice y explique todos los resultados obtenidos en Wireshark.

9. Analice con Wireshark (poniendo los filtros adecuados) el tráfico de HTTP entre cliente y servidor para descargar la página WEB; analice solo el paquete de conexión
SYN+ACK e identifique lo siguiente:

   - Del nivel TCP: el puerto origen, el puerto destino, el SeqN, AckN, el *checksum*
     y qué *flags* están activos.
   - Del nivel IP: la IP origen, la IP destino y el TTL.
   - Analice y explique todos los resultados obtenidos en Wireshark.

Capítulo 4

Nivel de Enlace y LAN Cableadas

«El hardware *es lo que hace a una máquina rápida; el* software *es lo que hace que una máquina rápida se vuelva lenta»*

Craig Bruce

4.1. Introducción

En este capítulo se estudia el nivel de enlace del modelo *software* de las redes de ordenadores, analizando sus funciones y los diferentes servicios que ofrecen a la capa de red. El nivel o capa de enlace tiene el cometido de entregar los paquetes (tramas) en cada salto de la comunicación. Para garantizar su correcto funcionamiento, se añade un protocolo de detección de errores. Se enumeran los diferentes protocolos que existen a nivel de enlace, resaltando los que estudiaremos en profundidad en este libro, como son el Ethernet y el WiFi. Estos protocolos de nivel de enlace son los más extendidos en las LAN. Para direccionar este nivel, son necesarias las direcciones MAC; se analizan y se identifican sus principales atributos, formas de codificación y el protocolo ARP como mecanismo de mapeo entre direcciones IP y MAC. Se estudian los mecanismos de corrección y detección de errores, analizando en detalle el código CRC que usan las LAN Ethernet y WiFi, tanto desde una óptica teórica como práctica. Posteriormente, se analizan las redes locales LAN Ethernet, que constituyen el estándar más extendido en el ámbito de las redes locales cableadas, complementándolas con los algoritmos de acceso al medio compartido como CSMA/CD. Este capítulo finaliza estudiando dos mecanismos clave para el funcionamiento de las LAN y las intranets, como son el protocolo DHCP y el mecanismo NAT. DHCP se usa para asignar parámetros de conectividad de forma automática a los nodos que se conectan a la red, y el mecanismo NAT para permitir que equipos configurados con IP privadas puedan navegar por una red pública como Internet.

Los apartados a tratar en este capítulo son:

- Funciones de la capa de enlace.
- Direcciones MAC.

- Protocolo ARP.
- Detección y corrección de errores.
- LAN Ethernet.
- Control de acceso al medio CSMA/CD.
- Servicio DHCP.
- Servicio NAT.

4.2. Objetivos

Los objetivos de este capítulo son:

- Conocer las funciones del nivel de enlace.
- Revisar el direccionamiento y la codificación de las direcciones MAC.
- Entender el protocolo ARP.
- Estudiar el código de detección de errores CRC.
- Examinar las LAN Ethernet.
- Analizar los servicios DHCP y NAT.

4.3. Funciones de la capa de enlace

Dentro de nuestro análisis *top down* de la arquitectura *software* de las redes de ordenadores hemos llegado al nivel de enlace o nivel 2. En este nivel, es necesario abordar los siguientes conceptos: sus principales funciones, cómo se encapsula la información del nivel de red para formar las tramas, dónde se implementa esta capa (*software* y *hardware*) y finalmente una enumeración de protocolos más típicos del nivel de enlace. Es importante resaltar aquí, que el nivel de enlace es uno de los niveles que más impacto tienen en las prestaciones que ofrecen las redes de ordenadores.

4.3.1. Misión de la capa de enlace

Hasta ahora hemos estudiado la capa de aplicación, transporte e Internet (red). El siguiente nivel a analizar es el nivel de enlace o nivel 2. Como se observa en la Fig. 4.1, esta se encarga de ofrecer servicios a la capa de Internet (red) y de gestionar el envío y recepción de las tramas con el nivel físico.

Las principales funciones de la capa de enlace las podemos resumir en:

- Construcción de las tramas: la capa de enlace es responsable de la encapsulación final de los mensajes de nivel superior (capa de Internet) en tramas que se envían a través de la red en la capa física.

- Control del enlace lógico (LLC, *Logical Link Control*): el control de enlace lógico se refiere a las funciones necesarias para el establecimiento y control de enlaces lógicos entre dispositivos locales en una red. Proporciona servicios a la capa de red superior y oculta el resto de los detalles de la capa de enlace para permitir que diferentes tecnologías funcionen sin problemas con las capas superiores. LLC puede implementar enlaces sin conexión y sin reconocimiento (caso de Ethernet), sin conexión y con reconocimiento y orientado a la conexión.

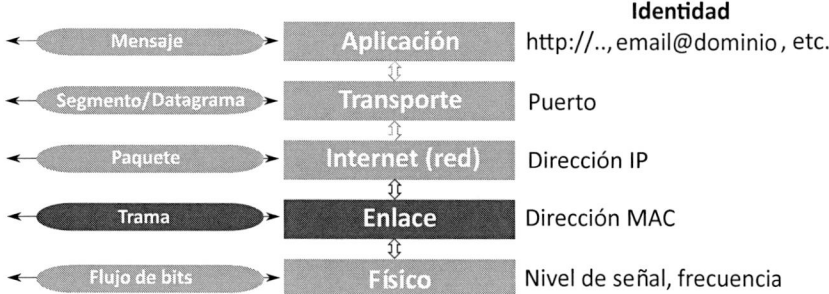

Figura 4.1 Interacción de la capa de enlace con el resto de capas del modelo TCP/IP.

- Control de acceso al medio (MAC, *Media Access Control*): se refiere a los procedimientos utilizados por los dispositivos para controlar el acceso al medio de red. Dado que muchas redes utilizan un medio compartido (como un solo cable de red o una serie de cables que están conectados eléctricamente en un solo medio virtual), es necesario tener reglas para administrar el medio y evitar conflictos. Por ejemplo, Ethernet utiliza el método CSMA/CD de control de acceso al medio, mientras que Token Ring utiliza el paso de *tokens*.

- Direccionamiento: la capa de enlace de datos es la que se encuentra en el nivel jerárquico más bajo en el modelo *software* que se ocupa del direccionamiento: etiquetar información con una ubicación de destino particular. Cada dispositivo en una red tiene un número único, generalmente llamado «dirección de *hardware*» o «dirección MAC», que se emplea por el protocolo de capa de enlace para garantizar que los datos destinados a una máquina específica lleguen a él correctamente.

- Detección y corrección de errores: en este nivel existen dos estrategias; ambas se basan en añadir información redundante a los datos que se envían. La primera consiste en incluir solo cierta redundancia para informar al receptor, que ha ocurrido un error, pero no cuál, y que él solicite una retransmisión de la trama errónea. La segunda estrategia permite incluir suficiente información redundante para que el receptor pueda deducir cuáles fueron los datos transmitidos y así saber exactamente qué bits son los erróneos y poder recuperar la información correcta. La primera estrategia utiliza códigos de detección de errores tipo *checksum* o CRC (*Cyclic Redundancy Check*). La segunda utiliza otros códigos más complejos, como códigos Hamming o convolucionales binarios.

Por otro lado, es importante tener en mente los siguientes conceptos:

- Los protocolos del nivel de red como IP tienen la misión de transportar los paquetes desde el nodo origen hasta el nodo final de la comunicación. Aquí la IP origen e IP destino se mantienen en cada paso que va dando el paquete por los diferentes *routers*, salvo que se haga NAT, como veremos más adelante.

- El protocolo de enlace tiene la misión de entregar los paquetes al siguiente nodo de la comunicación. Su función es garantizar una comunicación correcta en cada salto. Por tanto, cada paquete tiene la MAC origen y MAC destino de los nodos que se están comunicando en cada salto. Dicho de otra forma, en cada paso que da el paquete por los *routers*, las MAC van variando, siendo en cada salto la MAC origen y destino las de los nodos que se están intercambiando el paquete en ese salto.

- Los protocolos del nivel superior, es decir, los que operan en las capas de aplicación, de transporte y de red, son los mismos en toda la comunicación independientemente del número de nodos intermedios que existan. En cambio, para los protocolos de enlace, estos pueden variar en cada salto, lo que significa que, entre cada par de nodos puede haber un protocolo de enlace diferente. Por ejemplo, en una comunicación desde un cliente a un servidor puede haber una tecnología inalámbrica tipo WiFi, luego una fija Ethernet con cable de cobre y una tercera Ethernet con cable de fibra óptica. En cada una de ellas habrá un protocolo de enlace diferente, aunque todos transporten de manera transparente la información de las capas superiores. Esta situación se representa en la Fig. 4.2.

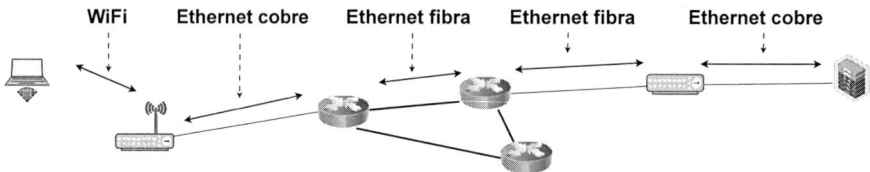

Figura 4.2　Diferentes protocolos de enlace para una misma comunicación.

4.3.2.　Implementación del nivel de enlace y protocolos

Como se ha comentado en capítulos anteriores, se estudia el modelo *software* de las redes de ordenadores, que está estructurado en capas. El nivel de enlace ya se encuentra en la frontera del nivel físico, por lo que parte de sus funciones ya se implementan en el *hardware* de la interfaz de red (tarjeta de red). El resto de funciones se implementa en *software*. También es muy importante tener en cuenta que este nivel es el que va a determinar dos de las prestaciones clave que ofrecen las redes de ordenadores a las aplicaciones que se apoyan en ellas. Concretamente, estos niveles enlace-físico son los responsables de la velocidad y de la latencia de la transmisión. En la Fig. 4.3 se resumen estos conceptos.

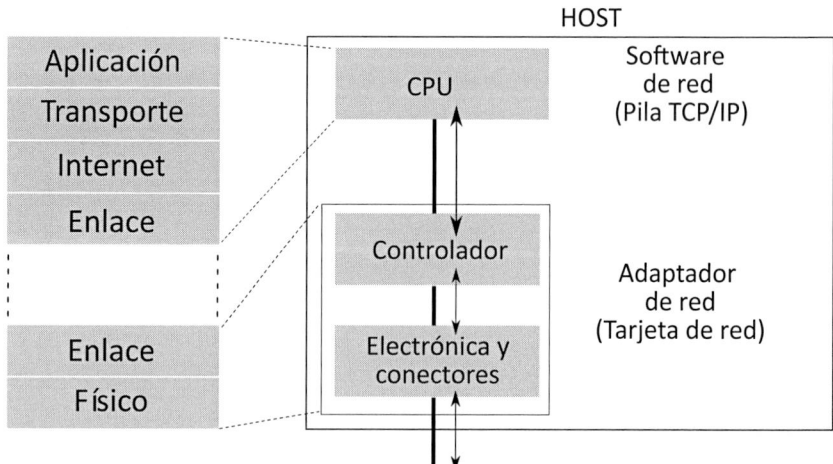

Figura 4.3　Implementación del nivel de enlace. Una parte es *software* pero otra tiene un *hardware* dedicado.

Dentro de los protocolos del nivel de enlace, hay tantos como tecnologías de red. Unos están más indicados para redes WAN y otros para redes LAN. Para las redes WAN existen protocolos como PPP, HDLC, SDLC, ATM, Frame Relay. Para las redes LAN los típicos son Ethernet (LAN cableadas IEEE 802.3) y WiFi (LAN inalámbricas IEEE 802.11), que serán los que trataremos en este libro.

4.4. Direcciones MAC

Como toda capa *software* dentro de la arquitectura TCP/IP, el nivel de enlace requiere de unos mecanismos y entidades de direccionamiento. En este caso estudiaremos las direcciones MAC analizando su estructura, codificación y tipos de direcciones MAC existentes.

4.4.1. Necesidad de las direcciones MAC

Para comunicar o transferir los datos de un nodo a otro, necesitamos siempre alguna dirección. En las redes de ordenadores se incluyen diferentes direccionamientos según la capa que se trate. Por ejemplo, a nivel de transporte, está el protocolo de transporte TCP/UDP y el puerto; a nivel de red, está la dirección IPv4/IPv6. Por tanto, para el nivel de enlace también hacen falta unas direcciones que son las MAC.

La dirección MAC consiste en un número del *hardware* único (no se puede repetir entre equipos) de 48 bits que tiene un nodo (ordenador, *router*, servidor, etc.) a nivel de enlace, que está integrado en una tarjeta de red (conocida como NIC *Network Interface Card*) y que se graba durante la fabricación de la misma. La dirección MAC también se conoce como la dirección física de un dispositivo de red. Los estándares como el IEEE 802 dividen el nivel de enlace en dos subcapas:

- Subcapa de control de enlace lógico (LLC).

- Subcapa de control de acceso al medio (MAC).

La dirección MAC es utilizada por la subcapa *Media Access Control* (MAC) de la capa de enlace para direccionar los nodos. La dirección MAC es única a nivel global, existen millones de dispositivos de red y necesitamos identificar de forma única cada uno.

4.4.2. Formato de las MAC

La dirección MAC viene dada por un número hexadecimal de 12 dígitos (número binario de 6 bytes=48 bits), que se representa principalmente mediante notación dos puntos (:) y números hexadecimales en grupos de 8 bits. Los primeros 6 dígitos (por ejemplo 00:40:96) de la dirección MAC identifican al fabricante, que se denomina identificador único de la organización, OUI (*Organizationally Unique Identifier*). El Comité de Autoridad de Registro IEEE asigna estos prefijos MAC a sus proveedores registrados. A continuación, se muestran algunos OUI de fabricantes conocidos:

- CC:46:D6 : Cisco.

- 3C:5A:B4 : Google, Inc.

- 3C:D9:2B : Hewlett Packard.

- 00:9A:CD : Huawei Technologies Co., Ltd.

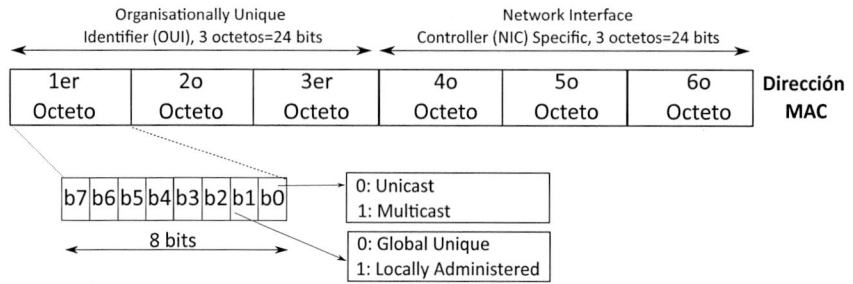

Figura 4.4   Formato de las direcciones MAC.

Los seis dígitos siguientes (más a la derecha) representan el controlador de interfaz de red (NIC), que lo asigna el fabricante. En la Fig. 4.4 se presentan esta definición de la dirección MAC.

Como se mencionó anteriormente, la dirección MAC está representada por notación (:) hexadecimal, pero esto es solo una representación recomendada. La dirección MAC se puede representar utilizando cualquiera de los siguientes formatos:

- 00-0a-83-b1-c0-ff
- 00:0a:83:b1:c0:ff
- 000.a83.b1c.0ff

Además, existen tres tipos de direcciones MAC:

- *Unicast*: si una trama tiene una dirección MAC destino *unicast*, esta solo se envía al nodo que tiene esa MAC en su NIC. En este caso, el LSB (bit menos significativo) del primer octeto de una dirección MAC se pone a cero. La dirección MAC de la máquina de origen siempre es *unicast*.

- *Multicast*: permite al nodo origen enviar una trama a un grupo de dispositivos. En esta dirección, el LSB (bit menos significativo) del primer octeto se fija en uno. La organización IEEE ha asignado el bloque de direcciones 01-80-C2-xx-xx-xx (01-80-C2-00-00-00 a 01-80-C2-FF-FF-FF) para direcciones *multicast*.

- *Broadcast*: igual que en la capa de red, el *broadcast* (o difusión) también es posible en la capa de enlace. Las tramas con unos en todos los bits de la dirección de destino (FF-FF-FF-FF-FF-FF) se denominan «direcciones de *broadcast*». Las tramas que tienen de dirección destino la MAC=FF-FF-FF-FF-FF-FF llegarán a todos los equipos pertenecientes a ese segmento LAN.

Por otro lado, las direcciones pueden ser direcciones administradas universalmente (*Global Unique*) o direcciones administradas localmente (*Locally Administered*). Una dirección administrada universalmente se asigna de forma única a un dispositivo por su fabricante. Los tres primeros octetos (en orden de transmisión) identifican la organización que emitió el identificador y se conocen como «identificador único de organización» (OUI). El resto de la dirección, tres octetos, la asigna la organización de la forma que estima más conveniente, pero está sujeta a la restricción de unicidad. Una dirección administrada localmente se asigna a un dispositivo por *software* o un administrador de red, anulando la dirección grabada durante su fabricación para dispositivos físicos. Las direcciones administradas localmente se distinguen de las direcciones administradas universalmente mediante el segundo bit menos significativo del primer octeto (b1) de la dirección con su valor a 1.

4.5. Protocolo ARP

Una vez se ha explicado la importancia de las direcciones MAC para construir las tramas a nivel de enlace y direccionarlas con MAC origen y MAC destino, en este apartado se estudiará el protocolo ARP, que tiene un cometido clave en este objetivo. Como sabemos, para comunicarnos a través de nuestras redes, siempre se conoce la IP destino del nodo con el que nos queremos comunicar. Esta se obtiene bien a través de resoluciones de URL en servidores DNS (lo más común) o bien porque conocemos las IP de los nodos con los que nos queremos comunicar. El siguiente paso es encontrar la MAC destino, que nos la proporciona el protocolo ARP.

4.5.1. Principios de funcionamiento

El ARP (*Address Resolution Protocol*) es un protocolo que mapea una dirección de protocolo de Internet, dirección IP, con una dirección de máquina física fija o dirección MAC de un nodo en una red de área local (LAN). Este proceso se hace necesario por dos razones principales:

- Para construir el paquete que enviamos por la red, normalmente conocemos la IP destino porque nos la ha devuelto un DNS, pero necesitamos también conocer la MAC destino. Las IP origen y MAC origen las conocemos porque son las que tiene definidas el nodo que origina el tráfico.

- Las direcciones IP de los nodos suelen cambiar con frecuencia. Cada vez que me conecto a una red me dan una IP nueva, cambio de red, etc. Por lo tanto, el mapeo entre IP y MAC es dinámico; de ahí la necesidad de tener este mecanismo de mapeo.

Por tanto, ARP es un protocolo de red utilizado para averiguar la dirección de *hardware* (MAC) de un dispositivo a partir de una dirección IP. Se utiliza cuando un dispositivo desea comunicarse con algún otro dispositivo en una red local. El nodo transmisor utiliza ARP para traducir direcciones IP a direcciones MAC. El dispositivo envía un mensaje de difusión de solicitud ARP que contiene la dirección IP del dispositivo receptor. Todos los dispositivos de un segmento de red local «ven» el mensaje, pero solo el dispositivo que tiene esa dirección IP responde con el mensaje de respuesta ARP que contiene su dirección MAC. El dispositivo emisor ahora tiene suficiente información para enviar el paquete al dispositivo receptor. Este protocolo está estandarizado por el IETF mediante la RFC 6747 `https://www.rfc-editor.org/rfc/rfc6747`.

4.5.2. Resolución ARP

Como hemos comentado anteriormente, el protocolo ARP tiene la misión de, a partir de la IP del equipo con el que queremos comunicarnos, obtener su MAC para poder construir el paquete de información.

En la Fig. 4.5 tenemos una arquitectura de red con tres equipos finales A, B, C y un *router* R formando una LAN. Si, por ejemplo, el equipo C quiere comunicarse con el equipo B, el protocolo hace lo siguiente:

- El equipo C conoce la IP del equipo B con el que quiere comunicarse, bien porque la conoce el usuario de la aplicación o porque un DNS se la ha devuelto cuando ha solicitado un servicio.

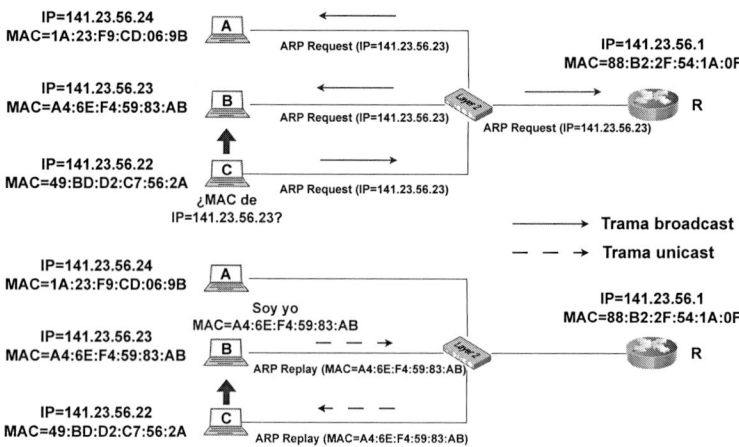

Figura 4.5   Modo de trabajo del protocolo ARP.

- En este punto, el equipo C tienen la IP origen (141.23.56.22) y la MAC origen (49:BD:D2:C7:56:2A) que son las suyas y la IP destino del equipo B (141.23.56.23).

- Ahora el equipo C necesita la MAC destino para poder construir el paquete. Para ello, envía un mensaje de petición ARP Request preguntando por la MAC de la IP de B. En este caso lo envía en una trama *broadcast* (MAC destino FF:FF:FF:FF:FF:FF) para que llegue a todos los equipos de la LAN.

- Seguidamente, el único nodo que se ve identificado con esta IP es el nodo B, que es el que la tiene definida. Por tanto, el nodo B es el que contesta ARP Replay con su dirección MAC (A4:6E:F4:59:83:AB) al equipo C. En este caso, con una trama *unicast*, cuya MAC destino es la MAC de C (49:BD:D2:C7:56:2A).

- Es importante, no confundir las MAC origen y destino de las tramas *broadcast* y *unicast* con la MAC que va en el mensaje ARP Replay. Dicho de otra forma:
  - La trama *broadcast* tiene MAC origen 49:BD:D2:C7:56:2A, MAC destino FF:FF:FF:FF:FF: y mensaje ARP Request con IP 141.23.56.23.
  - La trama *unicast* tiene MAC origen A4:6E:F4:59:83:AB, MAC destino 49:BD:D2:C7:56:2A y mensaje ARP Replay con MAC A4:6E:F4:59:83:AB.

- Una vez que el equipo C conoce la MAC del equipo B, ya puede construir el paquete y comunicarse con él.

Este proceso que hemos visto tiene dos particularidades importantes:

- Se produce en todos los sentidos de la comunicación; por ejemplo, cuando el equipo B tenga que comunicarse con el equipo C hará el mismo proceso ARP.

- Además, como esto generaría mucho tráfico adicional en la red y los mapeos entre MAC e IP tienen cierta duración, cuando se recibe una respuesta ARP esta se guarda en caché y no vuelve a realizar el proceso ARP hasta pasado cierto tiempo. Esto es independiente de que en ese tiempo los nodos puedan seguir comunicándose, ya que es su caché tienen los mapeos entre IP y MAC. Este concepto se presenta en la Fig. 4.6.

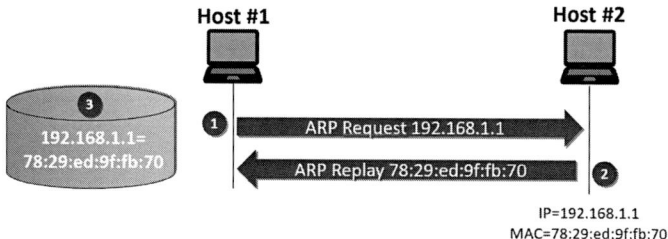

Figura 4.6 Almacenamiento de los mapeos IP-MAC en caché.

4.6. Detección y corrección de errores

En el capítulo anterior se trataron los mecanismos de control de errores a nivel de transporte y nivel de red, que se basaban en unos algoritmos muy simples de suma de verificación (*checksum*). En el nivel de enlace se usan también mecanismos de control de errores, tanto para detección como para detección y corrección de los mismos. En este apartado analizaremos la filosofía de los códigos de detección y corrección de errores, los errores más comunes que se producen en la redes de comunicación y el código redundante cíclico (CRC) que usan tanto las LAN cableadas tipo Ethernet como las LAN inalámbricas tipo WiFi para detectar errores.

4.6.1. Códigos de detección de errores vs. corrección de errores

Como se ha visto anteriormente, los protocolos de la capa transporte como TCP o UDP y el protocolo de la capa de red IP utilizan unos códigos para detectar si los paquetes recibidos son correctos o no. Para este cometido utilizaban las técnicas de suma de verificación *checksum*. A nivel de la capa de enlace, la que estamos estudiando en este capítulo, también utilizan códigos para detectar errores en los paquetes recibidos. En este nivel se usan dos estrategias diferentes:

- Códigos de detección de errores: estos códigos tienen la función de permitir al receptor saber si se ha producido un error en la transmisión para pedir que se retrasmita nuevamente el paquete que ha llegado corrupto. En este tipo de estrategias nos encontramos códigos cómo: paridad, sumas de verificación y códigos de redundancia cíclica (CRC).

- Códigos de corrección de errores: estos son códigos más complejos y lo que aportan al receptor del paquete es que puede saber si el paquete ha llegado con errores y, al mismo tiempo, indicar qué errores han sido para que pueda recuperar la información sin necesidad de una nueva retransmisión. Dentro de los códigos de corrección de errores nos podemos encontrar: códigos de Hamming, códigos convolucionales binarios, códigos de Reed-Solomon o códigos de verificación de paridad de baja densidad.

Cada una de estas estrategias se utiliza en un ámbito diferente. En los canales que son altamente confiables, como los de fibra, es más eficiente utilizar un código de detección de errores y solo retransmitir los paquetes defectuosos que puedan aparecer solo de forma ocasional. Sin embargo, en los canales de menor confiabilidad, como pueden ser los enlaces inalámbricos, es mejor usar un código de corrección de errores para que el receptor pueda descubrir cuál era el bloque original que se transmitió y recuperarlo sin necesidad de retransmisión.

Como se ha comentado anteriormente, hay multitud de protocolos de nivel de enlace y, por tanto, unos utilizarán solo códigos de detección de errores y otros de detección y corrección. En nuestro caso, nos centraremos en dos protocolos del nivel de enlace: el Ethernet para LAN cableadas que veremos en este capítulo y el WiFi para LAN inalámbricas que veremos en el siguiente capítulo. Estos dos protocolos el mecanismo de control de errores que utilizan es un código de detección de errores tipo código de redundancia cíclica (CRC), que estudiaremos a continuación.

4.6.2.   Código redundante cíclico (CRC)

Los métodos de suma de verificación (*checksum*) requieren poca sobrecarga de paquetes; por ejemplo, los *checksum* en TCP, UDP e IP usan solo 16 bits. Sin embargo, proporcionan una protección relativamente débil contra errores en comparación con la comprobación de redundancia cíclica (CRC). La cuestión ahora es, ¿por qué se usa la suma de comprobación en la capa de transporte/Internet y la redundancia cíclica en el nivel de enlace? Es importante resaltar que la capa de transporte/Internet generalmente se implementa en el *software* de un *host* como parte del sistema operativo. Dado que la detección de errores de la capa de transporte/Internet se implementa en *software*, es importante tener un esquema de detección de errores simple y rápido, como es el *checksum*. Por otro lado, la detección de errores en la capa de enlace se implementa en *hardware* dedicado del adaptador de red (NIC), que puede realizar rápidamente las operaciones CRC más complejas y mucho más eficientes a la hora de detectar errores en los paquetes. Antes de explicar los principios de los códigos CRC, veremos qué tipos de errores pueden suceder en la comunicación de paquetes. De forma general, los errores se pueden clasificar en dos tipos, tal y como se muestra en la Fig. 4.7:

- Error de bit: dentro del paquete cuando solo afecta a pocos bits.

- Error de ráfaga: aquí un bloque completo de bits puede verse afectado cambiando toda la información contenida en él.

Figura 4.7   Tipos de errores.

Una vez entendidos los tipos de errores, podemos indicar que los códigos tipo *checksum* como el que hemos estudiado anteriormente solo pueden detectar errores en bits aislados, y no tienen la capacidad de detectar errores tipo bit múltiples o de ráfagas. Por tanto, se hace necesario incluir un código tipo CRC que sí incluye esas capacidades de detección.

Se entiende mejor la forma de operar del algoritmo CRC mediante la Fig. 4.8 y en la siguiente explicación:

Terminología:

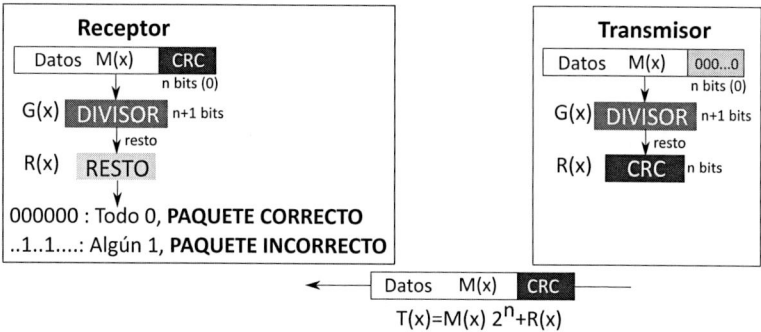

Figura 4.8 Modo de trabajo del algoritmo CRC.

- M(x): trama a transmitir (k bits).
- G(x): divisor o polinomio generador $(n + 1)$ bits, es una decisión de diseño del protocolo.
- R(x): resto de la división o CRC (n bits).

Generación del CRC en el emisor:

- A la trama a transmitir, M(x), se concatenan n ceros a la derecha; esto es equivalente a multiplicar $M(x) \cdot 2^n$.
- A continuación, $M(x) \cdot 2^n$ se divide por el polinomio generador (divisor) G(x); la división se realiza en aritmética módulo 2 (función XOR).
- La función XOR tiene una aritmética muy sencilla: el resultado es 1 cuando ambos operandos son diferentes y 0 cuando son iguales. Esto se presenta en la Tabla 4.1.

A	B	A XOR B
0	0	0
0	1	1
1	0	1
1	1	0

Tabla 4.1 Función XOR.

- Esta división da lugar a un cociente Q(x) y a un resto R(x), donde el resto R(x) representa el código de redundancia cíclica (CRC).

Envío de la información:

- El emisor envía la trama concatenada con el CRC o resto, es decir, la trama enviada: $T(x) = M(x) \cdot 2^n + R(x)$.

Comprobación del CRC en el receptor:

- El receptor toma la trama recibida, $T(x)=M(x) \cdot 2^n + R(x)$, y la divide por el mismo polinomio generador $G(x)$.

- Se analiza el resto de la división y:
  - Si el resto de esta división es cero, significa que no hay errores.
  - En caso contrario, hay errores en la transmisión.

Es muy importante indicar que en el caso de Ethernet y WiFi, cuando se detectan errores en una trama, esta simplemente se descarta. Aunque en el nivel de enlace, la capa LLC podría implementar mecanismo de retransmisión de tramas, para el caso de Ethernet y WiFi no se hace y se delega este trabajo en las capas superiores, como como son el protocolo TCP.

Por otro lado, se indica que el polinomio generador $G(x)$ se puede representar con dos notaciones diferente; si, por ejemplo, tenemos el siguiente polinomio generador de 8 bits:

$$G(x)=x^7 + x^5 + x^2 + x + 1$$

es equivalente al siguiente polinomio:

$$G(x)= 1x^7 + 0x^6 + 1x^5 + 0x^4 + 0x^3 + 1x^2 + 1x^1 + 1x^0$$

Por tanto, podemos escribir:

$$G(x)=x^7 + x^5 + x^2 + x + 1=10100111$$

Dependiendo del protocolo de enlace que se trate, se utilizan unos polinomios generadores $G(x)$ u otros (ver Tabla 4.2).

Código	Polinomio generador G(x)	Aplicación
CRC-8	$x^8 + x^2 + x + 1$	ATM header
CRC-10	$x^{10} + x^9 + x^5 + x^4 + x^2 + 1$	ATM AAL
ITU-16	$x^{16} + x^{12} + x^5 + 1$	HDLC
ITU-32/CRC-32	$x^{32} + x^{26} + x^{23} + x^{22} + x^{16} + x^{12} + x^{11} + x^{10} + x^8 + x^7 + x^5 + x^4 + x^2 + x + 1$	LANs

Tabla 4.2 Polinomios generadores.

4.6.3.   Ejemplo práctico de uso

Aunque pudiera parecer que el algoritmo de CRC es muy complejo, con un ejemplo práctico que vamos a realizar a continuación se verá que es muy sencillo de implementar.

Partimos de que el transmisor tiene lo siguientes datos y realiza las siguientes operaciones:

- Información a transmitir: $M(x)=11010110111$.

- Polinomio generador de 5 bits $G(x)=x^4 + x + 1=10011$.

- Generamos $M(x) \cdot 2^4=110101101110000$.

- Se divide por $G(x)$ con aritmética módulo 2, operación XOR.

- Se obtiene el $R(x)$, que es el código CRC=1100.

- Finalmente, se envía la información T(x) concatenando la información a enviar junto con el CRC, T(x)=110101101111100 por el canal de comunicación.

Todo este proceso de transmisión está resumido en la Fig. 4.9.

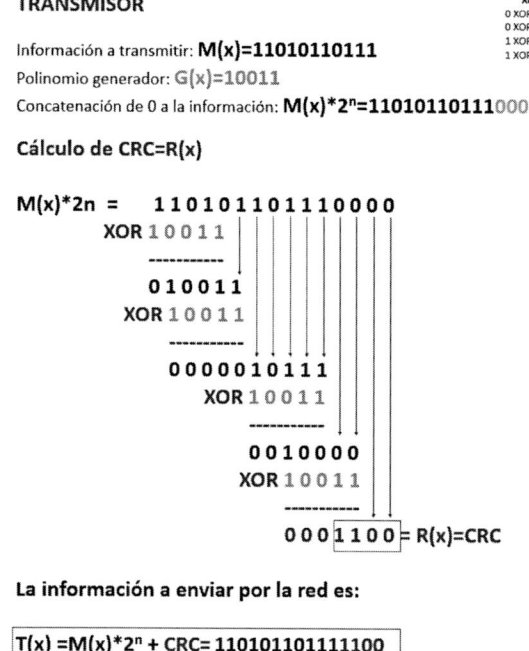

Figura 4.9 Algoritmo CRC: proceso de transmisión.

Una vez en el receptor, si se ha recibido la información tal cual se ha enviado desde el transmisor, es decir, T(x)=110101101111100, este hace la comprobación de la siguiente forma:

- Información recibida: 110101101111100.
- Polinomio generador de 5 bits G(x)=$x^4 + x + 1$=10011, el mismo que en el transmisor.
- Se divide por G(x) con aritmética módulo 2, operación XOR.
- Se obtiene el R(x)=0000000.
- En este caso, R(x)=0, lo que significa que el paquete se ha recibido sin errores.

El proceso de recepción sin errores se muestra en la Fig. 4.10

Por otro lado, si se ha recibido la información pero contiene errores, que se han producido durante la transmisión, T(x)= 100111101111100 (los bits segundo y quinto empezando por la izquierda no se han transmitido de forma correcta), el receptor hace la comprobación de igual forma:

- Información recibida: 100111101111100.
- Polinomio generador de 5 bits G(x)=$x^4 + x + 1$=10011, el mismo que en el transmisor.
- Se divide por G(x) con aritmética módulo 2, operación XOR.

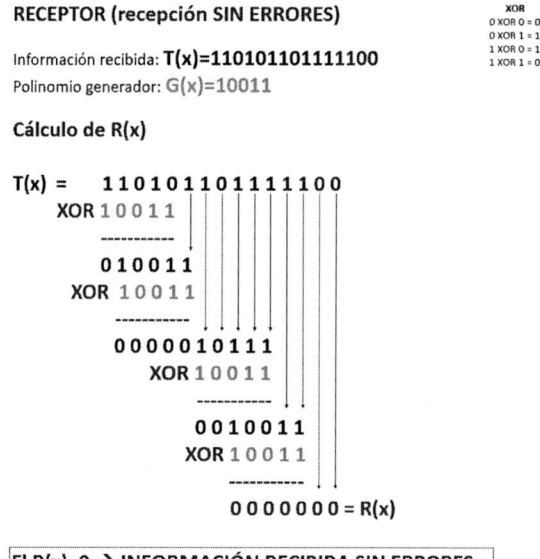

Figura 4.10   Algoritmo CRC: recepción sin errores.

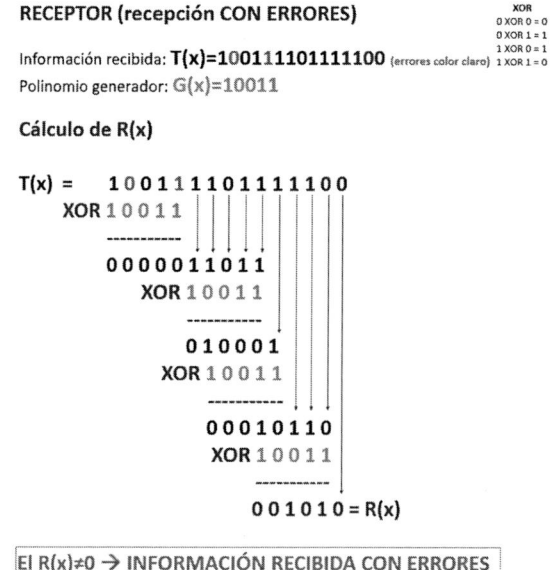

Figura 4.11   Algoritmo CRC: recepción con errores.

- Se obtiene R(x)=001010.
- En este caso, R(x)$\neq$ 0, lo que significa que el paquete se ha recibido con errores.

Finalmente, el proceso de recepción con errores se muestra en la Fig. 4.11.

4.7.   LAN cableadas - Estándar Ethernet IEEE 802.3

La LAN cableada más popular es Ethernet, que ha estandarizado IEEE con su norma 802.3. A continuación, se detalla su evolución, los dispositivos *hardware* que la componen y cómo es el formato de su cabecera que permite su funcionamiento.

4.7.1.   Ethernet IEEE 802.3

Ethernet describe una tecnología para redes de datos cableadas que contemplan tanto los elementos *hardware* como *software*. De esta manera, Ethernet permite el intercambio de datos entre dispositivos finales. Estos pueden ser ordenadores, impresoras, servidores, *routers* u otros. Cuando se combinan en una red local, estos dispositivos establecen conexiones a través del protocolo Ethernet y pueden intercambiar paquetes de datos entre sí. El protocolo actual y más ampliamente distribuido es IEEE 802.3.

Ethernet se desarrolló a principios de la década de 1970, pero el sistema de red originalmente solo lo utilizaba internamente la compañía Xerox. A principios de la década de 1980, Ethernet se convirtió en un producto estandarizado. Sin embargo, Ethernet todavía no se usaba ampliamente hasta mediados de la dicha década, cuando varias empresas de fabricación comenzaron a trabajar con Ethernet y sus productos relacionados. La tecnología contribuyó significativamente a la forma en que el ordenador personal revolucionó el mundo laboral. Hoy en día, el estándar IEEE 802.3 se emplea ampliamente en oficinas, hogares privados, industrias y prácticamente en cualquier sitio.

Mientras que la primera versión de la tecnología solo proporcionaba una velocidad de 3 Mbps, el protocolo Ethernet actual permite velocidades de hasta 10 Gbps y se sigue desarrollando para conseguir velocidades aún mayores. Anteriormente, las redes que empleaban Ethernet se limitaban a un edificio, pero hoy en día Ethernet puede cubrir un rango de hasta 10 km con el uso de cables de fibra óptica. En el transcurso de su desarrollo, Ethernet ha asumido un papel dominante en la tecnología LAN y ha superado a varios competidores. Además, a día de hoy, Ethernet en tiempo real es el estándar de la industria para aplicaciones de comunicación (ver `https://copperhilltech.com/blog/industrial-ethernet-guide-det erminacy-and-realtime-control-the-hunt-for-csmacd/`).

Para más información sobre Ethernet, pueden consultarse los siguientes enlaces:

- `https://www.ionos.com/digitalguide/server/know-how/ethernet/`.
- `https://www.ieee802.org/3/`.

4.7.2.   Dispositivos Ethernet y evolución del estándar

Una vez entendidos los principios de Ethernet, los principales componente *hardware* que la componen son: los *hub*, *switch*, cables de cobre (pares trenzados) y cables de fibra óptica. Evidentemente, estos elementos podemos considerarlos la arquitectura básica. A estos se conectarán los equipos finales, como son equipos clientes (portátiles, ordenadores de sobremesa, dispositivos en general), los servidores y, por supuesto, los *routers*. Estos últimos, interconectan estas LAN con otras LAN o con las WAN, por lo que también son elementos clave en estas arquitecturas. En los siguientes enlaces, pueden verse ejemplos de estos elementos *hardware* utilizados en estas LAN Ethernet:

- *Hub*: `https://www.trendnet.com/products/product-detail?prod=135_TE-800pl us`.

- *Switch*: `https://www.touchpoint.com.au/shop/juniper-networks-ex2300-48mp-4 8-baset-port-ethernet-switch/`.

- Cable de cobre: `https://www.ebay.com/itm/143656543370`.

- Cable de fibra óptica: `https://www.connection.com/product/axiom-cisco-compa tible-10gbase-aoc-sfp-active-optical-cable-5m/sfp-10g-aoc5m-ax/36866674`.

Por otro lado, las redes Ethernet han estado en continua evolución desde su nacimiento, lo que hace que en el mercado tengamos una gran variedad de soluciones según nuestras necesidades. En la Fig. 4.12 se hace un resumen de las más representativas.

Estándar de Ethernet IEEE	Denominación	Velocidad de transmisión	Tipo de cable	Año publicación
802.3	10Base5	10 MB/s	Cable coaxial	1983
802.3a	10Base2	10 MB/s	Cable coaxial	1988
802.3i	10Base-T	10 MB/s	Cable de par trenzado	1990
802.3j	10Base-FL	10 MB/s	Cable de fibra óptica	1992
802.3u	100Base-TX100Base-FX100Base-SX	100 MB/s	Cable de par trenzado, cable de fibra óptica	1995
802.3z	1000Base-SX1000Base-LX	1 GB/s	Cable de fibra óptica	1998
802.3ab	1000Base-T	1 GB/s	Cable de par trenzado	1999
802.3ae	10GBase-SR, 10GBase-SW, 10GBase-LR, 10GBase-LW, 10GBase-ER, 10GBase-EW, 10GBase-LX4	10 GB/s	Cable de fibra óptica	2002
802.an	10GBase-T	10 GB/s	Cable de par trenzado	2006

Figura 4.12   Evolución de las redes Ethernet. (Fuente: `https://www.ieee802.or g/3/`).

4.7.3.   Formato de la cabecera Ethernet

Como cualquier protocolo, Ethernet tiene una cabecera que se utiliza para gestionar las diferentes funcionalidades que ofrece este protocolo. En la Fig. 4.13 se muestra dicha cabecera.

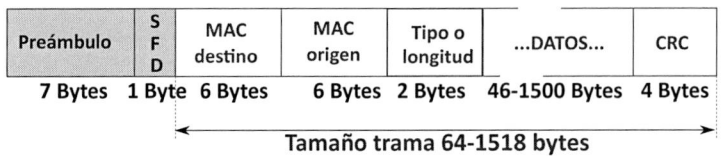

Figura 4.13   Formato de la trama y cabecera Ethernet.

Los principales campos y sus significados son:

- Preámbulo: este es un patrón que consiste en 0 y 1 alternativos que indica el inicio de la trama y asegura la sincronización entre el emisor y el receptor.

- Delimitador de inicio de trama (SFD, *Start of Frame Delimiter*): es un campo cuyo valor es 10101011. El SFD indica que en los próximos bits ya comienza la trama. De esta forma, se advierte a la estación o estaciones que esta es la última oportunidad para la sincronización.

- MAC destino: dirección MAC del nodo al que se pretende enviar la trama.

- MAC origen: dirección MAC del nodo que ha originado la trama.

- Tipo o longitud:
  - Para las tramas Ethernet II (una variante de Ethernet), este es el campo Tipo (EtherType) que informa de lo que se transporta dentro de la trama Ethernet: un paquete IPv4, un paquete IPv6, etc.
  - Para tramas IEEE 802.3, es el campo Longitud que indica la longitud o el tamaño de los datos o la carga útil en bytes. Su rango de valores va desde 46 hasta 1500.
- Datos: campo donde se transmiten los datos (*payload*). El tamaño máximo es de 1500 bytes.
- CRC: contiene el CRC de 32 bits que se genera sobre el campo dirección de destino, dirección de origen, longitud y datos.

Como sabemos, Ethernet está en continua evolución y eso tiene implicaciones en su cabecera, ya que esta debe cambiar siempre que se quieran introducir nuevas funcionalidades. En el siguiente enlace se muestran todas sus posibles variantes `https://www.ionos.es/digital guide/servidores/know-how/trama-ethernet/`.

4.8. Control de acceso al medio Ethernet CSMA/CD

El medio de transmisión o, simplemente, medio en una LAN cableada es el cable que interconecta los equipos. La configuración típica es en estrella, es decir, todos los nodos se conectan al nodo concentrador tipo *hub* y esto provoca que el medio sea compartido. Dicho de otra forma, hay solo un cable que puede usar un solo nodo a la vez. Puesto que los nodos podrían enviar información a la red en cualquier momento, sus tráficos pueden colisionar. Por tanto, se precisa de algún mecanismo para hacer un uso eficiente de este medio, ya que, entre otras cosas, cuando se producen colisiones, el efecto colateral que provoca es que disminuye la velocidad de transmisión de la red. Para ello, se usa el algoritmo CSMA/CD para minimizar estas colisiones; será el que se estudiará en este apartado.

4.8.1. Medio compartido y control de acceso al medio

Las redes de área local (LAN), como hemos visto al principio del libro, utilizan unos equipos de comunicación *hub/switch* y unos medios de transmisión cable de cobre o fibra óptica que le permiten intercambiarse la información entre ellos. La conexión física de estos equipos es conectarlos a un puerto de un *hub* a través de un cable. Aunque físicamente hay una configuración en estrella, a efectos prácticos están conectados a un bus que es un medio compartido. Que sea un medio compartido tiene la implicación no menor que solo un equipo puede estar usando el medio o, dicho de otra forma, si dos equipos usan el medio al mismo tiempo se interfieren y la comunicación no puede llevarse a cabo: tiene lugar una colisión. En la Fig. 4.14 se detalla cómo es esta conexión en las LAN. cableadas.

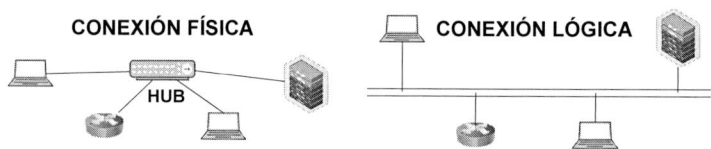

Figura 4.14 Medio compartido en las LAN cableadas.

Por tanto, al existir la restricción de que solo un equipo puede estar usando el medio a la vez, se hace imprescindible tener una mecanismo de control de acceso al medio (MAC,

Media Access Control, que no se debe confundir con direcciones MAC). Para nuestro caso de redes LAN Ethernet IEEE 802.3, que son las que estamos estudiando en este capítulo, el mecanismo utilizado es el CSMA/CD, que se estudiará en el siguiente sub-apartado.

4.8.2.   Algoritmo CSMA/CD

En las comunicaciones de redes LAN cableadas IEEE 802.3, el algoritmo de control de acceso al medio que se utiliza es el CSMA/CD (*Carrier Sense Multiple Access with Collision Detection*), que significa acceso múltiple con escucha de portadora y detección de colisiones. En CSMA/CD, los dispositivos de red «escuchan» el medio antes de transmitir; es decir, es necesario determinar si el canal y sus recursos se encuentran disponibles para realizar una transmisión. Además, mejora el rendimiento finalizando el envío de información cuando se ha detectado una colisión.

Para entender el funcionamiento del algoritmo CSMA/CD, nos apoyaremos en la Fig. 4.15. El funcionamiento del CSMA/CD es el siguiente:

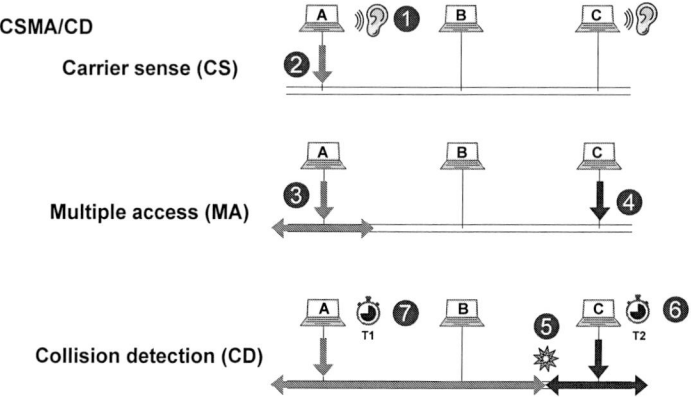

Figura 4.15   Filosofía de funcionamiento del algoritmo CSMA/CD.

- Las interfaces (NIC) que comunican los nodos con el medio de transmisión (cable de cobre) funcionan en modo *half duplex*. Esto significa que para comunicarse unas veces transmiten y otras reciben, pero no pueden transmitir y recibir a la vez. Los equipos que transmiten y reciben al mismo tiempo se llaman *full duplex*.

- Cuando el medio de comunicación está libre (nadie está transmitiendo información), un nodo puede enviar un paquete a la red, y todos lo «escuchan» (es un medio compartido) y el destinatario es el único que lo procesa.

- El caso anterior es el ideal, pero en situaciones reales lo normal es que varios nodos a la vez quieran transmitir información al mismo tiempo, y es ahí cuando entra en juego el CSMA/CD.

Veamos ahora cuando varios nodos transmiten al mismo tiempo (ver Fig. 4.15):

- El nodo A quiere transmitir. Primero «escucha» el canal para ver si está ocupado *Carrier Sense* (CS) (1). Si está ocupado espera, y si está libre transmite (2).

- Mientras A está transmitiendo (3), C, que también detectó el canal libre, empieza a transmitir (4) *Multiple Access* (MA).

- Como ambos están transmitiendo al mismo tiempo, se produce una colisión, *Collision Detection* (CD) (5) y, por tanto, ambos paran la transmisión. En este caso, cada equipo arranca una espera aleatoria (6) y (7) y empiezan nuevamente el proceso.

Finalmente, podemos resumir el proceso en que:

- Si el canal está libre, se transmite sin problema.

- Si durante la transmisión se detecta una colisión, se espera un tiempo aleatorio y se intenta nuevamente hasta que no haya interferencia.

En general, las colisiones no se pueden evitar por completo con sistemas *half duplex*. Son fallos que dependen de la probabilidad de transmisión de los nodos y CSMA/CD garantiza que las colisiones no provoquen problemas durante la transmisión. La velocidad de transmisión disminuye si hay demasiadas colisiones. ¿Cuándo y por qué ocurren demasiadas colisiones? Si hay demasiados nodos en un dominio de colisión (grupo de nodos conectados con un *hub*), aumenta el número de colisiones y, con ello, el número de retrasos. En casos muy patológicos, podría ser que solo se alcance el 30 % de la velocidad que podría ofrecer la red. Así que interesa formar dominios de colisión más pequeños. Para hacer esto, la red debe dividirse y, para ello, se utilizan *switches* que funcionan analizando las direcciones MAC. Esto evita los cuellos de botella, siendo los *switches* quienes ayuden a mantener las prestaciones de velocidad.

La distinción entre *half duplex* y *full duplex* tiene un efecto claro en el procedimiento CSMA/CD: el hecho de que solo sea posible una transmisión con *half duplex* significa que es necesario aplicar una medida para evitar colisiones. Esto se entiende si imaginas el canal de transmisión como una carretera de un solo carril. Si el tráfico viene simultáneamente de ambas direcciones, se produce una colisión. *Full duplex*, al contrario, es siempre de dos vías; el tráfico puede fluir en ambas direcciones. Por tanto, el acceso múltiple de detección de portadora con detección de colisiones (CSMA/CD) no es necesario en redes que utilizan *full duplex*, ya que no se pueden producir colisiones. El tipo *duplex* está vinculado a las condiciones técnicas y muy específicamente a los tipos de cable utilizados. Las redes conectadas a cables coaxiales solo pueden funcionar en modo *half duplex*. El *full duplex* completo fue posible después de que se introdujeran los cables de par trenzado y fibra óptica. Gracias a esto, se desarrollaron por ejemplo Fast Ethernet (100 Mbps) y Gigabit Ethernet (1 Gbit/s) como redes *full duplex*, de modo que CSMA/CD solo juega un papel menor en la práctica para este tipo de redes. Aun así, es interesante entender el protocolo CSMA/CD, ya que ayudará a entender más fácilmente el protocolo CSMA/CA utilizado ampliamente en la redes WiFi que se estudiará en el siguiente capítulo.

4.9. Servicio DHCP

Las redes LAN están compuestas de los elementos que ofrecen la conectividad, como son los *hub/switch* y los cables. Estos se conectan a los equipos finales, que son los nodos clientes, los servidores y los *routers* que necesitan configuración de conectividad. Por un lado están las direcciones MAC que ya vienen embebidas en el HW de los equipos y, luego, la conectividad IP que incluye básicamente la dirección IP, la máscara, los DNS y el DGW. Estas configuraciones pueden hacerse de forma manual, pero existe un protocolo, que es el DHCP, que permite gestionar esto de manera automática. En este apartado estudiaremos la aplicación cliente/servidor DHCP, que permite realizar estas configuraciones de conectividad automáticamente.

4.9.1. Funciones del DHCP

El protocolo de configuración dinámica de *host* DHCP (*Dynamic Host Configuration Protocol* RFC 2131 `https://www.rfc-editor.org/rfc/rfc2131`) permite que un *host*/nodo obtenga una dirección IP automáticamente. Un administrador de red puede configurar DHCP para que un *host* determinado reciba la misma dirección IP cada vez que se conecte a la red, o que a un *host* se le pueda asignar una dirección IP temporal que será diferente cada vez que este equipo se conecte a la red. Además de la asignación de direcciones IP, DHCP también permite que un *host* obtenga información adicional, como su máscara de subred, la dirección de su DGW (a menudo llamada «puerta de enlace predeterminada») y la dirección de sus servidores de DNS. Esta idea se presenta en la Fig. 4.16.

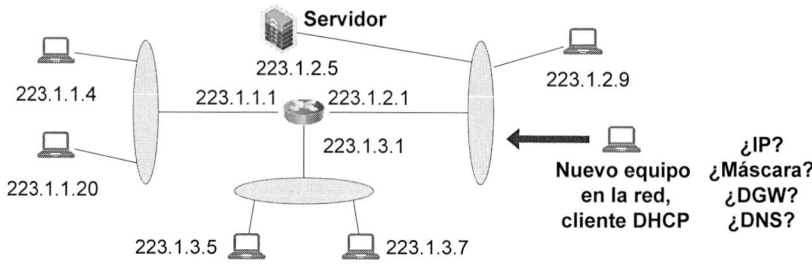

Figura 4.16   Modo de funcionamiento del servicio DHCP.

4.9.2. Secuencia de mensajes – Proceso DORA

DHCP es un protocolo que se basa en un modelo cliente-servidor y se apoya en un proceso de detección, oferta, solicitud y confirmación. El número de puerto DHCP para el servidor es 67, y para el cliente es 68 utilizando el protocolo de transporte UDP. En DHCP, el cliente y el servidor intercambian principalmente 4 mensajes DHCP para realizar una conexión, también llamada «proceso DORA (*Discover*, *Offer*, *Request* y *Acknowledge*)». Por tanto, en el proceso estándar DORA, estos cuatro mensajes tienen las siguientes funciones:

- *Discover*: este primer mensaje DHCP *Discover* se genera por el *host* del cliente para descubrir si hay algún servidor o servidores DHCP presentes en una red o no. Para hacer ese descubrimiento, utiliza direcciones de *broadcast* tanto IP 255.255.255.255 como MAC ff:ff:ff:ff:ff:ff.

- *Offer*: el servidor DHCP responde al cliente con un mensaje de oferta DHCP *Offer*. El mensaje contiene una dirección IP que el cliente puede usar, junto con su tiempo de concesión y los parámetros de configuración de red. También responde con direcciones de *broadcast*.

- *Request*: en el tercer paso, el cliente envía un mensaje de solicitud DHCP *Request* después de recibir el mensaje de oferta del servidor. Dado que hay varios servidores DHCP que envían mensajes de oferta al cliente, el cliente DHCP selecciona el que le llega primero. Por tanto, el cliente envía un mensaje de difusión para confirmar que acepta la dirección IP asignada por el servidor DHCP.

- *Acknowledge*: en el último paso, el servidor envía un mensaje DHCP *Acknowledge* al cliente después de recibir el mensaje DHCP *Request*. En el mensaje, envía la dirección IP y otras configuraciones de red esenciales para el cliente, como máscara, DGW, DNS, etc., que son las que se intercambiaron previamente. Esta información la preserva el servidor de DHCP mapeándola con la MAC del cliente al cual asignó estos parámetros.

En este caso, estamos usando UDP y los mensajes son independientes, pero a nivel de aplicación DHCP existe un campo de transacción que identifica los mensajes dentro de un mismo proceso, y de forma unívoca entre cliente y servidor. En la Fig. 4.17 se muestra resumido todo este proceso.

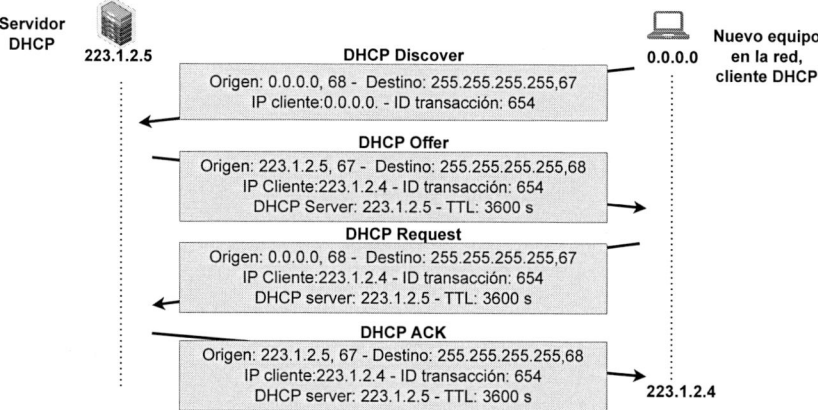

Figura 4.17 Secuencia de mensajes en el proceso DORA del protocolo DHCP.

4.9.3. Instalación y configuración de un servidor DHCP

Como paso siguiente en el estudio del servicio DHCP, vamos a instalar un servidor de DHCP en nuestras máquinas virtuales Linux para que pueda ofrecer servicios de DHCP a las máquinas clientes que se conecten a su misma LAN. Es importante tener en cuenta que el servicio DHCP solo funciona en el dominio de nuestra LAN, ya que, al utilizar mensajes de *broadcast* (difusión), los *routers* no transitan estos mensajes. Si lo hicieran inundarían Internet.

Para seguir de manera más sencilla la instalación, nos apoyaremos en la Fig. 4.18.

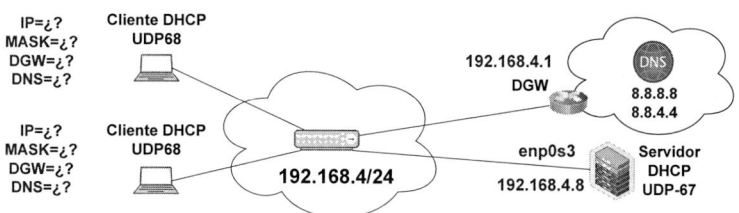

Figura 4.18 Arquitectura del servicio DHCP.

Los pasos que tenemos que seguir para instalar este servicio son los siguientes:

- En la máquina servidora con conexión a Internet (configuración de red como adaptador puente) hay que instalar el paquete isc-dhcp-server. Como se ha explicado en anteriores ejemplos, se puede realizar con comandos de Linux tipo apt, como es apt update y apt install isc-dhcp-server.

Fichero: **/etc/default/isc-dhcp-server**

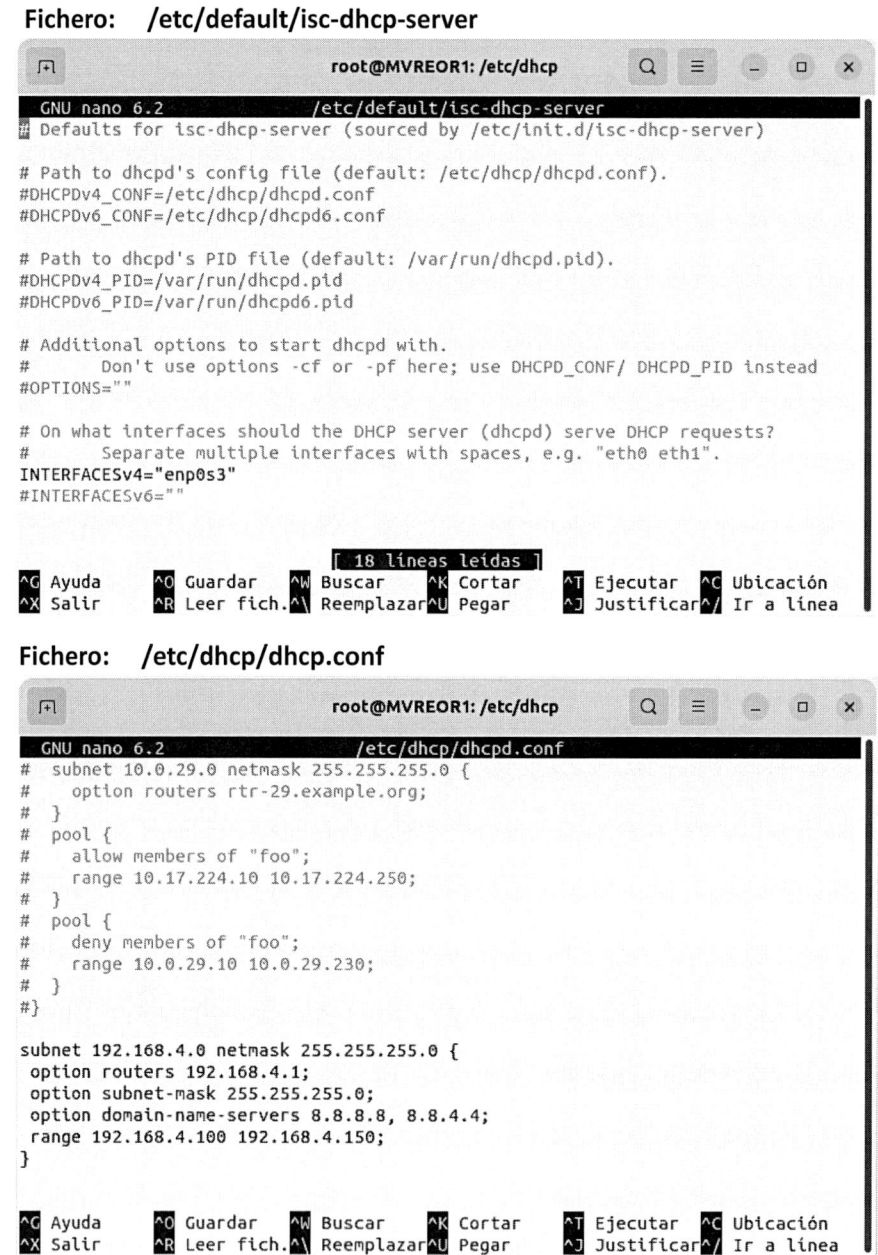

Fichero: **/etc/dhcp/dhcp.conf**

Figura 4.19   Ficheros de configuración del servidor DHCP.

- Ahora configuramos el servidor como red interna (en VirtualBox) para que ofrezca servicio de DHCP solo a nuestra LAN. En este caso, hay que configurar sus parámetros de red de forma manual para el ejemplo que tenemos: IP=192.168.4.8, máscara=255.255.255.0 y DGW=192.168.4.1. En este caso, no es necesario configurarle DNS.

- En el servidor, tenemos que configurar dos ficheros del servicio DHCP:
    - /etc/default/isc-dhcp-server: indicamos la interfaz que está conectada a la LAN donde va a ofrecer servicios; en el ejemplo, enp0s3 (ver Fig. 4.19).
    - /etc/dhcp/dhcpd.conf: configuramos los parámetros de nuestro servicio (ver Fig. 4.19):
        - Red donde está nuestro servidor: 192.168.4.0, máscara: 255.255.255.0.
        - DGW que ofrecemos a los *hosts*: 192.168.4.1.
        - Máscara que ofrecemos a los *hosts*: 255.255.255.0.
        - DNS que ofrecemos a los *hosts*: 8.8.8.8 y 8.8.4.4.
        - Rango de IP que queremos ofrecer a los *hosts*: desde 192.168.4.100 hasta 192.168.4.150.

- Una vez tenemos configurados los ficheros del servidor, hay que reiniciar el servicio DHCP para que cargue la nueva configuración con el comando 'service isc-dhcp-server restart'. Además, podemos comprobar si el servicio funciona correctamente con service isc-dhcp-server status o con el comando 'nmap' ver que está «escuchando» en el puerto UDP 67.

- Como último paso, los equipos clientes que estén es esa red (configurados como red interna en VirtualBox y conectados a la misma red interna) basta que tengan configuración de red automática (DHCP activo) para que las IP y el resto de parámetros de conectividad se asignen al servidor DHCP que acabamos de configurar. Se puede comprobar que la configuración es correcta mediante:
    - Wireshark, analizando los mensajes del procedimiento DORA.
    - Con el comando 'ip a' para ver la IP y la máscara asignada.
    - Con el comando 'nmcli device show' para ver todos los parámetros de conectividad.
    - De una última forma, revisando la configuración de red de la máquina Linux con el entorno gráfico del sistema operativo.

4.10. Servicio NAT

Las IPv4 públicas son un bien escaso y son imprescindibles para navegar por Internet. Dada la escasez de este recurso, las intranets se diseñan con IP privadas que luego se traducen a IP públicas cuando este tráfico tiene que entrar en una red pública como Internet. Para este cometido existe un mecanismo denominado NAT, que se estudiará en este apartado y que permite hacer estas traducciones. Por tanto, apoyándose en NAT, se permite que los equipos que estén configurados con IP privadas puedan navegar por Internet.

4.10.1. Concepto de NAT

El mecanismo de Internet que traduce las direcciones IP se denomina *Network Address Translation* (NAT). Las direcciones IP del nivel de red que se usan para direccionar nodos sobre Internet o sobre cualquier red de ordenadores se cambian con este mecanismo por las siguientes razones:

- Normalmente las intranets o redes privadas usan IP privadas, ya que las IP públicas escasean (IPv4), aparte de que implican un coste económico.

- En Internet, las únicas IP que pueden transitar son las IP públicas.

- Considerando los dos puntos anteriores, necesitamos un mecanismo que traduzca nuestras IP privadas de la intranet por IP públicas para que los usuarios de las intranets, aunque tengas asignadas IP privadas, puedan navegar por Internet.

El mecanismo NAT puede también cambiar el resto de parámetros de direccionamiento, como son puertos de nivel 4 o direcciones MAC de nivel 2. Aunque de momento nos centraremos en las direcciones IP y en los puertos.

Por tanto, la idea general es muy simple:

- Nuestro *router* frontera, el que interconecta la red privada (intranet) con la red pública (Internet) hace las funciones de NAT.

- A cualquier paquete que salga de la intranet hacia Internet le cambia la IP origen privada por una pública que es la suya (NAT), así el paquete ahora puede navegar por Internet porque sus IP son públicas.

- El servidor de Internet que recibe el paquete «piensa» que ha sido nuestro *router* quien se lo ha enviado y, por tanto, el tráfico de vuelta se lo dirige a él.

- Una vez el paquete de vuelta ha llegado a nuestro *router*, este vuelve a cambiar la IP, en este caso la IP destino por la privada del nodo original que generó el tráfico (NAT), y el paquete finalmente llega al destino dentro de la intranet.

Todo este proceso se describe en la Fig. 4.20.

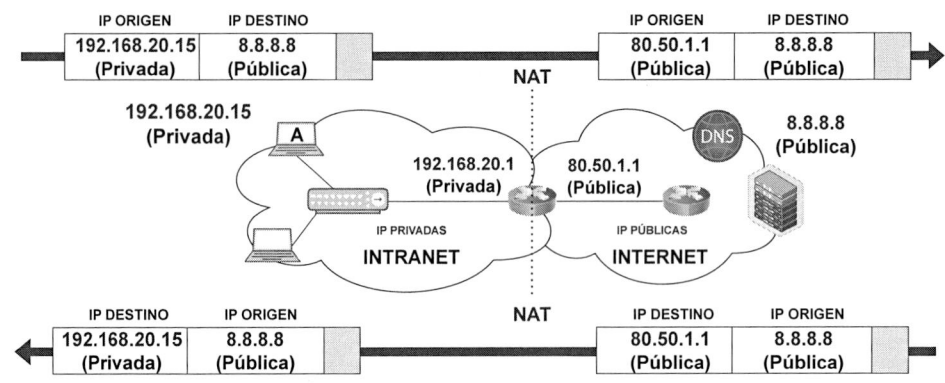

Figura 4.20 Modo de trabajo del servicio NAT.

4.10.2. Gestión de las IP y los puertos

Para entender cómo NAT gestiona las IP y los puertos apoyémonos en la siguiente Fig. 4.21.

Cuando un *host* en la red local (p. ej. A 192.168.20.15) envía un paquete a Internet, el *router* NAT sustituye la IP origen privada por su IP pública (80.50.1.1). Este cambio es transparente para el receptor del paquete, ya que solo «ve» la dirección del *router* NAT. Cuando el receptor responde, utiliza esa dirección como destino (80.50.1.1). Ahora el paquete de respuesta llega

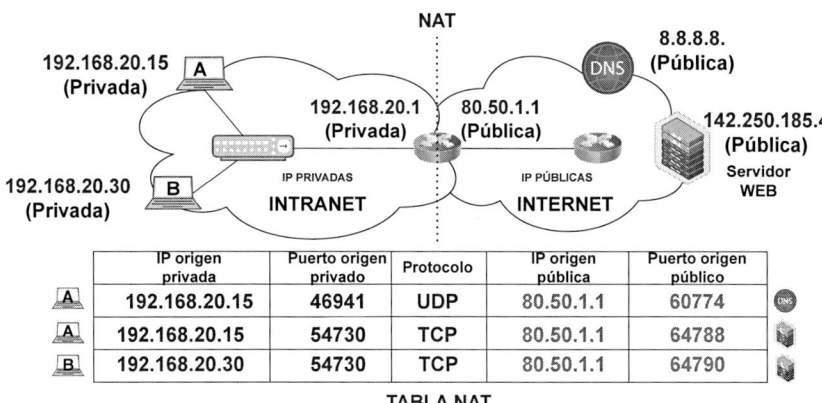

	IP origen privada	Puerto origen privado	Protocolo	IP origen pública	Puerto origen público	
A	192.168.20.15	46941	UDP	80.50.1.1	60774	
A	192.168.20.15	54730	TCP	80.50.1.1	64788	
B	192.168.20.30	54730	TCP	80.50.1.1	64790	

TABLA NAT

Figura 4.21   Gestión de las IP y los puertos en el servicio NAT.

al *router* NAT y se tiene que hacer la traslación nuevamente; en este caso, la dirección destino se cambia desde 80.50.1.1 a 192.168.20.15. Hasta aquí todo correcto.

Pero aparece un problema cuando múltiples *hosts* en la red local, p. ej. A 192.168.20.15 y B 192.168.20.30, envían un paquete al mismo destino y al mismo servicio, por ejemplo una navegación WEB. Puesto que la dirección de destino de ambos paquetes de respuesta es la dirección única del *router* (80.50.1.1), el *router* no puede saber a qué *host* se debe reenviar una respuesta determinada. Para distinguir entre los puntos finales de comunicación en un *host* IP, como es lógico y sabemos, se usan los puertos, y hasta aquí parece que tenemos resuelto el problema. Pero, ¿qué sucede si ambos nodos, A y B, que generan el tráfico deciden usar el mismo puerto origen? (p. ej. 54730 en la Fig. 4.21). Sucede que tenemos nuevamente una ambigüedad y no podemos distinguir el tráfico. NAT resuelve el problema de mapeo cambiando también el puerto de origen del paquete reenviado para distinguir a diferentes elementos de la comunicación. Por tanto, ahora tenemos:

- Nodo A: un paquete de A al servidor 192.168.20.15:54730 / 142.250.185.4:443 sería reescrito de la forma 80.50.1.1:64788 / 142.250.185.4:443.

- Nodo B: un paquete de B al servidor 192.168.20.30:54730 / 142.250.185.4:443 sería reescrito de la forma 80.50.1.1:64790 / 142.250.185.4:443.

De esta forma, hemos resuelto tanto la ambigüedad del tráfico que llega al servidor WEB como el tráfico de vuelta que regresa al *router* que hace las funciones de NAT.

4.11.   Conclusiones

Como conclusiones de este capítulo, podemos resumir que el/la lector/lectora dispone de los conocimientos suficientes sobre:

- Funciones del nivel de enlace en la arquitectura *software* de las redes de ordenadores.

- El direccionamiento de la capa de enlace, la estructura de las direcciones MAC y cómo se relacionan con el nivel de red (direcciones IP) a través del protocolo ARP.

- Los mecanismos de detección y corrección de errores que se implementan en este nivel, en especial el código redundante cíclico (CRC).

- Las LAN cableadas Ethernet, sus componentes, sus principales mecanismos para usar un medio compartido de forma eficiente y sus diferentes variantes.
- Por último, los servicios de red DHCP y NAT.

4.12.   Bibliografía

La bibliografía consultada para elaborar este capítulo ha sido la siguiente:

- *Computer networks, 6th edition* [Tanenbaum y Wetherall, 2021].
- *Computer networking: A top-down approach, 8th edition* [Kurose y Ross, 2020].
- *Computer networks: a systems approach* [Peterson y Davie, 2007].
- *An introduction to computer networks* [Dordal, 2014].
- *Networking bible* [Sosinsky, 2009].
- *Ethernet networks: design, implementation, operation, management* [Held, 2002].
- *TCP/IP network administration* [Hunt, 2002].
- *Ethernet: the definitive guide* [Spurgeon, 2000].

4.13.   Proyecto práctico

4.13.1.   Descripción del proyecto

En este proyecto se propone la instalación de un servidor DHCP en una LAN para que ofrezca los parámetros de conectividad a los nodos que se conecten a esa red local. El objetivo principal es realizar la configuración del servidor, de los clientes y el análisis del procedimiento DORA. En la Fig. 4.22 se presenta la arquitectura de red a implementar para realizar este proyecto práctico.

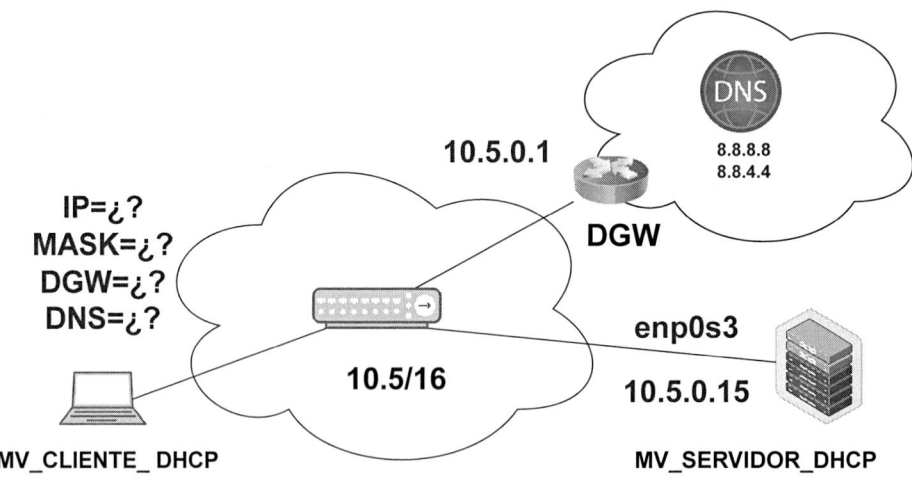

Figura 4.22   Arquitectura del proyecto práctico del capítulo 4.

4.13.2. Fases de ejecución

Para llevar a cabo el proyecto, el lector debe tener dos máquinas virtuales con sistema operativo Ubuntu correctamente configuradas. Una máquina hará de servidor DHCP y la otra de cliente. Será necesario instalar y configurar solo las máquinas virtuales MV_CLIENTE_-DHCP y MV_SERVIDOR_DHCP; tanto el *router* que hace de DGW como los DNS no son necesarios.

Los pasos a seguir son los siguientes:

1. Decida de las dos máquinas virtuales cuál será la cliente, que llamaremos MV_CLIENTE_DHCP, y cuál será la servidora, que llamaremos MV_SERVIDOR_DHCP.

2. La máquina servidora MV_SERVIDOR_DHCP debe ir en configuración de red como adaptador puente (en VirtualBox) y en configuración automática (en la configuración de la máquina Linux); es decir, que tenga conexión a Internet. Hay que instalar el servidor DHCP con los comandos:
   - apt update
   - apt install isc-dhcp-server

3. Posteriormente, hay que cambiar la configuración de red del servidor DHCP. Los pasos son:
   - Modificar la forma de conexión del servidor en VirtualBox, pasar de adaptador puente a red interna y poner RED_LAN como nombre de esa red interna.
   - Cambiar la configuración IP de servidor en Linux a manual y ponerle la IP 10.5.0.15 y máscara /16 (255.255.0.0).

4. A continuación, debemos modificar los ficheros de configuración del servidor DHCP para que ofrezcan los siguientes parámetros.
   - La interfaz del servidor que conecta con la LAN es enp0s3 (es la que pone Ubuntu por defecto; si es otra, se debe poner la que corresponda) en el fichero /etc/default/isc-dhcp-server.
   - Los parámetros del servicio DHCP en fichero /etc/dhcp/dhcpd.conf deben ser:
     - Red en la que está conectado el servidor: 10.5.0.0 con máscara 255.255.0.0.
     - El DGW que ofrece: 10.5.0.1.
     - Máscara que ofrece: 255.255.0.0.
     - DNSs que ofrece: 8.8.8.8 y 8.8.4.4.
     - Rango de IP que ofrece: desde 10.5.20.50 hasta 10.5.20.100.
   - Se deben revisar los fichero vistos en teoría. ¡Ojo! Hay que adaptarlos debidamente en este proyecto.

5. Analice y explique debidamente la configuración de sus dos ficheros, es decir, de /etc/default/isc-dhcp-server y de /etc/dhcp/dhcpd.conf.

6. Reinicie el servidor de DHCP para que cargue la nueva configuración con service isc-dhcp-server restart.

7. Hay que comprobar que el servicio DHCP está activo en el servidor con los comandos Linux 'service' y 'nmap'. Recuerde que el puerto del servidor es el UDP 67. Explique detalladamente los resultados obtenidos con estos comandos.

8. En la máquina MV_CLIENTE_DHCP, arranque el Wireshark.

9. Configure la MV_CLIENTE_DHCP en VirtualBox como red interna. Su nombre debe ser el mismo que donde está el servidor, es decir, RED_LAN. También asegúrese de que la configuración de red en Linux está como automática (DHCP).

10. Una vez que haya hecho el paso anterior, en MV_CLIENTE_DHCP debería aparecer tráfico DHCP en Wireshark. Utilice un filtro de captura adecuado para quedarse solo con este tráfico DHCP; se propone como filtro dhcp, pero el lector debe poner el que considere. En este caso, debería ver en Wireshark el proceso DORA. De todas formas, cada vez que cambie en Wireshark la máquina cliente de red interna a adaptador puente y vuelva a red interna debería ver dos procesos DORA: uno hacia el servidor DHCP que le ofrece su WiFi (o LAN donde esté conectado) y el segundo al servidor DHCP que ha configurado en este proyecto. Capture solo el proceso DORA del servidor del proyecto mostrando los campos principales (parámetros de configuración de red que ha obtenido el cliente) del mensaje DHCP ACK.

11. Compruebe con el comando 'ip a', con el comando 'nmcli device show' y revisando la configuración de la máquina Linux que los parámetros de conectividad IP que tiene la MV_CLIENTE_DHCP se corresponden con los definidos en el servidor DHCP que ha configurado. Explique detalladamente todo lo observado.

Capítulo 5

Redes inalámbricas: WiFi y redes móviles 5G

5.1. Introducción

En este capítulo se estudian las redes inalámbricas; se abordarán las redes locales WiFi (IEEE 802.11) y las redes móviles celulares. En primer lugar, se justifica la necesidad de las redes de acceso a los ISP, diferenciando entre redes de acceso fijo (ADSL y FTTH) y redes de acceso móvil (desde el 1G hasta el 5G). Seguidamente, se repasan las ventajas y problemáticas que tienen las redes inalámbricas y se detallan las diferentes funcionalidades que existen para garantizar la calidad en este tipo de canales radio. A continuación, se hace un estudio exhaustivo de las redes IEEE 802.11, repasando su evolución, arquitectura, métodos de conexión y formato de su cabecera. Una vez entendidos estos conceptos fundamentales, se explica el protocolo CSMA/CA, que garantiza un acceso eficiente al medio compartido que, en este tipo de redes, es el aire. Posteriormente, se estudian algunas aplicaciones que nos ayudarán analizar y gestionar las redes WiFi, como son el WiFi Analyzer y el Network Monitor. Se continúa analizando las redes móviles celulares, centrando la atención en las más novedosas: las redes 4G y 5G. Dado el cambio de paradigma que suponen las redes 5G y su impacto en la industria, se detallan las nuevas funcionalidades que aportan estas nuevas redes. Merced a la versatilidad y amplitud de cobertura que poseen las redes móviles celulares, se describen los servicios de *tethering* y herramientas como el Speedtest para medir sus prestaciones. Este capítulo finaliza con un apartado donde se realiza un análisis comparativo entre las últimas versiones de las redes WiFi (WiFi 6) y las más novedosa de las redes móviles celulares (la red 5G). Los apartados a tratar en este capítulo serán:

- Tecnologías de redes de acceso.
- Redes inalámbricas.
- Redes WiFi IEEE 802.11.
- Control de acceso al medio inalámbrico CSMA/CA.

- Herramientas de análisis WiFi.
- Redes celulares: 4G y 5G.
- Nuevos paradigmas de las redes 5G.
- Servicio de *tethering* en redes celulares.
- Comparativas redes WiFi vs. redes celulares.

5.2.   Objetivos

Los objetivos de este capítulo son:

- Conocer los principios de funcionamiento de las redes inalámbricas.
- Entender el funcionamiento de las redes WiFi (IEEE 802.11).
- Estudiar los mecanismos que utilizan las redes WiFi para hacer un uso eficiente del medio de transmisión.
- Conocer las diferentes generaciones de las redes móviles celulares y sus principales características.
- Analizar las nuevas capacidades que ofrecen las redes móviles celulares 5G.
- Adquirir una visión comparativa entre redes WiFi y redes móviles celulares.

5.3.   Tecnologías de redes de acceso

Para que los equipos finales (ordenadores, móviles, *tablets*, elementos IoT, etc.) puedan navegar por Internet, es necesario que un proveedor de servicios de Internet (ISP) habilite el acceso. Para ello, básicamente existen dos tipos de redes de acceso: las redes de acceso fijo (a través de cables de cobre o fibra óptica) y las redes de acceso móvil celular (generaciones de redes móviles xG). En este apartado estudiaremos los tipos de redes de acceso (redes fijas y redes móviles), sus características y sus diferencias en las prestaciones de cobertura y movilidad de cada una de ellas.

5.3.1.   Redes de acceso

En capítulos anteriores se ha explicado que Internet era una arquitectura de red organizada, de forma jerárquica, en varios niveles (*tiers*), donde el nivel más bajo, *Tier* 3, es el ISP (*Internet Service Provider*) o proveedor de servicios de Internet. Este es el operador que nos da acceso a esta red pública. El ISP nos puede ofrecer servicios de conexión a Internet mediante dos tipos de redes de acceso diferentes, como son:

- Redes de acceso fijo: pueden ser ADSL (cobre) o FTTH (fibra óptica).
- Redes de acceso móvil: también denominadas «redes celulares». En este caso tenemos una amalgama de tecnologías que van desde el 2G hasta el reciente 5G.

Este concepto se presenta en la Fig. 5.1. Cuando utilizamos la opción de red de acceso fijo, el ISP conecta una línea de cobre o de fibra óptica hasta nuestros hogares/empresas y nos instala un equipo terminal (en líneas generales, un *router*) y, a partir de él, implementamos nuestras LAN. En el capítulo anterior, se han explicado las LAN cableadas tipo Ethernet, donde los elementos constructivos de esa red local son los cables, *hubs* y *switches*. Dentro de las redes de acceso fijo, existe otra opción muy interesante, que es el acceso inalámbrico, conocido

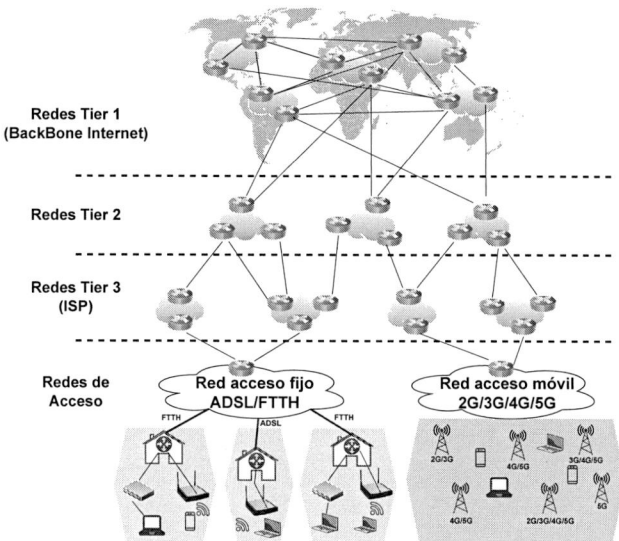

Figura 5.1   Redes de acceso fijo y redes de acceso móvil.

como WiFi (*Wireless Fidelity*), que nos permite una conectividad mucho más flexible al no tener que depender de un cable. Estas redes WiFi se conocen como LAN inalámbricas o WLAN (*Wireless* LAN) y son el eje central de este capítulo.

Por otro lado, está la opción de red de acceso móvil. En este caso, el ISP no instala ningún elemento en nuestros hogares ni empresa y, simplemente, nos da de alta como cliente de esta red móvil. Nos facilita unas tarjetas de acceso SIM (*Subscriber Identity Module*) que permiten que nuestros dispositivos inalámbricos puedan conectarse a la red.

5.3.2.   Redes de acceso fijo

Por tanto, las redes de acceso fijo podemos clasificarlas en dos categorías:

- ADSL (basada en cable de cobre): ADSL es un acrónimo de *Asymmetric Digital Subs-criber Line*, es un tipo de tecnología de línea de abonado digital DSL. Consiste en la transmisión de datos digitales apoyada en el cable de pares de cobre que lleva la línea telefónica convencional y cuya infraestructura estaba pensada y diseñada para dar so-lo servicio telefónico. Esta tecnología puede ofrecerse a los clientes siempre y cuando la longitud de línea sea como máximo 10 kms medidos desde la central telefónica, o no haya otros servicios por el mismo cable que puedan reducir el rendimiento de la conexión. Se conocen popularmente, en España, como redes ADSL, pero estas tecnolo-gías de acceso a redes con cables de cobre, constituyen toda una familia, denominada xDSL: ADSL, VDSL, ADSL2+, VDSL2, etc. Estas tecnologías xDSL están en desuso y los principales operadores las están desconectando.

- FTTH (fibra óptica): la tecnología FTTH (*Fiber To The Home*), también conocida co-mo «fibra hasta el hogar», pertenece a la familia de tecnologías FTTx (FTTR, FTTH, FTTB, FTTC, FTTN, etc.). Se basan en el uso de líneas de fibra óptica y sus sistemas de distribución para el suministro de servicios avanzados de telecomunicaciones. Uno de los servicios típicos que se ofrecen sobre estas tecnologías es el *Triple Play*, que comprende telefonía, Internet de banda ancha y televisión/*streaming*. Las tecnologías FTTx varían entre sí según donde termine el tramo de fibra. Por ejemplo, FTTH se emplea en el hogar, en cambio, FFTB se emplea hasta el edificio, sustituyendo el último tramo hasta el hogar por cobre. Por tanto, FTTH ofrece mejores prestaciones que FTTB, dado que todo el camino es fibra. En España se ha impuesto la tecnología FTTH, pero no ha sido así en otros países de nuestro entorno que usan otro tipo de tecnología FFTx.

En la Fig. 5.2 se presentan de forma resumida ambas tecnologías, y en la Tabla 5.1 se recogen las diferencias entre ambas.

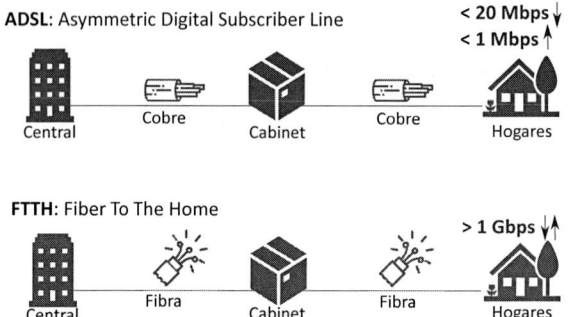

Figura 5.2   Arquitectura de la tecnología ADSL y FTTH.

Tecnología/ Características	ADSL	FTTH
Medio de transmisión	Cobre	Fibra óptica
Coste	Alto	Bajo
Velocidad	Baja ($\approx$20Mbps)	Alta ($\approx$1Gbps)
Simetría de la conexión	Asimétrica	Simétrica
Latencia	Elevada	Baja
Velocidad vs. Distancia	Depende (disminuye)	Constante
Averías	Frecuentes	Pocas
Estabilidad conexión	Inestable	Estable

Tabla 5.1   Diferencias en tecnologías de acceso ADSL y FTTH.

5.3.3.   Redes de acceso móvil

Las redes de acceso móvil han experimentado una constante evolución (generaciones G) desde su nacimiento. Al principio (1G o 2G) estaban diseñadas pura y exclusivamente para ofrecer el servicio telefónico de voz y tenían capacidades de ofrecer servicios de conexión a redes de datos (como Internet) con muy bajas prestaciones. Posteriormente, fueron evolucionando tecnológicamente (3G, 4G, 5G) y cada nueva generación brindaba mayores velocidades de transmisión y menores latencias. En esta evolución, los servicios de telefonía (servicios de voz) pasan a un segundo plano, aunque se siguen ofreciendo, pero centran su evolución en disponer de una conectividad de datos de altas prestaciones. Por otro lado, hay que indicar que la red de acceso móvil 1G ya no existe y las redes 2G/3G están en proceso de desconexión. Por tanto, las redes que tendrán protagonismo los próximos años serán la cuarta y la quinta generación (4G y 5G). En la Fig. 5.3 se muestra un esquema reducido de este tipo de redes y en la Tabla 5.2 se muestra un resumen de su evolución y de sus principales prestaciones.

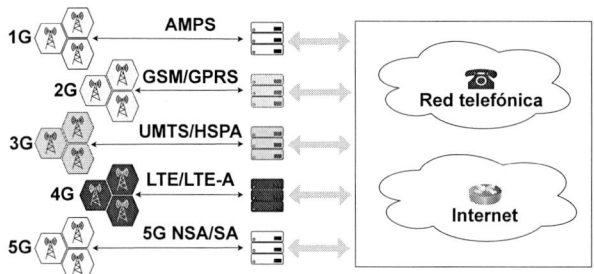

Figura 5.3   Tecnologías de redes de acceso móvil.

Tecnología	1G	2G	3G	4G	5G
Año	1979	1991	2001	2009	2019
Velocidad	2,4 Kbps	64 Kbps	3,1 Mbps	100-300 Mbps	1-10 Gbps
Latencia	800 ms	400 ms	200 ms	100 ms	1 ms
Aplicaciones*	Telefonía (voz)	SMS, MMS	Navegación WEB, SD vídeo	HD vídeo, vídeo juegos	IoT, Servicios Cloud, Vehículos *smart*, industria, etc.

Tabla 5.2   Evolución y prestaciones de las redes de acceso móvil (*). Cada nueva generación soporta las aplicaciones de las generaciones anteriores.

Más información en `https://drawingcapital.substack.com/p/5g-the-revolution-beg ins` y `https://blog.se.com/telecommunications/2022/07/28/the-evolution-of-5g-a nd-the-backup-power-it-requires/`.

5.3.4. Movilidad/Cobertura en redes de acceso fijo vs. redes de acceso móvil

Una de las principales diferencias a nivel general entre las redes de acceso fijo y las redes de acceso móvil, sin entrar en los detalles de cada una de ellas (ADSL, FTTH, 3G, 5G, etc.), es su capacidad de movilidad/cobertura. Por tanto, desde ese punto de vista tenemos lo siguiente:

- Redes de acceso fijo: solo dan cobertura en el área o ámbito geográfico donde estén sus *hub/switch* o hasta donde llegue la cobertura de su WiFi; normalmente, una oficina/edificio. Por tanto, siempre que estemos conectados a esa red, solo podemos movernos en ese ámbito de cobertura; si nos salimos de él, tenemos que conectarnos a otra red diferente.

- Redes de acceso móvil: ofrecen cobertura nacional o incluso mundial gracias al *roaming*. En este sentido, cuando estamos conectados a una red móvil, en teoría podemos movernos por todo el país sin tener que cambiar de red y manteniendo en todo momento la conectividad a Internet o a la WAN/LAN a la que estamos conectados.

En la Fig. 5.4 se muestra el concepto de movilidad/cobertura entre redes de acceso fijo y redes de acceso móvil.

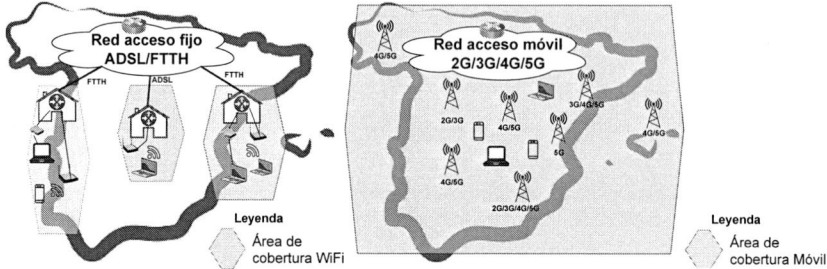

Figura 5.4 Movilidad/cobertura en redes de acceso fijo vs. redes de acceso móvil.

5.4. Redes inalámbricas

Las redes inalámbricas tienen grandes ventajas sobre las redes fijas o cableadas, dado que ofrecen gran movilidad y autonomía a los usuarios. Esto se debe a que estas redes envían las señales a través del aire y siempre que estemos bajo el área de cobertura de estas redes, nos podremos mover libremente por ese espacio sin perder conectividad. Aunque esta es una situación magnífica, no está exenta de problemas, ya que los canales radio, por el hecho de enviar las señales libremente, sufren de interferencias, desvanecimientos o efectos del multitrayecto. Para entender esta problemática, en la siguiente sección se exponen los principales problemas que sufren los canales radio y las diferentes técnicas que usan las redes inalámbricas (WiFi y redes móviles celulares) para minimizar estos efectos.

5.4.1. Efectos no deseados en los canales inalámbricos

Hasta ahora hemos estudiado las redes LAN cableadas Ethernet, donde los diferentes elementos están conectados a través de cables de cobre o fibra óptica. Estos medios de transmisión tienen la ventaja de estar aislados del exterior (libres de interferencias de otras señales) y de ser muy predecibles en cuanto a las prestaciones de velocidad y latencia que ofrecen a los usuarios de estas redes. Como contrapartida, nos obligan a estar físicamente conectados a esta red, y la movilidad de la misma es muy limitada, ya que estamos conectados a un cable.

Por otro lado, las redes inalámbricas (LAN WiFi o redes móviles celulares) tienen la ventaja de que nos permiten una movilidad total (hasta donde llegue la cobertura radio) y permiten

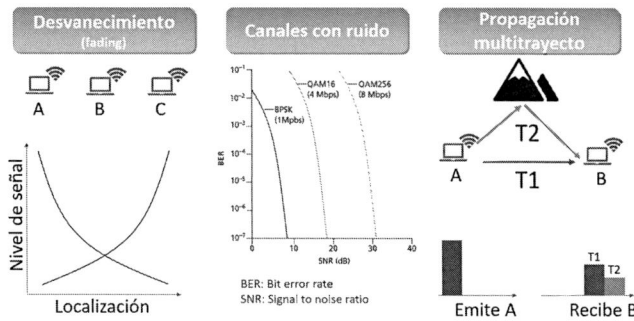

Figura 5.5 Efectos no deseados en los canales radio.

que los dispositivos puedan moverse libremente en su área de influencia sin perder la conexión a la red. Esta posibilidad se debe a que las conexiones de estas redes se basan en señales radio (ondas electromagnéticas) que habilitan a los dispositivos a enviar y recibir paquetes a través de sus antenas, que envían y reciben a través del medio circundante sin que medie ningún cable entre ellos. Por tanto, el medio de transmisión es el aire (las ondas electromagnéticas también se propagan por el vacío), que es por donde circula la información que envían/reciben las redes inalámbricas. Hasta aquí todo parece ideal, pero estos canales radio también tienen ciertos problemas que pueden afectar a la información transmitida (ver Fig. 5.5):

- Desvanecimiento (*fading*): se debe a la disminución (atenuación) de la intensidad de la señal. La radiación electromagnética se atenúa a medida que pasa a través de la materia (por ejemplo, una señal de radio que pasa a través de una pared); incluso en el espacio libre la señal se dispersará, lo que provocará una disminución de la intensidad de la señal recibida. También, a medida que la distancia entre el emisor y el receptor aumenta, la señal recibida pierde intensidad (se atenúa).

- Interferencia de otras fuentes (canales con ruido): las fuentes radioeléctricas que transmiten en la misma banda de frecuencias se interfieren entre sí. Por ejemplo, los teléfonos móviles con dispositivos WiFi pueden llegar a interferirse si las frecuencias de las ondas empleadas están suficientemente cercas (frecuencias similares). Además de la interferencia de las fuentes de transmisión, el ruido electromagnético dentro del medio ambiente (por ejemplo, un motor cercano, un microondas, etc.) puede provocar interferencias, lo que implica que los canales radio se vean afectados por el ruido radioeléctrico.

- Propagación multitrayecto: la propagación multitrayecto ocurre cuando la onda electromagnética se refleja en los objetos y en el suelo, tomando caminos de diferentes longitudes entre un emisor y un receptor. Esto provoca que en el receptor se reciba la misma señal varias veces, en tiempos diferentes y con diferentes niveles, lo que provoca que el receptor obtenga una información distorsionada respecto a la que originalmente envió el transmisor. Además, si los objetos entre el emisor y el receptor son móviles (objetos que se mueven), las señales recibidas a causa del multi-trayecto también varían con el tiempo, haciendo aún más impredecibles los canales radio y la calidad recibida.

5.4.2. Tecnologías para mejorar la calidad en los canales radio

Hasta ahora hemos visto los problemas que pueden aparecer en los canales radio que, a su vez, impactan negativamente en las prestaciones que ofrece la red. En este contexto, las diferentes tecnologías radio, tanto las redes WiFi como las redes móviles celulares, implementan una serie de técnicas para minimizar estos efectos. Estas funcionalidades no están disponibles en todas las redes ni en todas las generaciones, ya que en función de la red que se trate implementa unas u otras. Por otro lado, con la irrupción de una nueva tecnología se mejora la calidad de la transmisión.

Por consiguiente, para las redes WiFi tenemos:

- DFS (*Dynamic Frequency Selection*): es un esquema de asignación de canales radio específico para LAN inalámbricas WiFi. Está diseñado para evitar la interferencia electromagnética al evitar la operación cocanal (en el mismo canal) con sistemas anteriores a WiFi, como el radar militar o la comunicación por satélite.

- *Power Management*: la administración de energía se basa en apagar la alimentación o cambiar el sistema a un estado de bajo consumo cuando está inactivo. La idea básica para ahorrar energía en WLAN es apagar el transceptor (unidad que contiene un transmisor y un receptor) siempre que no sea necesario realizar una comunicación, y así disminuir la posibilidad de interferencia.

- *Rate Adaptation*: la adaptación de la velocidad es un criterio que determina el rendimiento de las redes inalámbricas WiFi. Esta funcionalidad permite que la transmisión se realice a diferentes velocidades dentro de la red inalámbrica, dependiendo de las condiciones de la red. En las redes inalámbricas, la señal puede ser fuerte o débil en función de sus circunstancias. A través de la técnica de adaptación de velocidad, la transferencia de datos se puede cambiar dependiendo de la intensidad de la señal. Es decir, cuando la señal es fuerte, se adoptan altas velocidades de transmisión. En cambio, cuando la señal es débil, se fijan bajas velocidades, garantizando así la calidad de la comunicación.

En cambio, en las redes móviles celulares nos podemos encontrar, entre muchas otras técnicas, las siguientes:

- CDMA (*Code-Division Multiple Access*): se trata de un acceso múltiple, donde varios transmisores pueden enviar información simultáneamente a través de un solo canal de comunicación. Esto permite que varios usuarios compartan una banda de frecuencias. Para que esto ocurra sin interferencias entre los usuarios, CDMA emplea tecnología de espectro ensanchado y un esquema de codificación especial.

- MIMO (*Multiple-Input and Multiple-Output*): es un método para multiplicar la capacidad de un enlace radioeléctrico utilizando múltiples antenas de transmisión y recepción para sacar partido de la propagación multitrayecto. MIMO se ha convertido en un elemento esencial de los estándares de comunicación inalámbrica, incluidos WiFi y redes celulares como 3G, 4G y 5G.

- *Beamforming*: es una técnica de procesamiento de señales para la transmisión y recepción direccional de señales utilizando un conjunto de antenas. La formación de haces aumenta la intensidad de la señal recibida en un punto de interés y, por lo tanto, aumenta el rendimiento para el usuario final. De esta forma, se mejora la calidad de las comunicaciones para los usuarios que se encuentren lejos de las antenas. En resumen, *beamforming* combina múltiples elementos de antena para enfocar la potencia transmitida en una dirección específica. Esta técnica ayudará a mejorar la relación señal/ruido más interferencia (SNIR) de un usuario en particular.

Para información detallada sobre estos aspectos puede consultar el siguiente enlace: `https://link.springer.com/book/10.1007/978-3-319-71568-1#toc`.

5.5.   Redes WiFi IEEE 802.11 (WiFi-X)

Uno de los niveles de enlace más ampliamente utilizados en las redes de área local son las redes inalámbricas WiFi o IEEE 802.11. Estas redes gozan de gran popularidad por su versatilidad, bajo coste y altas prestaciones. En este apartado, estudiaremos cómo ha sido su evolución a lo largo de estos últimos años, cuál es su arquitectura y qué elementos las componen. Además, también se explica cómo se realizan las conexiones con estas redes y cuál es la cabecera IEEE 802.11, analizando sus campos más relevantes.

5.5.1.   WLAN WiFi IEEE 802.11

Las WLAN (LAN inalámbricas) están presentes en el hogar, los colegios/universidades, los cafés, los aeropuertos, las esquinas de las calles y en prácticamente todos los sitios. Las WLAN son ahora una de las tecnologías de red de acceso más importantes en Internet. Aunque muchas tecnologías y estándares para LAN inalámbricas se desarrollaron en la década de 1990, el IEEE 802.11, también conocido como WiFi, es el que se ha impuesto y domina el mercado hoy en día.

Existen varios estándares 802.11 para la tecnología LAN inalámbrica en la familia IEEE 802.11 (WiFi), tal y como se presenta en la Tabla 5.3.

Estándar IEEE	Frecuencia	Velocidad	Compatibilidad
802.11b (WiFi-1)	2,4 GHz	11 Mbps	
802.11a (WiFi-2)	5 GHz	54 Mbps	
802.11g (WiFi-3)	2,4 GHz	54 Mbps	802.11b
802.11n (WiFi 4)	2,4 y 5 GHz	600 Mbps	802.11a/b/g
802.11ac (WiFi 5)	5 GHz	6,9 Gbps	802.11a/b/g/n
802.11ax (WiFi 6)	2,4 y 5 GHz	9,6 Gbps	802.11a/b/g/n/ac

Tabla 5.3   Evolución del estándar IEEE 802.11 (WiFi).

En este tipo de LAN, existen dos bandas de frecuencia fundamentales: la de 2,4 GHz y la de 5 GHz. Estas bandas son de espectro no licenciado, lo que significa que son bandas libres que pueden utilizarse sin necesidad de pagar (licencia) por su uso. Los diferentes estándares 802.11 comparten algunas características comunes. Utilizan el mismo protocolo de acceso al medio, CSMA/CA, que se estudiará en este capítulo. Además, emplean la misma estructura de tramas de la capa de enlace. Todos estos estándares tienen la capacidad de reducir su velocidad de transmisión para, de esta forma, alcanzar distancias mayores. Y, lo que es más importante, los productos 802.11 son también compatibles con las versiones anteriores (*backward compatible*), lo que significa que, por ejemplo, un dispositivo que solo sea capaz de trabajar en 802.11g puede interactuar con un *hot spot* WiFi 802.11ac más reciente. En la Fig. 5.6 se presenta una comparativa de los estándares IEEE 802.11, que ahora se han empezado a denominar también WiFi-x (donde x=1,2,...6) por similitud a las redes móviles celulares.

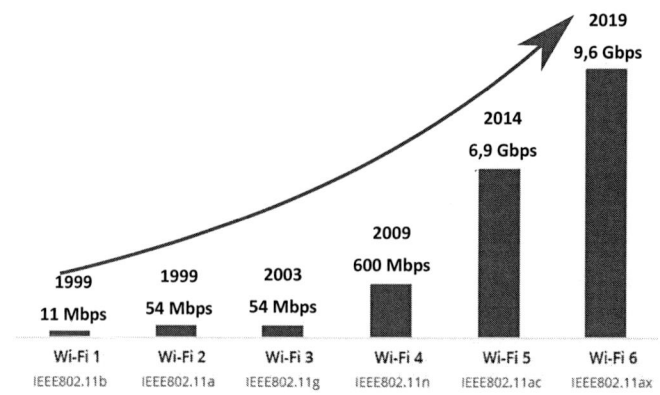

Figura 5.6   Comparativa de los estándares WiFi 802.11.

5.5.2.   Arquitectura de la WLAN IEEE 802.11

Los elementos que componen una LAN inalámbrica IEEE 802.11 (WiFi) son:

- *Wireless host* (equipos inalámbricos): como en el caso de las redes cableadas, los *hosts* son los dispositivos del sistema final que ejecutan aplicaciones. Un *host* inalámbrico puede ser un portátil, una *tablet*, un *smartphone* o una computadora de escritorio.

- AP, *wireless Access Point* (estación base): la estación base es una parte clave de la infraestructura de red inalámbrica. Este elemento es el responsable de enviar y recibir datos (por ejemplo, paquetes) hacia y desde un *host* inalámbrico que esté asociado a esa estación base y a la infraestructura fija.

- BSS (*Basic Service Set*): un BSS contiene una o más estaciones inalámbricas y una estación base, conocida como punto de acceso (AP). Podemos definirlo como el área de servicio de la WiFi.

- BSSID (*Basic Service Set Identifier*): al igual que con los dispositivos Ethernet, cada estación inalámbrica 802.11 tiene una MAC de 6 bytes. También, cada AP tiene una dirección MAC en su interfaz inalámbrica. Por tanto, podemos decir que el BSSID es la MAC del AP.

- SSID (*Service Set IDentifier*): cuando un administrador de red instala un dispositivo AP, este le asigna un SSID al punto de acceso. El SSID es el nombre de la WiFi.

Tal y como se aprecia en la Fig. 5.7, los equipos inalámbricos están asociados a un AP que les ofrece los servicios de conectividad inalámbrica. Los equipos inalámbricos, para conectarse entre sí o para comunicarse con otras redes externas como Internet, lo hacen siempre a través de AP. Por tanto, y previo a que todo esto suceda, los equipos inalámbricos tienen que conectarse y validarse con el AP que les ofrecerá el servicio. Este procedimiento lo estudiaremos en el siguiente subapartado.

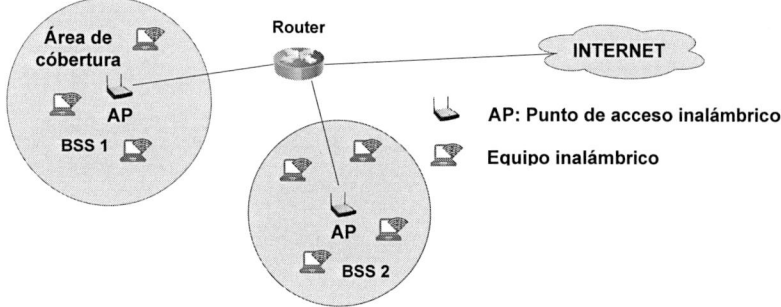

Figura 5.7 Elementos de la arquitectura WLAN 802.11.

5.5.3. Conexión a WLAN IEEE 802.11

Una vez detallada la arquitectura de las LAN WiFi y la necesidad de asociar los equipos inalámbricos a un AP determinado para que pueda transmitir información, el proceso para llevar a cabo esta asociación implica los siguientes pasos:

1. Escaneo: el primer paso antes de la conexión es identificar las redes que son compatibles y a las que se puede conectar el equipo inalámbrico y que están en el área de cobertura. Para este propósito se usa el escaneo, donde existen dos estrategias, según se muestra en la Fig. 5.8:

   - Escaneo pasivo: los AP envían tramas *Beacon* para anunciarse y que los equipos inalámbricos las conozcan.
   - Escaneo activo: las estaciones, en lugar de escuchar pasivamente las señales de los AP, envían una trama *Probe Request* destinada a preguntar qué redes están disponibles. Los AP que estén activos, responden afirmativamente con tramas *Probe Response*.

   En cualquiera de estos dos métodos (activo/pasivo), una vez ejecutado el escaneo, los equipos inalámbricos conocen las redes WiFi (SSID/BSSID) que tienen disponibles en su área de cobertura.

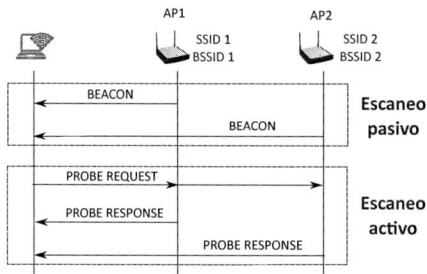

Figura 5.8 Tipos de escaneo en redes WiFi.

2. Autenticación: después de haber realizado el descubrimiento de las redes disponibles a través del escaneo, una estación que desea unirse a una red determinada realiza el proceso de autenticación con esa red. Para ello, hace un intercambio de tramas de autenticación con el punto de acceso, es decir, *Authentication Request* y *Authentication Response*. Para este proceso de autenticación se usan los protocolos de seguridad

WPA o WPA2. Para más información sobre estos métodos de autenticación se puede consultar el siguiente enlace: `https://www.netspotapp.com/blog/wifi-security/wifi-encryption-and-security.html`.

3. Asociación: si la fase de autenticación 802.11 se completa con éxito, la estación pasa a la fase de asociación. El propósito de esta asociación es que la estación se una al AP y se le permita enviar/recibir información. Este procedimiento se lleva a cabo con dos tramas específicas: *Association Request* y *Association Response*.

4. Transferencia de datos: finalmente, una vez la estación inalámbrica está asociada al AP, ya puede hacer la transferencia de datos a cualquier destino apoyándose siempre en AP como elemento de interconexión. En este caso, la información va encriptada según establecen los protocolos WAP/WPA2.

Todo este proceso se resume en la Fig. 5.9.

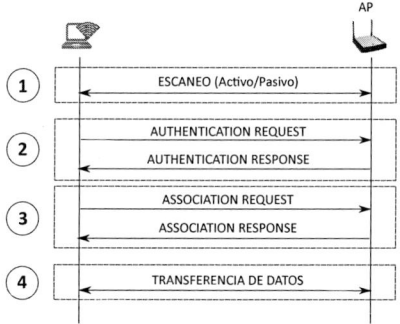

Figura 5.9   Procedimiento de conexión a redes WiFi.

Para más información sobre el proceso de conexión a redes WiFi puede consultar el siguiente enlace: `https://community.nxp.com/t5/Wireless-Connectivity-Knowledge/802-11-Wi-Fi-Connection-Disconnection-process/ta-p/1121148`.

5.5.4.   Cabecera de la trama IEEE 802.11

La cabecera IEEE 802.11 tiene la estructura que se presenta en la Fig. 5.10.

Los principales campos son:

- *Protocol Version*: versión de la trama 802.11.
- *Type and subtype*: identifica la función de las tramas, de control, de datos y de mantenimiento.
- *To DS*: se establece a 1 en tramas que van al AP.
- *From DS*: se establece a 1 en tramas que vienen del AP.
- *More frag.*: se establece a 1 en tramas que tienen más fragmentos.
- *Retry*: se establece a 1 para indicar que la trama es una retransmisión.
- *Power management*: se establece a 1 para indicar que el nodo se pondrá en modo de ahorro de energía.
- *More data*: se establece a 1 para indicar al nodo en modo ahorro de energía de que hay tramas en el *buffer* para ese nodo.

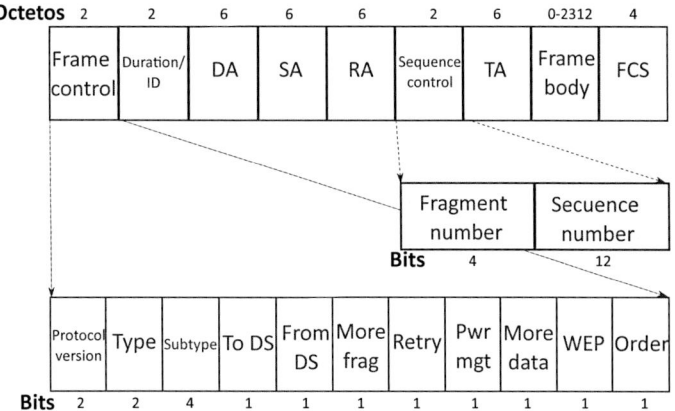

Figura 5.10 Estructura de la trama IEEE 802.11.

- *Wired Equivalent Privacy* (WEP): se establece a 1 si la trama contiene información encriptada WEP.

- *Order*: se pone a 1 en tramas de datos que usan servicios de ordenación.

- *Duration*/ID: dependiendo del tipo de trama, representa el tiempo, en microsegundos, necesario para transmitir la trama o una identidad de asociación (AID) para la estación que transmitió la trama.

- *Destination Address* (DA): dirección MAC del nodo destino.

- *Source Address* (SA): dirección MAC del nodo origen.

- *Receiver Address* (RA): dirección MAC del nodo inalámbrico que recibe la trama.

- *Fragment number*: indica el número de cada fragmento de la trama.

- *Sequence number*: identifica el número de secuencia de la trama.

- *Transmitter Address* (TA): dirección MAC del nodo inalámbrico que transmite la trama.

- *Frame body*: contiene la información que transporta la trama, normalmente paquetes IP.

- FCS: contiene el CRC de 32 bits para el control de errores.

Para más información sobre los campos de la cabecera IEEE 802.11 puede consultar el siguiente enlace: `http://cisco.num.edu.mn/CCNA_R&S1/course/module4/4.4.4.8/4.4.4.8.html`. Para entender el significado de las direcciones MAC: DA, SA, RA y TA, en la Fig. 5.11 y en la Fig. 5.12 se muestran dos ejemplos ilustrativos de cómo se direccionan las tramas IEEE 802.11 y su equivalencia con las tramas IEEE 802.3. Como observamos en las Fig. 5.11 y Fig 5.12, el direccionamiento es muy sencillo:

- DA y SA: son las direcciones MAC de los nodos finales que se comunican; es similar a lo que se hace con las tramas Ethernet.

- RA y TA son los nodos inalámbricos que se comunican, y tienen los siguientes valores:
  - Cuando el tráfico va del nodo final al AP: TA=MAC del nodo final y RA=MAC del AP (BSSID).
  - Cuando el tráfico va del AP al nodo final: TA=MAC del AP (BSSID) y RA=MAC del nodo final.

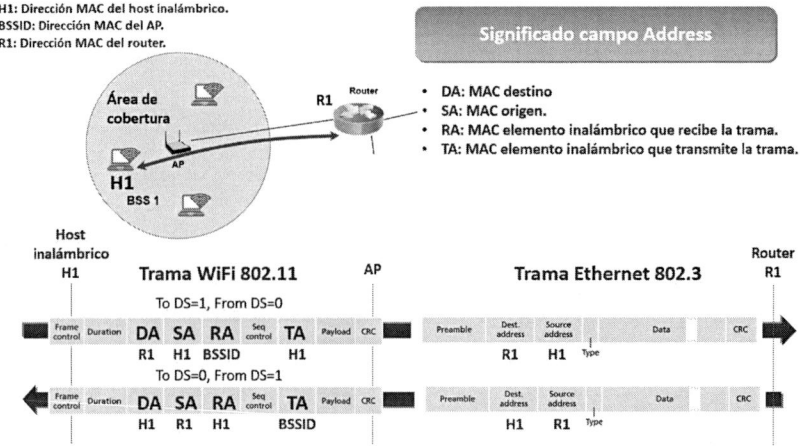

Figura 5.11   Ejemplo 1: direccionamiento WiFi, campos DA, SA, RA y TA.

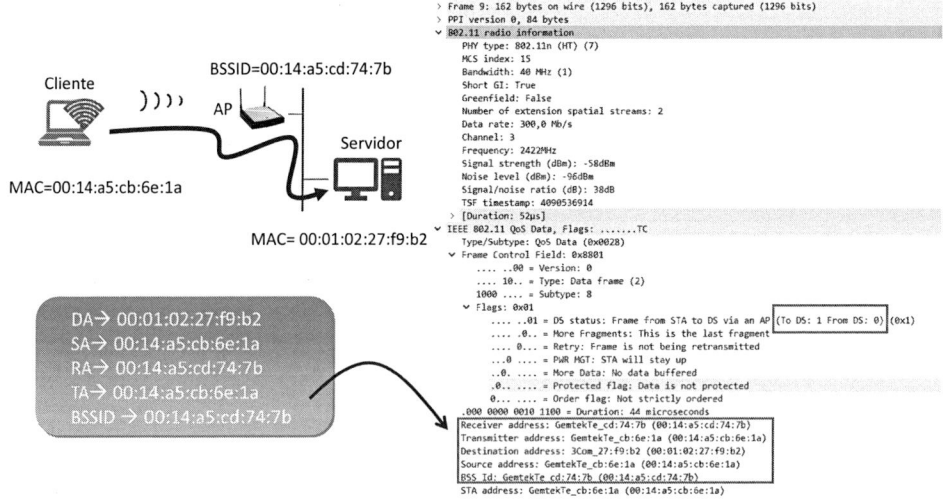

Figura 5.12   Ejemplo 2: direccionamiento WiFi, campos DA, SA, RA y TA.

5.6.   Control de acceso al medio CSMA/CA

Los canales inalámbricos están expuestos a muchos efectos adversos que hacen que las tramas se pierdan y se reciban con errores. Para ello, estas redes IEEE 802.11 usan un esquema de confirmación/retransmisión (ARQ) para garantizar la entrega de tramas sin errores. A su vez, utilizan un protocolo de acceso al medio inalámbrico basado en técnicas aleatorias con evitación de colisiones CSMA/CA, que hace un uso muy eficiente del medio.

5.6.1.   MAC 802.11

Una vez que un dispositivo inalámbrico está asociado con un AP, puede comenzar a enviar y recibir tramas de datos hacia y desde el punto de acceso (AP). Debido a que múltiples dispositivos inalámbricos, o el propio AP, pueden querer transmitir tramas de datos al mismo tiempo sobre el mismo canal, se necesita un protocolo de acceso múltiple (protocolo MAC) para coordinar las transmisiones. En términos generales, hay tres clases de protocolos de acceso múltiple: partición del canal, acceso aleatorio (tipo CSMA/CD utilizado por Ethernet) y acceso por turnos (*tokens*). Inspirados por el gran éxito de Ethernet y su protocolo de acceso aleatorio, los diseñadores de 802.11 eligieron un protocolo de acceso aleatorio para las LAN inalámbricas 802.11. Este protocolo de acceso aleatorio se conoce como CSMA/CA (*Carrier Sense Multiple Access/Collision Avoidance*). El CSMA/CA significa acceso múltiple de detección de portadora y evitación de colisiones, lo que implica que cada estación detecta el canal antes de transmitir, y se abstiene de transmitir cuando el canal está ocupado. Aunque tanto Ethernet como 802.11 utilizan acceso aleatorio de detección de portadora, los dos protocolos muestran diferencias importantes. En primer lugar, en vez de utilizar la detección de colisiones, 802.11 utiliza la prevención de colisiones. En segundo lugar, debido a las tasas de error de bits relativamente altas de los canales inalámbricos, 802.11 (a diferencia de Ethernet) utiliza un esquema de confirmación/retransmisión (ARQ, *Automatic Repeat Request*) de capa de enlace. En la Fig. 5.13 se muestra el esquema de confirmación/retransmisión ARQ que usa IEEE 802.11 para garantizar la entrega de las tramas en los canales inalámbricos.

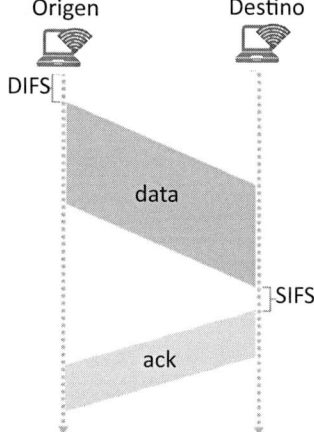

Figura 5.13   Esquema de confirmación/retransmisión ARQ en IEEE 802.11.

La forma en que actúa este protocolo para transmitir las tramas y garantizar su entrega con las confirmaciones es la siguiente:

1. Si inicialmente la estación detecta el canal inactivo, transmite su trama después de un corto período de tiempo, conocido como *Distributed Inter-Frame Space* (DIFS).

2. De lo contrario, la estación elige un valor de tiempo aleatorio y lo suma al valor del DIFS. Mientras el canal se detecte ocupado, el valor del contador permanece «congelado».

3. Cuando el contador llega a cero (esto solo puede ocurrir mientras el canal se detecta inactivo), la estación transmite la trama y luego espera un acuse de recibo.

4. Si la trama llega al receptor, este espera un corto período de tiempo (SIFS, *textitShort Inter-Frame Spacing*) y envía la confirmación.

5. Si se recibe un acuse de recibo, la estación transmisora sabe que su trama ha sido recibida correctamente en la estación de destino. Si la estación tiene otra trama para enviar, comienza de nuevo en el paso 1. Si no se recibe el acuse de recibo, la estación transmisora vuelve al paso 2, eligiendo el contador aleatorio con un valor superior.

5.6.2. Protocolo CSMA/CA en IEEE 802.11

Recordemos que el protocolo de acceso al medio que utilizan las LAN IEEE 802.11 se basan en un acceso aleatorio con evitación de colisiones CSMA/CA (*Carrier Sense Multiple Access/Collision Avoidance*). Para explicar dicho protocolo nos apoyaremos en la Fig. 5.14.

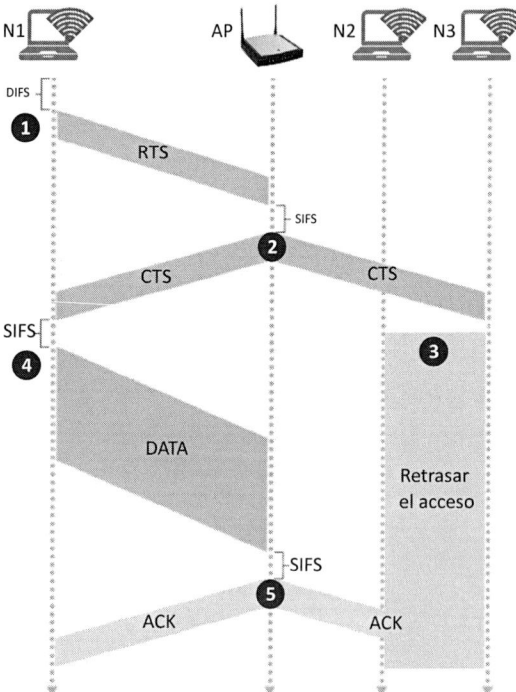

Figura 5.14   Protocolo CSMA/CA (*Carrier Sense Multiple Access/Collision Avoidance*).

El protocolo se se implementa con cuatro tramas diferentes:

- Trama RTS: *Request To Send*, significa que la estación quiere transmitir. RTS indica el tiempo total necesario para transmitir los datos (trama DATA) y para recibir el reconocimiento (trama ACK).

- Trama CTS: *Clear To Send*, el AP indica que puede transmitir. Esta trama CTS tiene dos propósitos:
  - Da permiso explícito al remitente para que pueda enviar la información.

- Informa a las otras estaciones para que no envíen información durante el tiempo que ha solicitado la estación con la trama RTS; así se evitan las colisiones.
- Trama DATA: datos, se usa para enviar la información.
- Trama ACK: *Acknowledgment*, es la confirmación de la trama recibida.

Por tanto, la filosofía de funcionamiento es la siguiente:

1. Antes de que N1 pueda transmitir una trama DATA (trama con datos), envía una trama RTS que es escuchada por todas las estaciones de su área, incluida AP.

2. AP responde con una trama CTS, que es escuchada por todas las estaciones dentro de su rango, incluyendo al emisor (N1) y las estaciones N2 y N3.

3. N2 y N3, después de haber escuchado el CTS, se abstienen de transmitir durante el tiempo especificado en la trama CTS.

4. N1 envía la información con la trama DATA.

5. Finalmente, el AP confirma que ha recibido la información correctamente mediante la trama ACK.

Todos estos pasos quedan resumidos en la Fig. 5.14. Como hemos visto, apoyándonos en las tramas RTS y CTS podemos implementar un protocolo de acceso al medio con evitación de colisiones.

5.7. Herramientas de análisis WiFi

Una vez estudiadas las particularidades de las redes WiFi, en este apartado exploraremos algunas herramientas que nos permiten analizarlas de forma práctica, y poder conocer el valor de sus principales parámetros. Para ello, analizaremos la herramienta WiFi Analyzer, que nos permite conocer los parámetros fundamentales de la red WiFi a la que estamos conectados y de todas aquellas redes que están bajo nuestra área de cobertura. Por otro lado, con el propósito de profundizar en el análisis de las cabeceras IEEE 802.11, nos apoyaremos en la herramienta Network Monitor, que nos permitirá decodificar dichas cabeceras a la vez que nos hace de vínculo con la herramienta Wireshark.

5.7.1. Análisis del entorno WiFi, herramienta WiFi Analyzer

Con el objetivo de analizar las redes LAN WiFi, nos apoyaremos en una herramienta denominada WiFi Analyser. Herramientas de este tipo hay múltiples, muy variadas y de acceso gratuito. En nuestro caso, la descargaremos en el entorno Windows desde el siguiente enlace: `https://apps.microsoft.com/store/detail/wifi-analyzer/9NBLGGH33NON?hl=es-es&gl =es&rtc=1` (ver Fig. 5.15).

Una vez instalada, la forma de ejecutarla es muy sencilla: basta con hacer doble *click* sobre el icono de la aplicación y aparece un entorno como el mostrado en la Fig. 5.16. Los principales campos que se presentan sobre la WiFi en la que estamos conectados son:

- Nivel de señal en dBm.
- SSID.
- BSSID.
- Canal.
- Frecuencia.

- Protocolo.
- Parámetros de conectividad IP.
- Protocolo de autenticación.
- Protocolo de cifrado.

Además, para las redes colindantes en 2,4 GHz y 5 GHz tenemos:

- SSID.
- BSSID.
- Canales utilizados, etc.

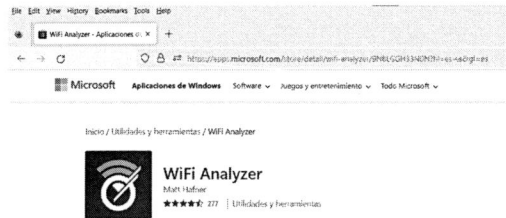

Figura 5.15   Web de descarga de la aplicación WiFi Analyzer.

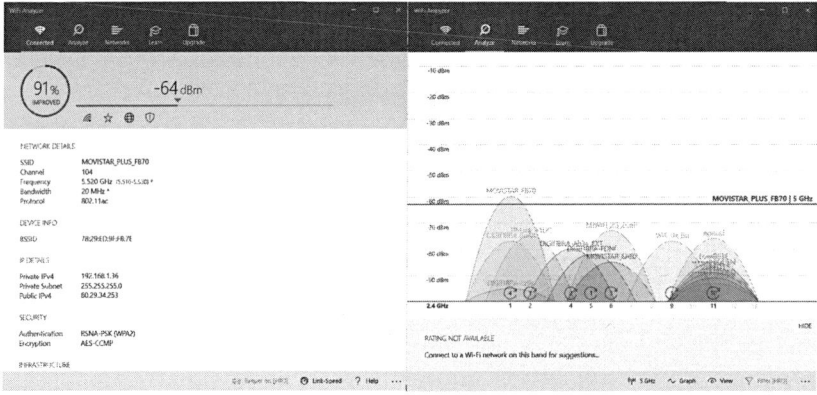

Figura 5.16   Entorno de trabajo de la herramienta WiFi Analyzer.

Por tanto, con esta herramienta podemos analizar los parámetros de la red WiFi a la que estamos conectados, además de los parámetros de las que están en nuestra área de cobertura.

5.7.2. Análisis de trama IEEE 802.11, herramienta Network Monitor

Hasta ahora nuestra herramienta de análisis de paquetes está siendo Wireshark. Desde el punto de vista de las LAN IEEE 802.11, dependiendo de la tarjeta de red que tenga nuestro equipo, esta puede decodificar los campos de la cabecera IEEE 802.11 o no. Si la tarjeta de red no permite decodificar las cabeceras IEEE 802.11 con Wireshark, se pueden usar

aplicaciones de pago como Acrylic `https://www.acrylicwifi.com/blog/capturar-tra`
`fico-wifi-con-wireshark-en-windows/`, que añaden esta capacidad a Wireshark. En
nuestro caso, para solventar este problema de Wireshark y poder visualizar los datos de las
cabeceras IEEE 802.11, usaremos la herramienta Microsoft Network Monitor, también en
entorno Windows y gratuita. Para ello, nos descargamos la aplicación en el siguiente enlace:
`https://www.microsoft.com/en-us/download/details.aspx?id=4865` (ver Fig. 5.17).

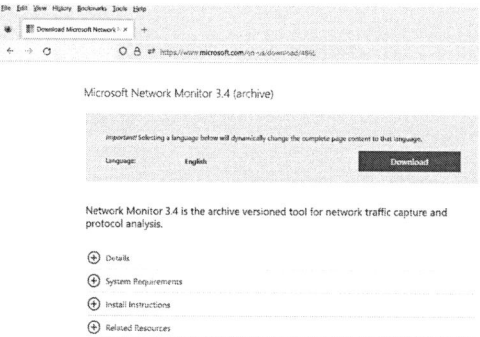

Figura 5.17   Web de descarga de la aplicación Network Monitor.

Una vez la tengamos instalada, arrancamos dicha aplicación haciendo doble *click* en el icono
correspondiente. Aparece una ventana como la mostrada en la Fig. 5.18. Esta es una herramienta muy parecida al Wireshark, y en la ventana inicial tenemos dos opciones:

1. Selección de red: nos permite seleccionar la red sobre la que queremos capturar el
   tráfico; en este caso la interfaz WiFi.

2. Arranque captura: estos botones nos permiten iniciar una nueva captura.

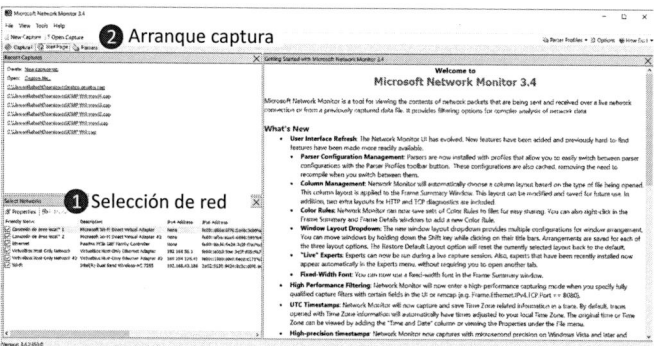

Figura 5.18   Entorno de trabajo de la aplicación Network Monitor.

Una vez estamos en la ventana de captura, nos aparece una interfaz como la mostrada en la
Fig. 5.19.

En la ventana de captura, hay cinco partes bien diferenciadas y que son muy similares a las
que ya conocemos de Wireshark:

1. Botones de control: nos permiten arrancar, parar, pausar, guardar la captura etc.

Figura 5.19 Entorno de captura de la aplicación Network Monitor.

2. Ventana de filtrado: esta parte de la interfaz funciona de forma similar a los filtros de visualización de Wireshark. Además, aquí se puede acceder a una gran colección de filtros ya predefinidos.

3. Lista de paquetes: muestra la lista de paquetes capturados, similar al Wireshark.

4. Detalle de paquetes: se muestran todos los detalles del paquete seleccionado en la ventana anterior, similar al Wireshark.

5. Decodificación de paquetes: se trata de la información mostrada en la ventana de detalle de paquetes, pero en esta ventana aparece decodificada en formato hexadecimal.

Como se ha indicado, la herramienta Microsoft Network Monitor es un analizador de protocolos (*sniffer* de red) similar al Wireshark, pero que nos permite decodificar las cabeceras IEEE 802.11. Por tanto, para analizar las cabeceras IEEE 802.11 tenemos dos opciones:

1. Mediante Network Monitor: capturar el tráfico con Network Monitor y analizarlo directamente en esta herramienta.

2. Mediante Wireshark: capturar el tráfico con Network Monitor, guardar la captura y abrirla con Wireshark. Esta segunda opción es más conveniente, ya que, en general, tenemos más experiencia con Wireshark que con Network Monitor.

5.8.   Redes móviles celulares: 4G y 5G

Las redes móviles celulares son el otro conjunto de redes de acceso que utilizamos a diario para usar los servicios de Internet de nuestro ISP. En este caso, analizaremos cómo han evolucionado estas redes desde su nacimiento, centrando la atención en las generaciones que más importancia tienen hoy en día, como son el 4G y el 5G. Las redes 5G suponen un cambio de paradigma sin precedentes, ya que habilitan multitud de servicios para la industria que hasta ahora estas redes no podían ofrecer. En este caso, se analizan los servicios que pueden ofrecer estas redes 5G; el apartado termina con una revisión del espectro licenciado que usan estas redes para ofrecer sus servicios.

5.8.1. Evolución de la redes celulares

Las redes celulares desde su nacimiento han tenido una evolución continua, pasado desde las redes de primera generación (1G), que ya no existen, hasta las de quinta generación (5G), que están en fase de despliegue. Las generaciones que están actualmente en explotación (las redes 5G están en fase de despliegue) son de la 2G hasta la 4G. Si se observa la Fig. 5.20, se puede ver cómo han evolucionado, además de las prestaciones de cada una de ellas.

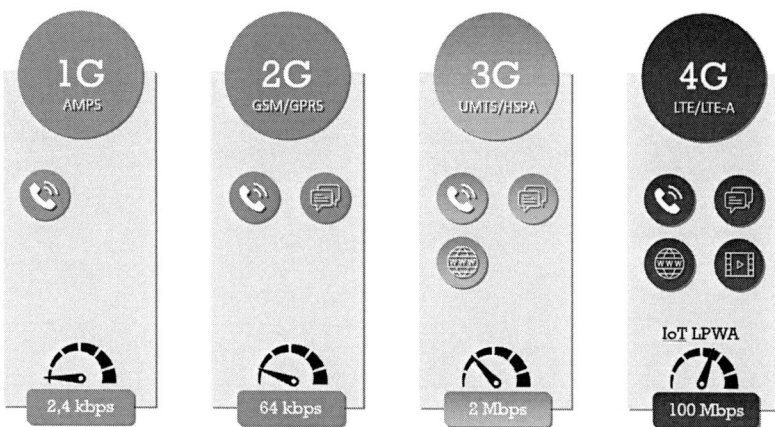

Figura 5.20 Evolución de las redes móviles celulares, del 1G al 4G.

Principales características:

- Segunda generación (2G): está orientada a prestar servicios de voz (telefonía) y mensajería corta (sms), siendo la transmisión de datos casi testimonial, ya que solo ofrece velocidades de 64 Kbps y con GPRS (una evolución del 2G) hasta los 100 Kbps.

- Tercera generación (3G): esta red, aparte de ofrecer los servicios de la red 2G, incorpora la navegación WEB. Aquí se produce un salto conceptual en las redes celulares, ya que, inicialmente, estaban dedicadas a los servicios de telefonía y con 3G se posibilita el empleo de Internet. Aquí las prestaciones tienen un crecimiento importante, que llega a los 2 Mbps.

- Cuarta generación (4G): en la red 4G aumentan las prestaciones hasta velocidades de 100 Mbps, lo que ha permitido incorporar el vídeo como un servicio más dentro de las redes celulares. Por tanto, la red 4G incorpora todos los servicios de las generaciones anteriores, además de tener unas prestaciones en cuanto a velocidad de transmisión de datos bastante relevante.

Hasta ahora, las redes celulares han sido un vehículo de comunicación (telefonía y mensajería) y como soporte de algunas aplicaciones que no requieren altas prestaciones, como pueden ser: gestión de flotas, servicio de datáfonos, telemetría (contadores de agua, luz, gas), alarmas, sistemas de venta inalámbrica (ONCE), etc. Con la llegada del 5G y con las prestaciones que ofrecen estas nuevas redes, cambia todo el paradigma, en el sentido que son redes que pueden dar soporte a la industria y a cualquier aplicación que requiera altas prestaciones.

Las principales prestaciones del 5G las podemos resumir en:

- Velocidad de transmisión: 1 Gbps.

- Capacidad: 1 millón de terminales por km^2.
- Latencia: 1 ms.
- Fiabilidad: 99,999 % (cinco nueves), se pierden 10 paquetes por cada millón de paquetes transmitidos.

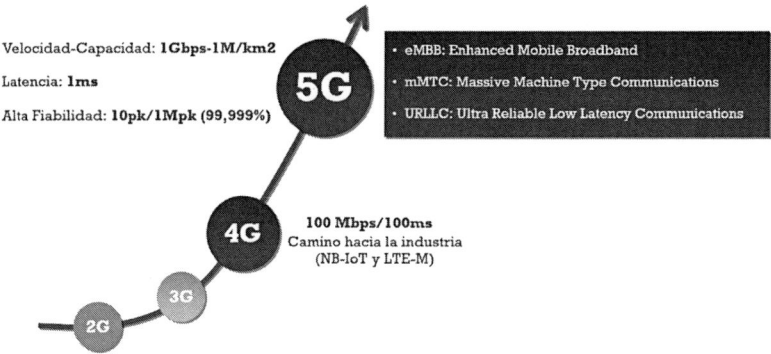

Figura 5.21   Categorías de servicios en redes 5G.

Además de las prestaciones, la red 5G define nuevas categorías de servicios que van a mejorar los ya existentes y, de esta forma, ofrecer una amplia gama de nuevas posibilidades, sobre todo para la industria. Las tres categorías que define el estándar son (ver Fig. 5.21):

- Banda ancha móvil mejorada (*Enhanced Mobile Broadband*, eMBB): son una categoría de servicios que mejoran los ya ofrecidos por las generaciones anteriores a los clientes residenciales, dado que esta nueva red aporta mayores prestaciones de velocidad.
- Comunicaciones masivas (*Massive Machine Type Communication*, mMTC): dada la gran capacidad que tienen estas redes para conectar un gran volumen de terminales, esta categoría permite gran cantidad de nuevos servicios para IoT (*Internet of Things*). Dentro del IoT se engloban aquellos servicios cuyos terminales necesitan pocas prestaciones, pero una gran masificación.
- Comunicaciones ultra fiables y de baja latencia (*Ultra Reliable Low Latency Communication*, URLLC): aquí se engloban los servicios que más requerimientos exigen a la red, como es la alta fiabilidad y la baja latencia. Sobre esta categoría se desarrollarán todos aquellos servicios que sean críticos, tanto desde el punto de servicio que ofrecen, p. ej. cirugía remota, como por las prestaciones que necesitan ciertas aplicaciones, como son las de control industrial.

Todos estos conceptos se sintetizan en la Fig. 5.21.

5.8.2.   Servicios sobre redes 5G

Ya hemos estudiado las capacidades que ofrecen las redes 5G y todas las nuevas posibilidades de nuevos servicios que se pueden implementar sobre esta nueva infraestructura. A continuación, se detallan ejemplos de servicios de cada una de las categorías que ofrece esta red de altas prestaciones. Por tanto, algunos ejemplos de dichos servicios o casos de uso según las tres categorías anteriormente definidas son:

- Servicios de banda ancha móvil mejorada (eMBB): realidad virtual, realidad aumentada, vídeo en 4K/8K, servicios de hogar, servicios de empresas, dispositivos sin SIM, acceso fijo vía radio, etc.

- Servicios de comunicaciones masivas (mMTC): agricultura inteligente, gestión de flotas, logística, medidores inteligentes, sistemas de *tracking*, etc.

- Comunicaciones ultra fiables y de baja latencia (URLLC): aplicaciones de control industrial, formación a distancia, control de vehículos conectados, fabricación remota, cirugía remota, etc.

Estos ejemplos de servicios se presentan en la Fig. 5.22.

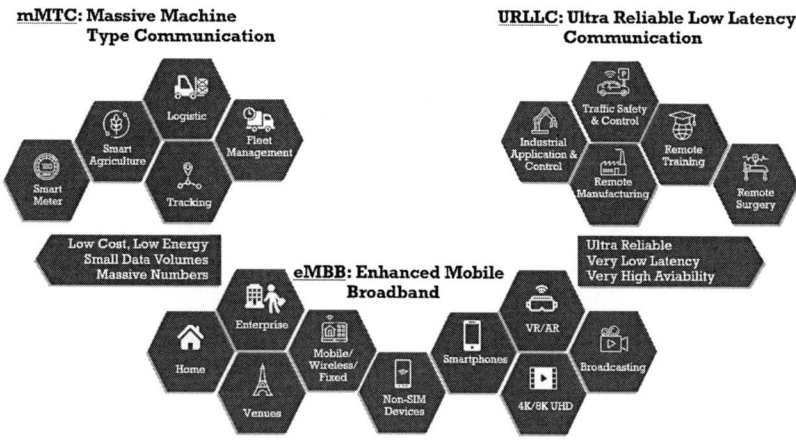

Figura 5.22   Ejemplos de servicios sobre redes 5G.

Es importante resaltar que se han mencionado solo algunos ejemplos de las posibilidades que ofrecen las redes 5G. El disponer de estas prestaciones de alta capacidad, extrema fiabilidad, elevada velocidad y baja latencia permitirá desarrollar servicios que hoy en día aún no se han ni siquiera planteado.

5.8.3.   Comparativa de redes 4G vs. 5G

Como se ha visto, la red 5G es diferencial respecto a sus antecesoras por las mayores prestaciones que ofrece, además de una serie de particularidades en su diseño que analizaremos más adelante en este capítulo. Para tener una idea clara del salto que supone pasar de la red 4G a la 5G analizaremos los siguientes aspectos:

- Latencia mínima (si hubiera un solo usuario en la celda).
- Consumo medio de tráfico de los usuarios.
- Velocidad máxima de pico (si hubiera un solo usuario en la celda).
- Espectro disponible.
- Densidad de usuarios.

Si se analiza la Tabla 5.4, se puede observar que las diferencias son bastante considerables.

Parámetro	4G	5G	Diferencias
Latencia mínima	10 ms	<1 ms	x10
Tráfico usuarios	7,2 Exabytes/mes	50 Exabytes/mes	x7
Velocidad de pico	1 Gbps	20 Gbps	x20
Espectro	3 GHz	30 GHz	x10
Densidad usuarios	100K Terminales/km^2	1M Terminales/km^2	x10

Tabla 5.4 Comparativa redes móviles celulares 4G vs. 5G.

Analizando estos resultados se concluye que, las redes 5G aportan una mejora de x10 (10 veces superior) e incluso x20 en la mayoría de sus parámetros, con lo que la red 5G aporta una diferencia abismal respecto a su predecesora.

5.8.4.   Espectro radioeléctrico en redes celulares

Al igual que para las redes fijas el medio de transporte que fija sus prestaciones es el cable, las redes inalámbricas se rigen por el espectro (frecuencias) disponible.

	Banda	Movistar	Vodafone	Orange	MásMóvil
700MHz	n28	2x10MHz	2x10MHz	2x10MHz	
800MHz	b20	2x10MHz	2x10MHz	2x10MHz	
900MHz	b8	2x14,8MHz	2x10MHz	2x10MHz	
1800MHz	b3	2x20MHz	2x20MHz	2x20MHz	2x14,8MHz
2100MHz	b39+b1	5MHz+2x15MHz	5MHz+2x15MHz	5MHz+2x15MHz	5MHz+2x15MHz
2600MHz	b38+b7	10MHz+2x20MHz	20MHz+2x20MHz	2x20MHz	10MHz en 7 comunidades + 2x10MHz en 3 comunidades
3600MHz	n78	100MHz	90MHz	110MHz	80MHz
26GHz	n258	1000MHz	400Mhz	400MHz	
Total		1314,6MHz	705MHz	705MHz	144,6MHz + 30MHz en entre 3 y 7 comunidades

Figura 5.23 Espectro disponible de los diferentes operadores de redes móviles celulares en España.

En las redes WiFi vimos que las bandas utilizadas eran la 2,4 GHz y 5 GHz de espectro no licenciado; en cambio, en las redes móviles celulares la situación es muy distinta y todo el espectro que utilizan es licenciado. El hecho de ser espectro licenciado tiene dos características principales:

- Pertenece al operador dueño de la licencia y nadie más puede utilizarlo; por tanto, ningún agente puede interferir en las comunicaciones. Esto ofrece garantías de calidad.

- Hay que pagar por el uso de las licencias, que suponen un gasto elevado, por lo general. Sirva como ejemplo el siguiente artículo: https://www.lamoncloa.gob.es/servicios deprensa/notasprensa/asuntos-economicos/Paginas/2021/210721-subasta-5g. aspx.

Además, hay un concepto muy importante relacionado con el espectro, que aquí no vamos a desarrollar porque no es objeto de este libro, y que marca que, cuanto más espectro dispone un operador más velocidad puede ofrecer a sus clientes (Teorema de Shannon-Hartley: `ht tps://es.wikipedia.org/wiki/Teorema_de_Shannon-Hartley`). Por tanto, disponer de espectro hace que sea una ventaja competitiva para los diferentes operadores de redes móviles celulares. Como ejemplo ilustrativo, en la Fig. 5.23 se muestra el espectro (frecuencias) que tienen los operadores de redes móviles celulares en España.

5.9. Nuevos paradigmas de las redes 5G

Como se ha mencionado, las redes 5G han establecido un antes y un después en las redes móviles celulares. Estas habilitan una serie de capacidades que sirven de soporte a los servicios de la industria, además de los servicios tradicionales que ya se ofrecían sobre estas redes. Como elementos diferenciadores se explican los conceptos de ondas milimétricas, *small cells*, *massive* MIMO y *full duplex* para mejorar la velocidad y capacidad de estas redes. De cara a mejorar la latencia, se introduce el concepto de *multi-access edge computing*. Finalmente, el concepto de *network slicing* permite a las redes 5G ofrecer redes diferenciadas sobre una misma infraestructura física.

5.9.1. Mejoras en velocidad y capacidad

Como se detalló anteriormente, las redes inalámbricas se «alimentan» de un combustible que es el espectro (frecuencias disponibles); cuanto más espectro dispongamos, mayor velocidad de transmisión se puede conseguir (Teorema de Shannon, ver Fig. 5.24 superior). Las redes 5G se apoyan en que se les cede mucho espectro para su funcionamiento. En las 5G aparecen unas nuevas bandas, que son: la banda de 3,6 GHz y la banda de milimétricas en 26 GHz, donde hay un gran espectro disponible.

Otro de los efectos que tienen las ondas radioeléctricas, y que tampoco es motivo de estudio de este libro, es que, a medida que aumenta la frecuencia de la onda electromagnética, mayor es su atenuación. En este caso, tienen menos alcance o, lo que es lo mismo, menos cobertura (Leyes de Maxwell, ver Fig. 5.24 inferior). Para aprovechar las ondas de alta frecuencia, como son las milimétricas, se utilizan las *small cells*, que no son más que pequeñas antenitas que se despliegan de forma muy densificada para garantizar la cobertura para que el 5G pueda ofrecer esas altas prestaciones de velocidad y capacidad.

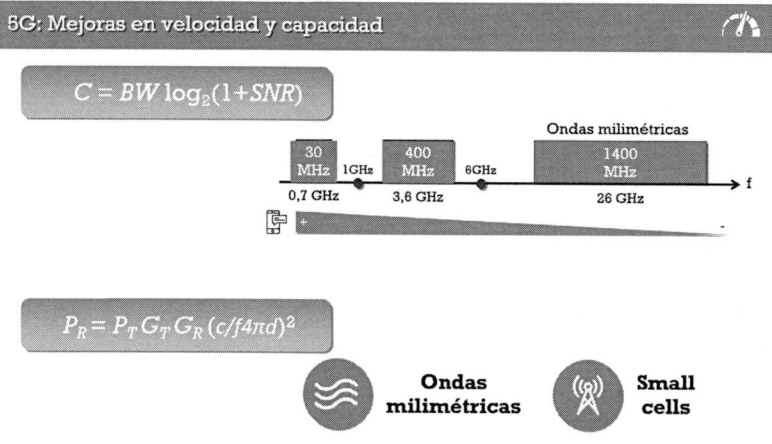

Figura 5.24 Mejoras en velocidad y capacidad: espectro y *small cells*.

Otras técnicas que usa el 5G para mejorar la velocidad y la capacidad son:

- *Massive* MIMO: consiste en utilizar muchas antenas transmisoras y receptoras para aprovechar los efectos de multitrayecto de los canales radio (estudiado en el apartado de efectos no deseados de los canales inalámbricos).

- *Beamforming*: se trata de antenas inteligentes que modifican su diagrama de radiación de manera dinámica para que el móvil tenga siempre la mejor cobertura.

- *Full duplex*: aplicando técnicas avanzadas de procesado digital de señales, se permite transmitir y recibir al mismo tiempo y sobre la misma frecuencia sin interferencia, lo que duplica la capacidad del canal.

Estas ideas se sintetizan en la Fig. 5.25.

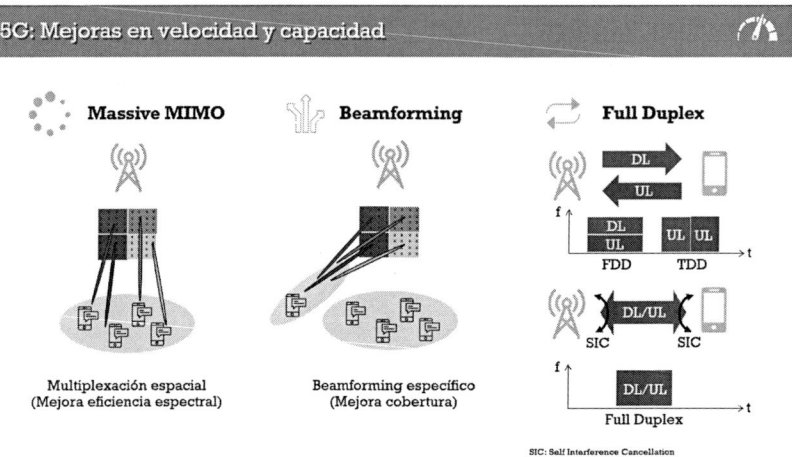

Figura 5.25   Mejoras en velocidad y capacidad: *massive* MIMO, *beamforming* y *full duplex*.

5.9.2.   Reducción de la latencia

En la latencia[1], hay dos factores que la penalizan y hacen que aumente en las redes de comunicación. Estos son:

- Capacidad de proceso: el tiempo que tardan los nodos involucrados en la comunicación en procesar los paquetes.

- Distancia: la velocidad a la que se propagan las ondas de radio o las señales electromagnéticas dentro de los cables está limitada por la naturaleza y es finita; su valor es de c=300.000 km/s (teoría de la relatividad A. Einstein). Como la velocidad de las ondas no puede ser infinita, la latencia nunca podrá ser cero y, además, depende de la distancia a la que nos encontremos del servidor.

Por tanto, las redes 5G para disminuir la latencia se apoyan en dos filosofías:

---

[1]La latencia es el tiempo que transcurre entre una petición que realiza un usuario (p. ej. ordenador portátil conectado a una red) y la llegada de la respuesta generada por el servidor.

- Arquitecturas más sencillas y de alta capacidad de procesamiento: tener una arquitectura de red lo más simple posible para que haya menos nodos intermedios y, además, que sean de alta capacidad de procesamiento.

- *Multi-access Edge Computing*: consiste en colocar los servidores de aplicaciones lo más cerca posible de los clientes con el objetivo de reducir la distancia y, como consecuencia, la latencia.

Estos conceptos se resumen en la Fig. 5.26.

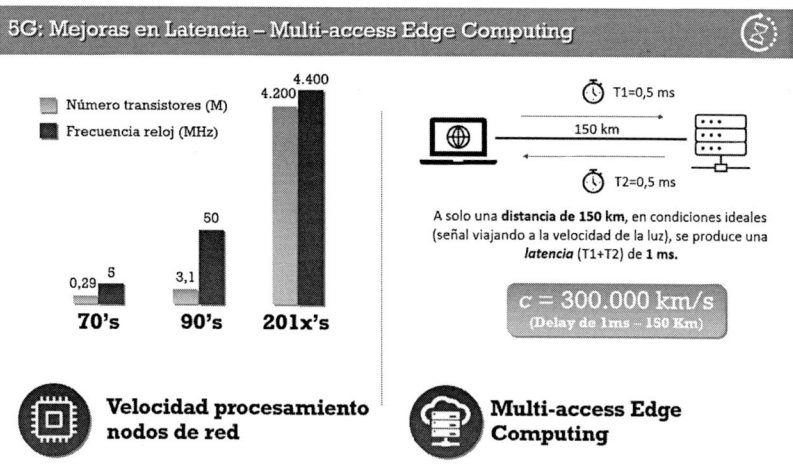

Figura 5.26 Técnicas para mejorar la latencia en 5G.

5.9.3. Network Slicing

Las redes móviles celulares, independientemente de la generación, que se trate (3G, 4G, 5G, etc.) están compuestas de tres ámbitos funcionales distintos, que son:

- Red de acceso: es la parte de la red que más equipo posee. Son, básicamente, las antenas que están repartidas por la zona bajo cobertura garantizada. Son las encargadas de garantizar la cobertura; para un país como España son necesarias entre 15.000 y 20.000 antenas.

- Núcleo o *core* de la red: son los elementos que gestionan las antenas y poseen la «inteligencia» de la red celular. Estos elementos hacen las funciones de validar y permitir el acceso a los usuarios, funciones de *handover* (permitir continuidad en la conexión, aunque nos estemos moviendo entre diferentes antenas), facturar los diferentes servicios, fijar los parámetros de conectividad, gestionar los saltos entre generaciones, cifrar la información y dar conectividad a los clientes a los diferentes servicios. Los elementos del núcleo son menos numerosos que la red de acceso; para un país como España, son del orden de cientos.

- Nodos de servicio: son los que ofrecen los servicios a los clientes; aquí hablamos del orden de varias decenas. Existe una diferencia importante según los servicios que ofrecen: unos pertenecen al operador para los servicios propios (como servicios de voz, conectividad a Internet o TV) y otros son de terceros (como puede ser un servicio de WhatsApp, acceso a una red social o a servicios de *streaming* como Netflix).

Con esta configuración de red de acceso, core y servicios, que usan todas las generaciones hasta el 4G, los elementos de la red celular son comunes a una comunicación, independientemente del servicio ofrecido. Esto quiere decir que el tráfico pasa por los mismos recursos de red tanto para ofrecer un servicio de voz o TV del operador como para uno de *streaming* de un tercero. En esta configuración, todos los servicios tienen la misma calidad y se afectan entre sí. Esto significa que, si en una zona de la red hay una aglomeración de usuarios (p. ej. un concierto o un partido de fútbol) y se producen congestiones, todos los servicios de esa zona se verán afectados por la congestión, independientemente del servicio y del cliente que se trate. Esto se resume en la Fig. 5.27.

Figura 5.27   Elementos de red comunes para todos los servicios en redes 3G/4G.

En este aspecto, 5G ofrece una funcionalidad diferencial respecto a todas sus antecesoras, que es el *network slicing*. El *network slicing* (o rebanado de la red) permite crear múltiples redes virtuales sobre una única infraestructura física. Esta nueva capacidad posibilita la división de la red de manera virtual en diferentes redes y poder asignarlas de forma independiente a los diferentes servicios/usuarios. De esta forma, cada servicio/grupo de clientes tiene una *slice* (rebanada). Estas *slices* son independientes entre sí y, a efectos prácticos, es como si cada servicio/grupo de clientes tuviera su propia red. Volviendo al ejemplo de la aglomeración, si el problema de la congestión está en un servicio/grupo de clientes (p. ej. los que usan servicio de voz), el resto de los servicios (como los de navegación, servicio de TV o cirugía remota) no se verán afectados, aunque físicamente estén localizados en el mismo sitio. Esto es un cambio de paradigma sin precedentes gracias al 5G, que permite ofrecer diferentes QoS a los servicios y usuarios. Estos conceptos se resumen en la Fig. 5.28.

5.10.   Servicio de *tethering* en redes celulares

Las redes móviles celulares ofrecen prestaciones similares a las redes de acceso fijo (ADSL/FTTH). Esto hace que las conexiones a Internet usando una red u otra ofrezcan al cliente una experiencia parecida. Por tanto, cuando un terminal móvil está conectado a una red móvil celular, puede usar aplicaciones cliente-servidor del mundo TCP/IP, de igual forma que cuando está conectado a una red fija. En este punto, un terminal móvil, al estar conectado a una red celular, goza de las ventajas de tener conectividad/cobertura de forma continua en casi cualquier parte. Otra de las ventajas que ofrece estar conectado a estas redes es que

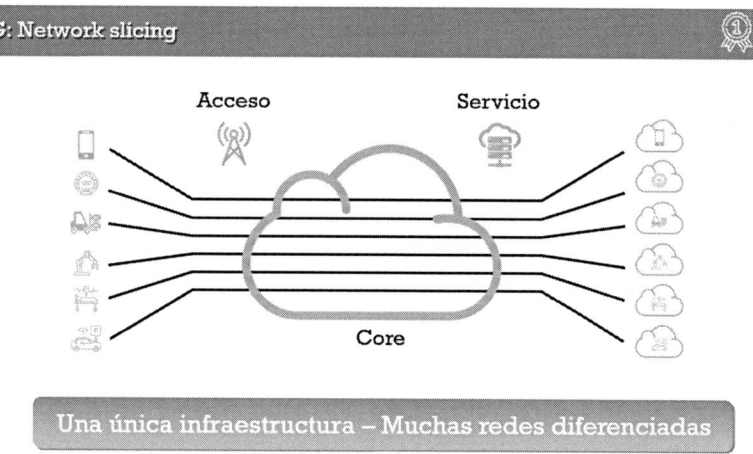

Figura 5.28 Concepto de *network slicing* en redes 5G.

cualquier terminal móvil puede ofrecer una LAN WiFi a otros terminales de su entorno simplemente activando la función de *tethering*. Aquí se explicarán los principios del *tethering*, además de introducir la herramienta Speedtest, que nos permite medir las prestaciones tanto de las redes de acceso fijo como las de acceso móvil. Esta herramienta también nos facilita analizar las diferencias entre las prestaciones de una LAN Ethernet y una LAN WiFi.

5.10.1. Conexión vía *tethering*

Como se ha explicado, las redes móviles celulares ofrecen a sus clientes (que se conectan con un terminal móvil o cualquier dispositivo que sea compatible con las redes celulares) diferentes prestaciones en función de la red (3G, 4G, 5G) a la que estén conectados. El conectarse a una red u otra depende del terminal y este, además, decide a cuál conectarse. Normalmente lo hace de manera automática a la generación más alta, pero se puede fijar manualmente a la que deseemos siempre y cuando el terminal sea compatible con esa red. Por otro lado, estas redes usan dos parámetros clave para identificar a los usuarios y terminales que se conectan a la red celular:

- IMEI (*International Mobile Equipment Identity*): identidad internacional del terminal móvil.

- SIM (*Subscriber Identity Module*): módulo de identificación del cliente, tarjeta que se introduce dentro del terminal y que identifica tanto al cliente como al operador que ofrece el servicio.

El IMEI es un código internacional que identifica el terminal (podemos asemejarlo a la MAC) y la SIM es una tarjeta que llevan los terminales que identifican al cliente que hace uso del servicio. Por tanto, cuando un cliente con su SIM insertada en su terminal (IMEI) está conectado a una red móvil celular, este hace uso de sus servicios y puede navegar por ella hacia Internet si lo tiene contratado con el operador correspondiente. En este caso, el terminal no necesita MAC, pero sí necesita una IP, un DGW, unos DNS y un servidor DHCP que proporciona la propia red móvil. Con todo esto disponible, navegamos de forma similar a estar conectado a una WiFi, con la diferencia de que podemos movernos por todo el área de cobertura de la red móvil (normalmente un país, y mediante *roaming* prácticamente todo el mundo) sin perder la conexión gracias a la continuidad de la cobertura.

Pues bien, los terminales móviles que están conectados a una red móvil celular ofrecen también un servicio muy interesante que se denomina *tethering* (vulgarmente conocido como compartir WiFi con el móvil) y que permite ofrecer una conexión WiFi a otros terminales. Esto tiene sentido para dar conexión a terminales que no tienen acceso a la red celular (porque su *hardware* no lo permite o porque simplemente no lo tienen contratado) y crear una LAN WiFi que le da acceso a Internet a través de un *tethering* que hace un terminal intermedio. Dependiendo de las capacidades del terminal que esté haciendo las funciones de *tethering*, esta conexión se puede compartir por WiFi, Bluetooth o USB. De esta forma, el terminal que hace las funciones de *tethering* hace de DGW, DHCP y NAT para la LAN que crea sobre WiFi, Bluetooth o USB. En la Fig. 5.29 se muestra de forma resumida el principio de funcionamiento de este servicio.

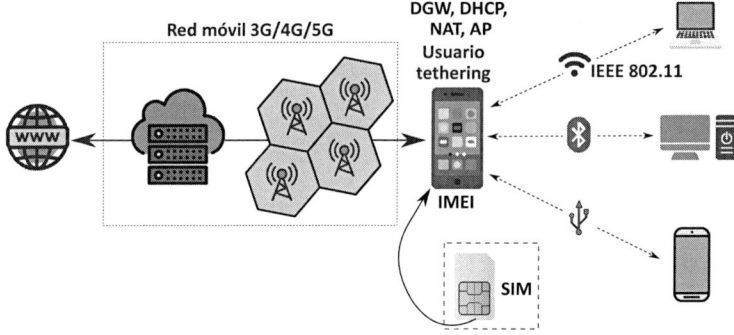

Figura 5.29   Arquitectura del servicio de *tethering*.

5.10.2.   Análisis de prestaciones, herramienta Speedtest

Otras herramientas que suelen ser bastante útiles para analizar las prestaciones de nuestras LAN, tanto Ethernet/WiFi como si estamos haciendo conexiones a través de una red celular, son aquellas que nos miden la latencia, velocidad de subida y velocidad de bajada de nuestra conexión. Hay muchas y muy variadas, pero en este caso nos decantaremos por Speedtest de Ookla, que tiene versiones tanto WEB como para los diferentes sistemas operativos, tanto de PC como de terminales móviles. La aplicación se encuentra disponible en el siguiente enlace: `https://www.speedtest.net/` y tiene una interfaz como la mostrada en la Fig. 5.30.

La aplicación, normalmente basada en la localización, busca el servidor más cercano para hacer la prueba y nos muestra como resultado los siguientes parámetros:

- Latencia (ms).
- Velocidad de subida (Mbps).
- Velocidad de bajada (Mbps).
- Identifica quién es nuestro ISP y con qué servidor está haciendo la prueba.
- Identifica si la conexión ha tenido pérdidas.
- Finalmente, guarda un histórico de nuestras pruebas.

Con esta nueva herramienta tenemos una ayuda más para gestionar y diagnosticar cualquier problema que puedan tener nuestras redes locales.

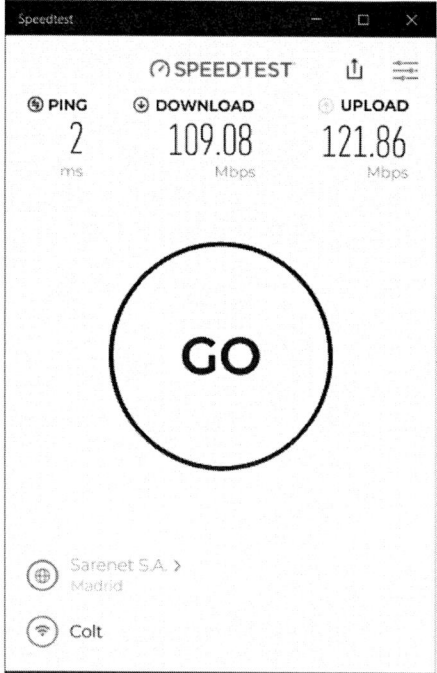

Figura 5.30 Interfaz de usuario de la aplicación Speedtest de Ookla.

5.11. Comparativa redes WiFi vs. redes celulares

Una vez descritas en detalle las redes inalámbricas IEEE 802.11 con todas sus evoluciones, además de las diferentes generaciones de redes móviles celulares, en este punto nos centramos en comparar las versiones más actuales de cada una de estas tecnologías. En este momento, está en auge en el mercado la WiFi 6 y la red móvil 5G. Además, se analizarán los posibles casos de uso de cada una de estas tecnologías y se describirá qué se espera en una futuro de cercano de la convivencia de ambas soluciones.

5.11.1. Comparativa WiFi 6 vs. 5G

Una vez definidas y analizadas los dos grandes grupos de redes inalámbricas que nos rodean, LAN WiFi y redes móviles celulares, haremos una pequeña comparativa entre las versiones más evolucionadas de ambas redes: el WiFi 6 para LAN IEEE 802.11 y 5G para las redes móviles celulares. En la Tabla 5.5 se presentan las principales características de cada una de ellas. Como resumen de esta comparativa, vemos grandes diferencias en lo que se refiere a:

- Cobertura: WiFi 6 solo en el área de cobertura del AP y de forma discontinua entre diferentes BSS. En cambio, 5G cobertura nacional/internacional continua.

- Espectro: WiFi 6 no licenciado (gratis) y 5G licenciado (pago al estado de grandes sumas de dinero).

- Terminales: mayor variedad y disponibilidad en WiFi 6, menos oferta en 5G.

- Seguridad: aunque la seguridad en WiFi 6 es alta, la de 5G es mucho más robusta.

Especificación	WiFi 6	5G
Tecnología	WLAN.	Celular.
Cobertura	Local - Discontinua.	Nacional - Continua.
Estándar	IEEE 802.11ax.	3GPP Rel. 15 y posteriores.
Modulación	1024QAM.	256QAM.
Espectro	No licenciado.	Licenciado.
Tipos de terminales	Varios terminales empresariales (PC, proyectores, dispositivos de monitorización, etc.).	Principalmente terminales móviles, pocos dispositivos empresariales integrados con tarjetas SIM.
Seguridad	WiFi 6 es compatible con los protocolos de seguridad WPA3 para proporcionar alta seguridad.	Las conexiones celulares 5G son más seguras en comparación con las conexiones WiFi. 5G admite múltiples funciones de autenticación y administración de claves.
Gestión	Personal propio de la empresa.	Operador de telecomunicación.
Complejidad	Red muy sencilla y con pocos elementos.	Red multi *vendor* y con mucha complejidad funcional.
Coste de los despliegues	Barato.	Caro.
Aplicaciones	Interior.	Exterior.

Tabla 5.5   Comparativa de las especificaciones de WiFi 6 vs. 5G. (Fuente: `https://community.fs.com/blog/wifi-6-vs-5g.html`).

- Gestión: en WiFi 6 cada BSS tiene su propio administrador, en 5G a nivel de país lo gestiona un único operador.

- Despliegue: WiFi 6 no requiere de mucha inversión para su despliegue, en cambio, para 5G se requieren inversiones millonarias para tener una red con cobertura continua.

5.11.2. Pros y contras WiFi 6 vs. 5G

Con todos estos ingredientes podemos hacer un pequeño análisis con los pros y los contras de cada una de estas tecnologías. Aquí pueden hacerse muchas comparativas según los atributos que se analicen, pero para tener una idea genérica nos podemos apoyar en la Tabla 5.6 y tener en mente una idea general.

Pros/Contras	WiFi 6	5G
Pros	Solución inalámbrica empresarial convencional. (Espectro, terminales, despliegue fácil y flexible, mejor gestión, gastos).	Tecnología inalámbrica líder. (MIMO, latencia de servicio, *roaming* móvil, cobertura exterior).
Contras	No funciona bien en escenarios de cobertura al aire libre a gran escala. No puede cumplir los requisitos de latencia ultra-baja (<10 ms).	Mayores costes para implementaciones en interiores. Compatibilidad terminal débil. Los operadores deben participar en el despliegue de 5G.

Tabla 5.6 Pros y contras del WiFi 6 vs. 5G. (Fuente: `https://community.fs.com/blog/wifi-6-vs-5g.html`).

5.11.3. Casos de uso

Otra de las discusiones clave en estas tecnologías es en qué aplicaciones podemos usar cada una de ellas. Es evidente que cada servicio que se vaya a ofrecer sobre estas redes habrá que analizarlo en detalle y en función de sus requisitos nos podremos decantar unas veces por el WiFi 6, otras por el 5G, y habrá veces que tendremos que apoyarnos en las dos. Para tener una idea genérica que nos ayude en esta decisión podemos tener en mente los siguientes criterios:

- WiFi 6: aplicaciones de interior con muchas capacidad y densidad de terminales.
- Red 5G: aplicaciones de exterior con garantías de cobertura y movilidad.

Como se ha mencionado anteriormente, cada servicio nos impondrá sus propios requisitos y nos marcará la tecnología a elegir. Sirva como ejemplo ilustrativo de este tándem la Fig. 5.31.

5.11.4. Futuro de las redes inalámbricas

Las tecnologías WiFi 6 y 5G están preparadas para tener un profundo impacto en todos los ámbitos de la vida. Aunque algunas de las funciones y aplicaciones de WiFi 6 y 5G pueden superponerse, lo que parece que tiene más sentido es aprovechar las ventajas de ambas tecnologías, que será lo que dará más beneficios a las empresas y usuarios de los servicios.

A pesar de que 5G está creciendo de forma vertiginosa y comienza a adoptarse en algunas industrias, todavía se necesita un tiempo para que pueda aplicarse por parte de las empresas de manera madura y completa. En cambio, con la tecnología WiFi 6 ya hay muchas soluciones que se pueden aplicar de forma directa en los diferentes entornos empresariales. Esto se debe a que la adopción de la tecnología WiFi 6 es más sencilla, ya que puede desplegarse de

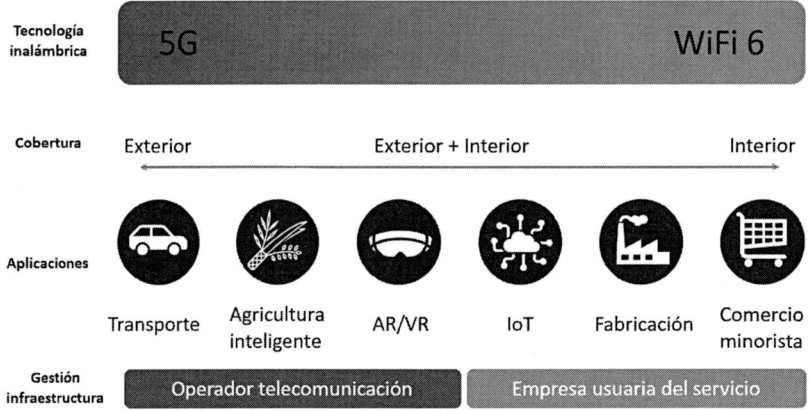

Figura 5.31   Casos de uso sobre redes WiFi 6 y 5G.

forma más rápida y económica. Por otro lado, las redes 5G ofrecen mejores prestaciones de movilidad y latencia, además de ser redes públicas de cobertura nacional. En 5G la mayor barrera de entrada es que requieren mayores inversiones para sus despliegues.

WiFi 6 y 5G tienen sus respectivos nichos de aplicaciones donde ninguno puede reemplazar al otro. La combinación de 5G con WiFi 6 será una tendencia inevitable para las redes públicas y privadas, ya que podrá ofrecer soluciones complementarias. Seleccionar la tecnología más adecuada de acuerdo con los requisitos de las aplicaciones y los entornos de aplicación ayudarán a las empresas a mejorar la eficiencia, debido a los menores costes y a la aceleración de su transformación digital. Para más información sobre estos aspectos puede consultarse el enlace: `https://community.fs.com/blog/wifi-6-vs-5g.html`.

5.12.   Conclusiones

Como conclusiones de este capítulo podemos resumir que el/la lector/lectora dispone de los conocimientos suficientes sobre:

- Redes inalámbricas, sus ventajas y sus inconvenientes.
- LAN WiFi, desde el punto de vista de su evolución, arquitectura, formas de conexión y principales parámetros de sus cabeceras.
- Protocolos en los que se apoyan las redes WiFi para hacer un uso eficiente del medio inalámbrico.
- Redes móviles celulares, sus principios de funcionamiento, sus diferentes generaciones y los servicios que estas ofrecen.
- Herramientas de análisis y gestión de redes WiFi y medidas de *performance* en redes de acceso en general.
- Visión comparativa entre las redes más recientes en WiFi (WiFi 6) frente a las redes móviles celulares (5G).

5.13.   Bibliografía

La bibliografía consultada para elaborar este capítulo ha sido la siguiente:

- *Computer networks, 6th edition* [Tanenbaum y Wetherall, 2021].
- *Computer networking: A top-down approach, 8th edition* [Kurose y Ross, 2020].
- *Telecommunication networks: protocols, modeling and analysis* [Schwartz, 1986].
- *5G mobile communications* [Xiang et al., 2016].
- *Fundamentals of 5G mobile networks* [Rodriguez, 2015].
- *5G Core Networks: Powering Digitalization* [Rommer et al., 2019].
- *IEEE 802.11 handbook: a designer's companion* [O'hara y Petrick, 2005].
- *Heterogeneous cellular networks* [Hu y Qian, 2013].
- *Absolute beginner's guide to Wi-Fi wireless networking* [Davis, 2004].
- *A Comparative Analysis of Ookla Speedtest and Measurement Labs Network Diagnostic Test (NDT7)* [MacMillan et al., 2023].
- *Analysis of 3G and 4G Broadband Services Using Speed Test Software Tools.* [Zardari et al., 2016].
- *Wireless communications & networking* [Garg, 2010].

5.14. Proyecto práctico

5.14.1. Descripción del proyecto

En este proyecto se propone analizar el tráfico de la red local WiFi donde tenemos conectado nuestro portátil y nuestro teléfono móvil. En la Fig. 5.32 se presenta la arquitectura de red

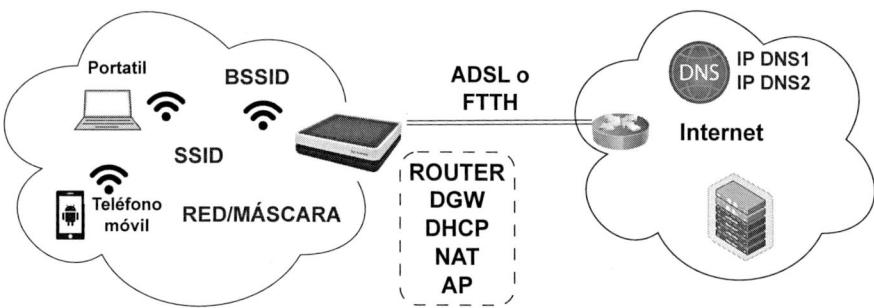

Figura 5.32   Arquitectura del proyecto práctico del capítulo 5.

a implementar para realizar este proyecto práctico.

5.14.2. Fases de ejecución

Para llevar a cabo este proyecto, el lector debe tener conectado el portátil y su teléfono móvil a una red WiFi, que puede ser la de su hogar, una biblioteca, la universidad o una cafetería. Al mismo tiempo, tiene que tener instaladas en Windows las herramientas: Microsoft Network Monitor y Wireshark.

Como vemos en la Fig. 5.32, esta es la configuración típica de una red WiFi. Tenemos nuestro mal llamado *router* de casa, que nos da por un lado el acceso a WiFi dentro del hogar y por otro nos conecta a Internet a través de la línea de cobre (ADSL) o la fibra óptica (FTTH). Decimos «mal llamado *router*» porque, aparte de las funciones de *router*, hace también funciones de DGW, servidor de DHCP, NAT y AP de WiFi. Por tanto, es más apropiado llamar a este elemento de conectividad «equipo terminal del cliente» o simplemente *gateway*.

Los pasos a seguir para realizar este proyecto son los siguientes:

1. Conecte el portátil y el teléfono móvil a la red WiFi que vaya a utilizar para el proyecto. La red WiFi se identifica por su SSID; identifique el SSID de la WiFi a la que está conectado.

2. En el portátil, en el *command prompt* de Windows, ejecute el comando 'ipconfig/all' y obtenga la IP y la MAC del portátil que tiene en su interfaz WiFi. Estas las denominaremos IP_PORTATIL e MAC_PORTATIL respectivamente.

3. Indagando en la configuración WiFi del móvil, obtenga la IP y la MAC del móvil. Aquí las identificaremos como IP_MOVIL y MAC_MOVIL.

4. Nuevamente usando el comando 'ipconfig/all' en el portátil, identifique los parámetros IP de la red WiFi; debe averiguar los siguientes y encontrar los valores IPv4 de los elementos:

   - Red.
   - Máscara.
   - DGW.
   - DNS.
   - Servidor DHCP.

   Explique detalladamente todos los valores obtenidos.

5. En el portátil, arranque la herramienta Microsoft Network Monitor, capture el tráfico de la interfaz WiFi con un filtro de captura ICMP. Dentro del *command prompt* de Windows haga un *ping* desde él al móvil y observe cómo se captura el tráfico. Una vez tenga un par de paquetes capturados, guarde la captura de paquetes para analizarla posteriormente con Wireshark. Al mismo tiempo, tome un pantallazo de la ejecución de comando *ping* y explique con detalle todo los resultados obtenidos.

6. Arranque Wireshark y abra con esta herramienta la captura de paquetes que guardó en el punto anterior. Ponga un filtro que solo muestre los *ping* (tráfico ICMP) que realizó en el punto anterior. Analice con detalles todos los paquetes mostrados por la herramienta y explique lo que sucede.

7. Analice uno de los paquetes de ida, es decir, desde el portátil al móvil (*ping request*) y muestre el detalle de la cabecera IEEE 802.11, donde se vean como mínimo las cuatro MAC: DA, SA, RA, TA. Comente todos los resultados obtenidos.

8. Analice uno de los paquetes de vuelta, es decir, desde el móvil al portátil (*ping reply*) y muestre el detalle de la cabecera IEEE 802.11, donde se vean como mínimos las cuatro MAC: DA, SA, RA, TA. Comente los resultados obtenidos.

9. Con los datos del punto 7 y 8 (basta con uno de los dos), identifique el BSSID de la WiFi a la que está conectado.

Capítulo 6

Seguridad y evolución a IPv6

«La ciberseguridad no es solo tecnología, sino también personas»

Kevin Mitnick

6.1. Introducción

En este capítulo se abordan los conceptos de seguridad asociados a las redes de ordenadores, a la vez que la evolución que está viviendo el IP con la evolución de IPv4 a IPv6. Se empiezan poniendo en contexto las ideas generales de seguridad aplicadas a redes de ordenadores, definiendo los conceptos de ataque de seguridad y servicios de seguridad. Se continúa con el estudio de los dos métodos clásicos de cifrado, como son el simétrico y el asimétrico, poniendo de relieve las ventajas de cada uno de ellos y sus principales diferencias. Seguidamente, se estudian los mecanismos de seguridad que implementan las redes TCP/IP, tanto a nivel de aplicación como a nivel de transporte y a nivel de red. Se revisan con cierto detalle los protocolos TLS e IPSec. Posteriormente, se analizan los diferentes procedimientos para escanear puertos, tanto para TCP como UDP, mostrando las diferencias entre ellos. Se continúa estudiado uno de los elementos clave de seguridad en las redes de ordenadores, que son los *firewalls*. Aquí se describen sus funciones, los tipos que existen y cómo implementarlos mediante la funcionalidad IPTABLES. A continuación, se proponen las arquitecturas de seguridad en redes de ordenadores más típicas en el ámbito empresarial. El segundo bloque del capítulo versa sobre IPv6, donde se compara con IPV4 y se resaltan las ventajas diferenciales que aporta este nuevo protocolo de nivel de red. Se hace un estudio detallado de su cabecera y el significado de sus campos. Se continúa con el análisis de las direcciones IPv6, sus diferentes tipos, su formato y cómo se direccionan los nodos con este nuevo modelo de direccionamiento. Este capítulo termina con el estudio de cómo configurar nodos en IPv6, tanto con la herramienta Core Network Emulator como con máquinas virtuales Ubuntu. Los apartados a tratar en este capítulo serán:

- Conceptos de seguridad en redes.
- Cifrado simétrico y asimétrico.
- Mecanismos de seguridad.
- Escaneo de puertos.

- *Firewalls* e IPTABLES.
- Arquitecturas de seguridad.
- Problemas de IPv4 y evolución a IPv6.
- Direccionamiento en IPv6.
- Configuración IPv6 en nodos de red.

6.2.   Objetivos

Los objetivos de este capítulo son:

- Conocer los conceptos de seguridad en el ámbito de las redes de ordenadores.
- Estudiar los algoritmos de cifrado simétrico y asimétrico y entender las diferencias entre ellos.
- Analizar los mecanismos de seguridad que incluyen las redes TCP/IP.
- Profundizar en el escaneo de puertos e implementar *firewalls* mediante IPTABLES.
- Entender la evolución de IPv4 a IPv6 y describir las bondades de este nuevo protocolo.
- Definir las nuevas formas de direccionamiento IPv6 y entender cómo se configuran los nodos de red con estas nuevas identidades.

6.3.   Conceptos de seguridad en redes

La seguridad es un elemento clave en una red de ordenadores por las implicaciones que tiene que la información que viaja por ella pueda ser interceptada, modificada o usada con fines diferentes a los que realmente tiene. Por tanto, se van a definir los conceptos de seguridad, en qué consisten los ataques de seguridad y, finalmente, los servicios/mecanismos para protegerse de los ataques o minimizar los impactos si estos se producen.

6.3.1.   Concepto de seguridad informática

Una posible definición de lo que es la seguridad informática es: la protección otorgada a un sistema de información automatizado con el fin de alcanzar los objetivos de preservar la integridad, la disponibilidad y la confidencialidad de los recursos del sistema de información. Estos recursos incluyen el *hardware*, el *software*, el *firmware*, la información/datos y los equipos de telecomunicaciones. Además, estos tres conceptos clave tienen las siguientes definiciones:

- Integridad: protección contra la modificación o destrucción indebida de la información. Una pérdida de integridad es la modificación o destrucción no autorizada de información.
- Disponibilidad: garantizar el acceso y uso oportuno, además de confiable, de la información. Una pérdida de disponibilidad es la interrupción del acceso/uso de la información o del sistema de información.
- Confidencialidad: preservar las restricciones autorizadas sobre el acceso a la información y divulgación. Una pérdida de confidencialidad es la divulgación no autorizada de información.

Figura 6.1 Conceptos de integridad, disponibilidad y confidencialidad.

En la Fig. 6.1 se resume la relación de estos conceptos. Dentro de esta conceptualización de la seguridad de la información y las redes de ordenadores, se definen otros conceptos, como son:

- Ataque de seguridad: cualquier acción que comprometa la seguridad de la información propiedad de una organización.

- Servicio de seguridad: se trata de un servicio que mejora la seguridad de los sistemas de procesamiento de datos y las transferencias de información de una organización. Los servicios están destinados a contrarrestar, prevenir y ayudar a recuperarse de un ataque de seguridad.

6.3.2. Ataques de seguridad

Los ataques de seguridad los podemos clasificar en dos categorías:

- Ataques pasivos: intentos de extraer conocimiento o hacer uso de la información del sistema, pero sin afectar a sus recursos.

- Ataques activos: un ataque activo intenta alterar los recursos del sistema o afectar a su funcionamiento.

Los ataques pasivos son muy difíciles de detectar porque no implican ninguna alteración de los datos. Dentro de los ataques pasivos tenemos:

- Acceso a los contenidos: se basa en escuchar una conversación telefónica, leer el contenido de un mensaje de correo electrónico o el contenido de un archivo que se haya transferido por la red.

- Análisis del tráfico: analizando el tráfico, aunque esté encriptado, se podría determinar la ubicación y la identidad de los *hosts* que se comunican, la frecuencia y la longitud de los mensajes que se intercambian y de ahí extraer información relevante o confidencial.

Por otro lado, los ataques activos presentan las características opuestas. Mientras que los ataques pasivos son difíciles de detectar, los activos son más difíciles de prevenir por la amplia variedad de posibles vulnerabilidades físicas, de *software* y de red que tienen los sistemas de tratamiento y transmisión de la información. Dentro de los ataques activos tenemos:

- Enmascaramiento: tiene lugar cuando una entidad pretende suplantar la identidad de otra.

- Repetición: implica la captura pasiva de una unidad de datos y su posterior retransmisión para producir un efecto no autorizado.

- Modificación de mensajes: significa que alguna parte de un mensaje legítimo se altera, o que los mensajes se retrasan o se reordenan para producir un efecto no autorizado.

- Denegación de servicio: previene o inhibe el uso normal de un servicio de comunicaciones.

Todos estos conceptos sobre los ataques se sintetizan en la Fig. 6.2.

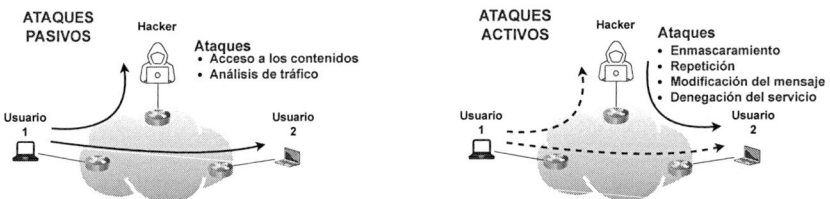

Figura 6.2   Ataques de seguridad: pasivos y activos.

6.3.3.   Servicios de seguridad

Normalmente están distribuidos en seis categorías para conseguir los objetivos de integridad, disponibilidad, y confidencialidad:

- Autenticación: el servicio de autenticación se ocupa de garantizar que una comunicación sea auténtica, es decir, que los intervinientes son realmente quienes afirman ser.

- Control de acceso: en el contexto de la seguridad de la red, el control de acceso es la capacidad de limitar y controlar el acceso a los sistemas y aplicaciones.

- Confidencialidad de los datos: la confidencialidad es la protección de los datos transmitidos contra ataques pasivos para evitar que se pueda extraer de ellos la información que transmiten.

- Integridad de los datos: consiste en garantizar que los datos lleguen al receptor tal cual han salido del emisor.

- No repudio: el no repudio evita que el emisor o el receptor denieguen un mensaje transmitido. Por lo tanto, cuando se envía un mensaje, el receptor puede constatar que el presunto remitente envió el mensaje. Del mismo modo, cuando se recibe un mensaje, el remitente puede asegurar que el supuesto receptor recibió el mensaje.

- Disponibilidad del servicio: se define la disponibilidad para que un sistema o un recurso del sistema sea accesible y utilizable bajo demanda por un sistema autorizado, de acuerdo con las especificaciones del sistema.

Todos estos servicios se ofrecen mediante unos mecanismos de seguridad que dependen del servicio que se quiera implementar. Entre los mecanismos de seguridad más comunes tenemos:

- Cifrado: el uso de algoritmos matemáticos para transformar datos en una forma que no sea inteligible. Es decir, que al leerlo no se pueda entender su contenido.

- Firma digital: se trata de incluir datos anexos, una transformación criptográfica o una unidad de datos adicional que permite al destinatario de los datos comprobar la fuente, la integridad y protegerse contra la falsificación.

- Control de acceso: se trata de unos mecanismos que verifican los derechos de acceso a los recursos.

- Integridad de los datos: son los mecanismos utilizados para asegurar la integridad de la información transmitida.

- Intercambio de autenticación: es un mecanismo destinado a garantizar la identidad de una entidad mediante el intercambio de información.

- *Traffic padding*: consiste en la inserción de bits en el flujo de datos para frustrar los intentos de análisis de tráfico.

- Control de enrutamiento: permite la selección de rutas seguras por donde se envían ciertos datos, especialmente cuando se sospecha de la existencia de una violación de la seguridad por las rutas habituales.

- Autorización por terceros: se basa en el uso de un tercer agente de confianza para asegurar ciertas propiedades de un intercambio de datos. El tercero actúa como un notario.

Llegados a este punto, solo nos falta mapear los diferentes mecanismos con los diferentes servicios de seguridad. Por tanto, los mecanismos son los que se implementan para ofrecer los servicios. Todas estas posibilidades se presentan en la Fig. 6.3.

Servicios de seguridad \ Mecanismos de seguridad	Cifrado	Firma digital	Control de acceso	Integridad de los datos	Intercambio de autenticación	Traffic Padding	Control de enrutamiento	Autorización por terceros
Autenticación	●	●			●			
Control de acceso			●					
Confidencialidad	●						●	
Integridad	●	●		●				
No repudio		●		●				●
Disponibilidad del servicio				●	●			

Figura 6.3 Relación entre servicios y mecanismos de seguridad.

6.4. Cifrado simétrico y asimétrico

Uno de los mecanismos de seguridad que se emplea en las redes de ordenadores para garantizar la confidencialidad, la autenticación y la integridad es el cifrado. Cifrar la información antes de transmitirla por el canal de comunicación consiste en transformar un mensaje a un estado ininteligible (leyéndolo no se entiende el significado) para que si es capturado por un tercero, no pueda obtener la información transmitida. Una vez el mensaje llega al receptor, tiene lugar el proceso inverso: descifrar, para poder leer el contenido del mensaje. Para estas tareas de cifrado/descifrado existen dos tipos de algoritmos: cifrado simétrico y cifrado asimétrico, que veremos a continuación.

6.4.1. Tipos de cifrado

Una forma de mantener la confidencialidad de la información es cifrar los mensajes que se envían por la red. Tenemos, de forma genérica, dos tipos de algoritmo: cifrado simétrico y cifrado asimétrico. La pregunta que subyace es la siguiente: ¿por qué no usar solo uno para todos los propósitos? Las razones son las siguientes:

- El cifrado simétrico no puede proporcionar autenticación. Dado que solo hay una clave secreta tanto para el remitente como para el receptor, no hay información suficiente para verificarla. Además, es muy difícil encontrar un método para intercambiarse la clave de forma segura. La principal ventaja es que es un algoritmo muy rápido.

- El cifrado asimétrico, mejora todos los aspectos anteriores, pero, desafortunadamente, es mucho más lento que el cifrado simétrico. El cifrado asimétrico es del orden de cien o incluso mil veces más lento que el simétrico. Claramente, este algoritmo no es adecuado para el cifrado masivo de información.

6.4.2. Cifrado simétrico

Un esquema de cifrado simétrico tiene diferentes elementos, tal y como se muestra en la Fig. 6.4.

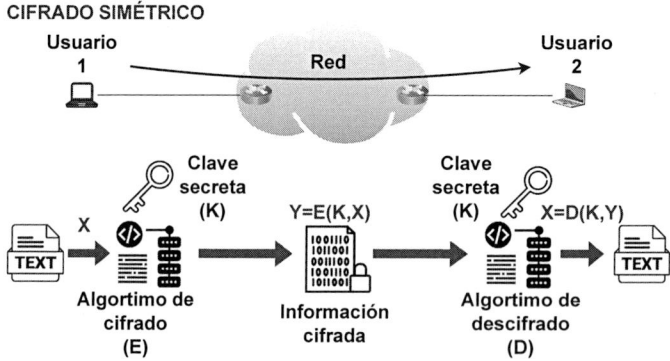

Figura 6.4   Arquitectura del cifrado simétrico.

Por tanto, los elementos de un sistema de cifrado simétrico son:

- Mensaje (X): este es el mensaje sin cifrar que se introduce en el algoritmo de cifrado como entrada.

- Algoritmo de cifrado (E): el algoritmo de cifrado realiza varias sustituciones y transformaciones en el mensaje en claro.

- Clave secreta (K): la clave es un valor independiente del mensaje en claro y del algoritmo, y también se introduce en el algoritmo de cifrado. El algoritmo generará una salida diferente dependiendo de la clave específica que se utilice en cada momento. Las sustituciones y transformaciones exactas realizadas por el algoritmo dependen de la clave.

- Mensaje cifrado (Y): este es el mensaje cifrado producido como salida. Depende del mensaje de entrada y de la clave secreta. Para un mensaje dado, dos claves diferentes producirán dos mensajes cifrados diferentes. El mensaje cifrado es aparentemente aleatorio y, en principio, ininteligible.

- Algoritmo de descifrado (D): es esencialmente el algoritmo de cifrado ejecutado a la inversa. Toma como entrada el mensaje cifrado y la clave secreta y produce el mensaje original.

Hay dos requisitos para el uso seguro del cifrado simétrico:

1. Necesitamos un algoritmo de cifrado robusto. Esto significa que el atacante debe ser incapaz de descifrar el texto cifrado o descubrir la clave, incluso si está en posesión de una serie de textos cifrados junto con el texto plano que produjo cada texto cifrado.

2. El remitente y el receptor deben haber obtenido la clave secreta de una manera segura. Si alguien puede descubrir la clave y conoce el algoritmo, toda la comunicación que utiliza esta clave resulta comprometido.

6.4.3. Cifrado asimétrico

Los algoritmos asimétricos, también denominados «criptosistemas de clave pública», se basan en una clave para el cifrado y una clave diferente, pero relacionada, para el descifrado. Estos algoritmos tienen las siguientes características:

- Es computacionalmente inviable determinar la clave de descifrado conociendo el algoritmo criptográfico y la clave de cifrado. Esto tiene la contrapartida de que el cifrado con estos algoritmos tiene un alto coste computacional.

- Además, algunos algoritmos, como RSA[1], también exhiben la característica de que cualquiera de las dos claves relacionadas se puede utilizar, para el cifrado como para el descifrado, es decir, que las claves son intercambiables.

En este contexto, las claves que utilizan estos sistemas son: una clave privada que solo conoce su propietario, y su correspondiente clave pública que, como su nombre indica, es conocida y accesible para todos los usuarios del sistema. Estas dos claves están relacionadas entre sí. Además, en términos generales, podemos clasificar el uso de los sistemas de cifrado asimétrico o criptosistemas de clave pública en tres categorías:

- Cifrado/descifrado de mensajes: el remitente cifra un mensaje con la clave pública del destinatario y el destinatario lo descifra con su clave privada.

- Intercambio de claves: dos partes cooperan para intercambiar una clave de sesión, que puede ser una clave para el cifrado simétrico. En este caso, se cifra con clave pública y se descifra con privada.

- Firma digital: el remitente «firma» un mensaje con su clave privada. La firma se realiza mediante un algoritmo criptográfico aplicado al mensaje o a un pequeño bloque de datos que es una función del mensaje. De esta forma, descifrando con su clave pública se certifica que el remitente es quien dice ser.

Por tanto, un sistema de cifrado asimétrico consta de varios elementos para llevar a cabo su cometido, tal y como se muestra en la Fig. 6.5.

---

[1]En criptografía, RSA (Rivest, Shamir y Adleman) es un sistema criptográfico de clave pública desarrollado en 1979, que utiliza factorización de números enteros. Es el primer y más utilizado algoritmo de este tipo y es válido tanto para cifrar como para firmar digitalmente. (Fuente: Wikipedia).

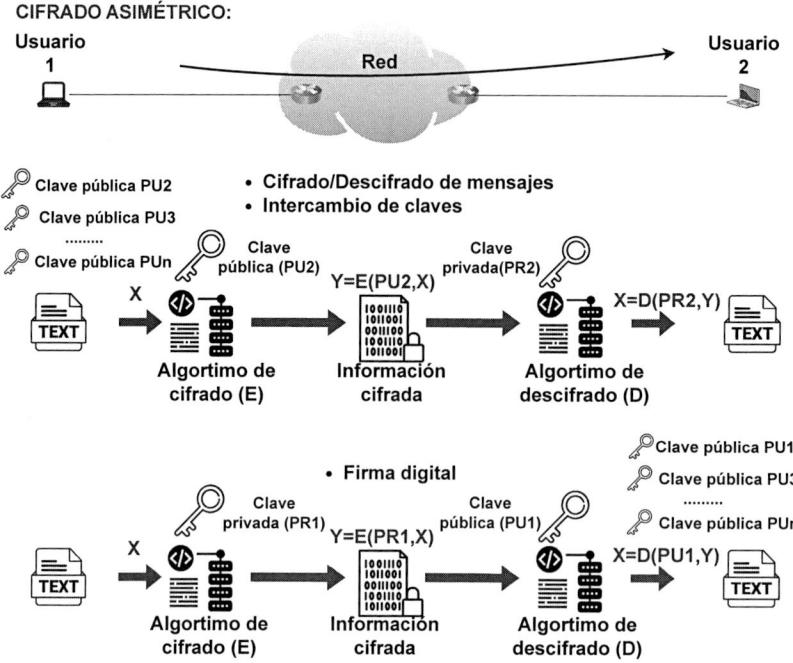

Figura 6.5 Arquitectura del cifrado asimétrico. a) Cifrado con clave pública y b) cifrado con clave privada.

Los elementos de un sistema de cifrado asimétrico son:

- Mensaje (X): este es el mensaje legible o los datos que se introducen en el algoritmo como entrada.

- Algoritmo de cifrado (E): realiza varias transformaciones al mensaje en claro para cifrarlo.

- Claves públicas y privadas (PU, PR): se trata de un par de claves que se han seleccionado para que, si una se utiliza para el cifrado, la otra se utilice para el descifrado. Las transformaciones que realiza el algoritmo dependen de la clave pública o privada que se proporcione como entrada.

- Mensaje cifrado (Y): este es el mensaje cifrado producido como salida. Depende del mensaje de entrada y de la clave. Para un mensaje dado, dos claves diferentes producirán dos mensajes cifrados diferentes.

- Algoritmo de descifrado (D): este algoritmo recibe el mensaje cifrado y, junto con la clave, recupera el mensaje original.

El modo de funcionamiento de este algoritmo se resume en:

1. Cada usuario genera un par de claves (privada y pública) que se utilizarán para el cifrado y descifrado de mensajes.

2. Cada usuario publica la clave pública en un registro accesible a los usuarios del sistema. La clave complementaria, la privada, la mantiene bien protegida. Con este mecanismo, cada usuario mantiene una colección de claves públicas de otros usuarios.

3. Si el Usuario 1 desea enviar un mensaje confidencial al Usuario 2, el Usuario 1 cifra el mensaje usando la clave pública del Usuario 2.

4. Cuando el Usuario 2 recibe el mensaje, lo descifra usando su clave privada. Otro destinatario no puede descifrar el mensaje porque solo el Usuario 2 conoce su clave privada.

6.4.4. Comparativa entre cifrado simétrico vs. asimétrico

En la Tabla 6.1 se presenta una comparativa entre ambos, que nos ayudará a terminar de consolidar los conceptos.

Característica	Cifrado simétrico	Cifrado asimétrico
Clave	Utiliza una sola clave para cifrar y descifrar datos (clave secreta).	Utiliza una clave pública para cifrar datos y una clave privada para descifrar datos.
Velocidad de proceso	Cifrado rápido.	Cifrado lento.
Tamaño de las claves	128 o 256 bits de longitud.	2048 bits o más.
Recursos	No utiliza muchos recursos.	Utiliza más recursos.
Tamaño del mensaje cifrado	El mensaje cifrado es más pequeño o del mismo tamaño que el mensaje original.	El mensaje cifrado es más grande o del mismo tamaño que el mensaje original.
Capacidades de seguridad	Proporcionan capacidad de autenticación.	Proporcionan capacidad de autenticación y no repudio.
Ejemplos de algoritmos	AES, DES, 3DES, IDEA y Blowfish.	RSA, ECC, DSA y ElGamal.
Tamaño de la información a cifrar	Óptimo para cifrar y transferir grandes cantidades de datos.	Óptimo para cifrar y transferir pequeñas cantidades de datos.
Riesgos	Robo de la clave secreta si no se gestiona correctamente.	Robo de la clave privada.

Tabla 6.1 Comparativa del algoritmo de cifrado simétrico vs. asimétrico. (Fuente: https://blog.mailfence.com/symmetric-vs-asymmetric-encryption/).

6.5. Mecanismos de seguridad

Las redes TCP/IP también implementan diferentes mecanismos de seguridad en las diferentes capas *software* que poseen. En este caso, analizaremos de forma muy somera los mecanismos de seguridad a nivel de aplicación y, luego, con mayor profundidad, porque son los más extendidos, los que se usan a nivel de transporte (TLS) y a nivel de red (IPSec).

6.5.1. Seguridad en aplicaciones cliente/servidor TCP/IP

En este libro hemos visto que la mayoría de las aplicaciones que funcionan en Internet emplean una arquitectura cliente/servidor sobre la pila de protocolos TCP/IP. En este contexto, la seguridad en este tipo de redes se aplica a tres niveles (ver Fig. 6.6):

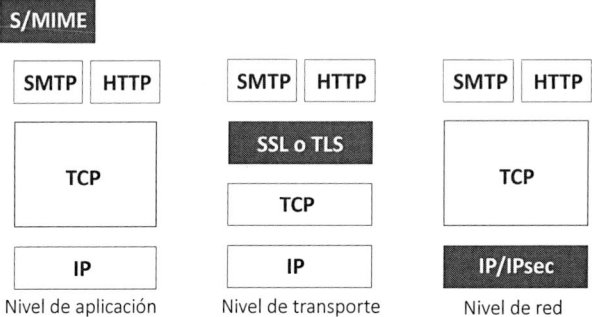

Figura 6.6 Niveles de seguridad en la pila TCP/IP.

- Nivel de aplicación: los servicios de seguridad están integrados dentro del aplicación. En la figura se muestra el ejemplo de S/MIME para el servicio de correo electrónico SMTP. La ventaja de este enfoque es que el servicio se puede adaptar a las necesidades específicas de una aplicación determinada.

- Nivel de transporte: una solución relativamente general consiste en implementar la seguridad por encima de TCP en el nivel de transporte. Los protocolos más comunes son: *Secure Sockets Layer* (SSL) y el estándar de Internet *Transport Layer Security* (TLS). Como ejemplo, podemos indicar que prácticamente todos los navegadores vienen equipados con TLS, y la mayoría de los servidores web han implementado este protocolo.

- Nivel de red (nivel Internet): otra forma de proporcionar seguridad en redes consiste en utilizar la seguridad a nivel IP (IPsec). La ventaja de usar IPSec es que es transparente para los usuarios finales y las aplicaciones, y proporciona, además, una solución de propósito general.

6.5.2. Protocolo TLS

Dentro de los protocolos de seguridad a nivel de transporte, los más empleados son SSL y TLS. El protocolo SSL *Secure Socket Layer* es el predecesor de TLS. TLS *Transport Layer Security* es un protocolo criptográfico que actúa a nivel de transporte y que proporciona comunicación segura a través de una red basada en TCP/IP que mejora las prestaciones ofrecidas por SSL. En la Fig. 6.7 se presenta la evolución histórica de estos dos protocolos, mostrando como ha evolucionado desde SSL hacia TLS.

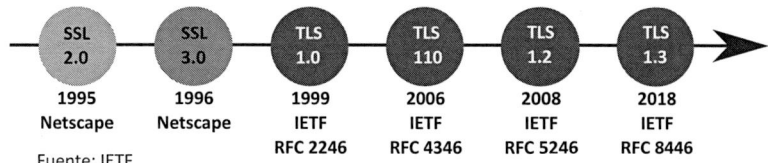

Fuente: IETF.

Figura 6.7 Evolución de los protocolos SSL y TLS.

El protocolo TLS ofrece tres servicios básicos de seguridad:

- Autenticación: verifica la identidad de las partes que se comunican, que normalmente son clientes y servidores. Con la ayuda de la criptografía asimétrica, TLS se asegura de que visitaremos el sitio web auténtico, y no uno no deseado.

- Confidencialidad: protege los datos intercambiados del acceso no autorizado cifrándolos con algoritmos de cifrado simétrico.

- Integridad: reconoce cualquier alteración de los datos durante la transmisión comprobando un código de autenticación del mensaje.

Con estas características, el protocolo TLS se emplea de forma general en el servicio WEB; todos los servidores web que ofrecen HTTPS están protegidos por TLS. El correo electrónico con protocolo SMTPS y el servicio de transferencia de ficheros FTPS también se apoyan en TLS. El primero combina SMTP+TLS y el segundo FTP+TLS. Muchas otras aplicaciones (como LDAP, IMAP, POP3, etc.) se apoyan también en TLS para garantizar una comunicación más segura sobre redes TCP/IP. Todos estos conceptos se resumen en la Fig. 6.8.

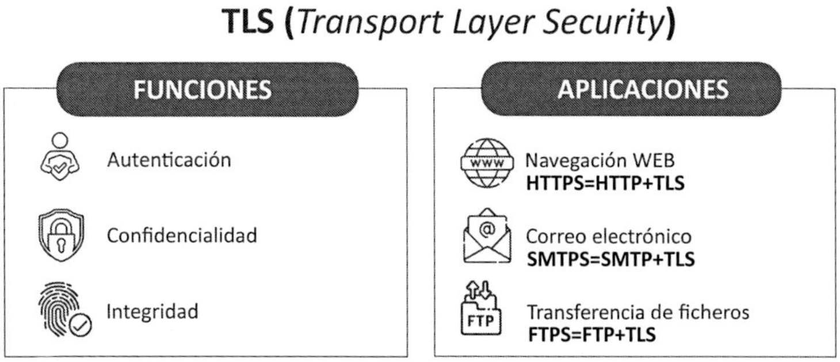

TLS (*Transport Layer Security*)

FUNCIONES	APLICACIONES
Autenticación	Navegación WEB **HTTPS=HTTP+TLS**
Confidencialidad	Correo electrónico **SMTPS=SMTP+TLS**
Integridad	Transferencia de ficheros **FTPS=FTP+TLS**

Figura 6.8 Funciones y aplicaciones del protocolo TLS. (Fuente: `https://dev.to` `/techschoolguru/a-complete-overview-of-ssl-tls-and-its-cryptographic` `-system-36pd`).

Básicamente, TLS consta de dos protocolos:

- *Handshake protocol*. En esta fase, el cliente y el servidor:
    - Negocian la versión del protocolo.
    - Seleccionan el algoritmo cifrado.
    - Se autentican entre sí mediante criptografía asimétrica.

- Establecen una clave secreta compartida que se utilizará para el cifrado simétrico en la siguiente fase.

Por tanto, el objetivo principal del *handshake protocol* es la autenticación y el intercambio de claves.

- *Record protocol.* En esta fase:
  - Todos los mensajes salientes se cifran con la clave secreta establecida en el *handshake protocol* (fase anterior).
  - Luego, los mensajes cifrados se transmiten al otro extremo.
  - Se verificará que no hay modificación de la información durante la transmisión.
  - Se descifrarán con la misma clave secreta simétrica.

Finalmente, conseguimos tanto la confidencialidad como la integridad con el protocolo *record protocol.*

Todas estas fases del protocolo TLS se presentan en la Fig. 6.9.

Figura 6.9   Fases de los protocolos TLS: *handshake protocol* y *record protocol.* (Fuente: `https://dev.to/techschoolguru/a-complete-overview-of-ssl-tls-and-i ts-cryptographic-system-36pd`).

6.5.3. IPSec

Desarrollado por el grupo de trabajo de ingeniería de Internet (IETF) en la década de 1990 y utilizado en VPN[2], IPsec es un conjunto de protocolos que protege las conexiones de Internet en la capa de red. Lo hace proporcionando cifrado, autenticación e integridad de datos.

Una red privada virtual, o VPN, es un servicio que crea una red privada dentro de una red pública como Internet. Las soluciones VPN logran esto a través de un proceso conocido como túnel. Es una técnica en la que los paquetes originalmente destinados a una red privada se encapsulan (túnel) para que puedan atravesar una red pública. Aunque el túnel por sí solo ya puede crear una VPN y proporcionar alguna forma de privacidad, no ofrece suficiente protección contra las amenazas actuales, como los ataques *man in the middle.* Por tanto, una VPN necesita mecanismos de seguridad como cifrado y autenticación para robustecer

---

[2]Una red privada virtual (RPV) (en inglés, *virtual private network*, VPN) es una tecnología de red de ordenadores que permite una extensión segura de la red de área local (LAN) sobre una red pública o no controlada como Internet. (Fuente: Wikipedia).

la conexión. Hoy en día, la mayoría de las soluciones VPN admiten estas capacidades de seguridad y, de estas soluciones, las VPN IPsec son posiblemente las más populares.

Como su nombre indica, una VPN IPsec es una VPN que aprovecha los protocolos IPsec para garantizar la seguridad. Las VPN IPsec utilizan algoritmos criptográficos para proporcionar confidencialidad, autenticación e integridad de datos, así como un contador y una secuenciación de números para detectar paquetes reproducidos. En la Fig. 6.10 se presentan estas ideas.

Figura 6.10 Concepto de VPN IPSec.

IPSec no es solo un protocolo, sino que más bien contiene varios protocolos: el protocolo de encabezado de autenticación IP (AH, *Authentication Header Protocol*), el protocolo de carga útil de seguridad de encapsulación (ESP, *Encapsulation Security Payload Protocol*), el protocolo de intercambio de claves de Internet (IKE, *Internet Key Exchange Protocol*) y la asociación de seguridad de Internet y el protocolo de administración de claves (ISAKMP, *Internet Security Association and Key Management Protocol*).

Veamos una descripción somera de cada uno de ellos:

- Protocolo AH: definido en la RFC 4302, proporciona autenticación de origen e integridad de datos. Debido a que este protocolo IPSec no admite el cifrado, muchas organizaciones lo consideran obsoleto y usan ESP en su lugar.

- Protocolo ESP: está especificado en la RFC 4303, proporciona cifrado de carga útil de paquetes, además de autenticación e integridad de datos. ESP no proporciona protección de integridad al encabezado IP externo; por eso muchas organizaciones prefieren este protocolo IPSec sobre AH, debido a sus capacidades de cifrado de carga útil de paquetes.

- Protocolo IKE: definido en la RFC 7296, el protocolo de intercambio de claves de Internet (IKE) es el principal responsable de la negociación, creación y administración de asociaciones de seguridad. Una asociación de seguridad (SA) es un conjunto de parámetros que definen la seguridad IPsec y otras funcionalidades pertinentes para dos partes que intentan establecer una conexión IPsec común.

- Protocolo ISAKMP: especificado en la RFC 2408, es un marco para la autenticación y el intercambio de claves. Define los procedimientos, así como los formatos de paquetes involucrados en la construcción, negociación, cambio y terminación de SA.

Las VPN IPSec se pueden implementar mediante algunas de las siguientes arquitecturas:

- IPSec modo túnel: el modo túnel es el más utilizado de los dos y es el modo predeterminado. En este modo, AH o ESP crean un nuevo encabezado IP cuando encapsulan un paquete. Este nuevo encabezado IP contiene las direcciones IP de origen y destino de los puntos finales involucrados en el túnel, ya sean puertas de enlace, clientes o *hosts*.

- IPSec modo transporte: a diferencia del modo túnel, AH y ESP no tienen que crear un nuevo encabezado IP cuando encapsulan un paquete en modo de transporte. El modo de transporte simplemente utiliza el encabezado IP original. Por este motivo, este modo es el mejor para implementaciones de la arquitectura de *host* a *host*, porque tiene comunicación directa entre los dos extremos y no tiene que cambiar las direcciones IP en el encabezado IP.

Ambas arquitecturas de presentan en la Fig. 6.11 considerando el protocolo ESP.

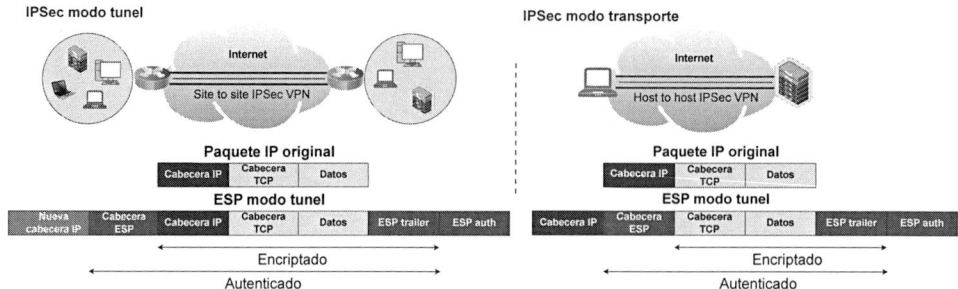

Figura 6.11   Arquitecturas IPSec: IPSec modo túnel e IPSec modo transporte.

Para más información sobre IPSec, pueden consultarse los siguientes enlaces: `https://tech genix.com/what-is-ipsec-internet-protocol-security/` y `https://networklessons.c om/cisco/ccie-routing-switching/ipsec-internet-protocol-security`.

6.6.   Escaneo de puertos

Antes de estudiar los *firewalls*, que son elementos fundamentales para securizar las redes de ordenadores, repasaremos y analizaremos con mayor profundidad los mecanismos de escaneo de puertos. Estos métodos son clave para detectar vulnerabilidades en los servidores y también como ayuda para comprobar si los *firewalls* que incluyamos en nuestras redes están funcionando correctamente. En este caso, se estudiarán los métodos de escaneo de puertos TCP y también los UDP.

6.6.1.   Escaneo de puertos TCP

En el ámbito del escaneo de puertos TCP los más frecuentes son: TCP SYN Scan (*Half Open Scan*) y el TCP Connect Scan (*Full Open Scan*). Estos se representan en la Fig. 6.12.

Cada uno de estos escaneos tiene las siguientes características:

- TCP SYN Scan (*Half Open Scan*): el escaneo SYN es la opción de escaneo predeterminada y más popular. Se puede realizar rápidamente, escaneando miles de puertos por segundo en una red rápida no obstaculizada por *firewalls*. También, es relativamente discreto y sigiloso, ya que nunca completa las conexiones TCP.

  Los comandos para escanear los puertos en modo TCP SYN Scan (opción -sS) con la herramienta nmap son:

  nmap [host] -sS (escanea los 1000 puertos más populares).

  nmap [host] -p [p1] -sS (escanea el puerto p1).

  nmap [host] -p [p1-p2] -sS (escanea del p1 hasta el puerto p2).

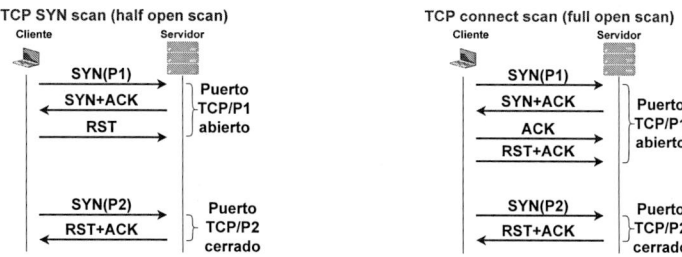

Figura 6.12 Procedimientos de escaneo de puertos TCP.

- TCP Connect Scan (*Full Open Scan*): el análisis de conexión TCP es el tipo de análisis TCP predeterminado cuando el análisis SYN no es una opción. En este caso, el sistema completa las conexiones a los puertos de destino abiertos en lugar de realizar el restablecimiento medio abierto que realiza el análisis SYN. Esto no solo lleva más tiempo y requiere más paquetes para obtener la misma información, sino que es más probable que las máquinas de destino registren la conexión.

  Los comandos para escanear los puertos en modo TCP Connect Scan (opción -sT) con la herramienta nmap son:

  nmap [host] -sT (escanea los 1000 puertos más populares).

  nmap [host] -p [p1] -sT (escanea el puerto p1).

  nmap [host] -p [p1-p2] -sT (escanea del p1 hasta el puerto p2).

6.6.2. Escaneo de puertos UDP

En UDP el método tradicional es el UDP Scan, que se muestra en la Fig. 6.13.

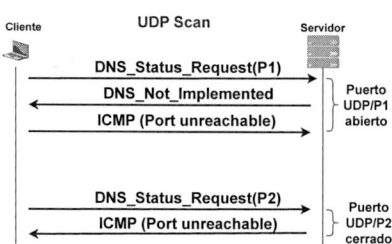

Figura 6.13 Procedimientos de escaneo de puertos UDP.

La filosofía de escaneo UDP Scan es la siguiente:

- UDP Scan: mientras que los servicios más populares en Internet se ejecutan a través del protocolo TCP, los servicios UDP se emplean también para servicios como: DNS, SNMP y DHCP (puertos registrados 53, 161/162 y 67/68). Un servicio responderá con un paquete UDP para indicar que está abierto. Si no se recibe respuesta después de las retransmisiones, el puerto se clasifica como *open/filtered*. Si se devuelve un error ICMP inaccesible (tipo 3, código 3), el puerto está cerrado. Otros errores ICMP inaccesibles (tipo 3, códigos 0, 1, 2, 9, 10 o 13) marcan el puerto como filtrado.

Los comandos para escanear los puertos en modo UDP Scan (opción -sU) con la herramienta nmap son:

nmap [host] -sU (escanea los 1000 puertos más populares).

nmap [host] -p [p1] -sU (escanea el puerto p1).

nmap [host] -p [p1-p2] -sU (escanea del p1 hasta el puerto p2).

6.6.3. Legalidad en el escaneo de puertos

Se deja como material para reflexionar sobre ello el siguiente enlace: `https://www.ionos.es` `/digitalguide/servidores/know-how/principios-basicos-y-legales-del-escaneo-d` `e-puertos/` donde, aparte de explicar los comandos de la aplicación nmap con mayor detalle, nos avisa de la importancia de no hacer escaneos masivos a servidores públicos o entidades que no son de nuestra propiedad. Es importante tener en cuenta esta consideración, ya que este tipo de prácticas pueden considerarse como ataques tipo DDoS a dichos servidores.

6.7. *Firewalls* e IPTABLES

Un *firewall* es un elemento fundamental de cara a garantizar la seguridad en las redes de ordenadores por su capacidad de aislar redes y filtrar flujos de tráfico. En este sentido, se estudiarán los conceptos generales asociados a los *firewalls* y, de manera particular, cómo implementarlos con la funcionalidad IPTABLES.

6.7.1. Concepto de *firewall*

Los *firewalls* son dispositivos de *hardware* dedicado que se disponen estratégicamente en una red, o que se ejecutan como *software* en cualquier *host* o *router*. El *router* de tu proveedor de Internet (ISP) lo más probable es que incluya también un *firewall*. Los sistemas operativos, contienen de manera genérica un *firewall*.

Un *firewall* inspecciona paquetes IP y los filtra según unas reglas preestablecidas. Este elemento contiene políticas, que básicamente son reglas que definen qué sucede con los paquetes que cumplen ciertos criterios. Dependiendo de cómo se configuren, las políticas deciden si se descarta un paquete que proviene de Internet o si este puede alcanzar un equipo/servidor dentro de nuestra intranet. Un ejemplo podría ser permitir solo el tráfico que pertenece a las conexiones iniciadas por su equipo.

Además, un *firewall* se encarga de separar diferentes partes de una red entre sí. Por ejemplo, una configuración sencilla sería disponer un *firewall* en el único punto de conexión entre nuestra red e Internet. Esto significa que cada paquete que debe salir o entrar en nuestra red tiene que pasar a través del *firewall* y ser analizado por este. En la Fig. 6.14 se muestran estas ideas.

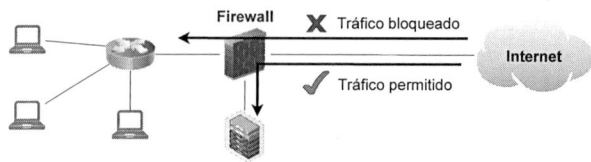

Figura 6.14 Concepto de *firewall*.

Las funciones principales de un *firewall* las podemos resumir en:

- Comprobar los paquetes que entran y salen de la red.

- Evitar que los atacantes y el tráfico no deseado entren en la red.

- Restringir qué tráfico puede salir de la red.

Además, un *firewall* normalmente trabaja sobre múltiples capas de red o de la pila TCP/IP, como son:

- Nivel enlace (nivel 2): el tráfico de red puede ser gestionado basándose en la información de esta capa, tal como direcciones MAC. Por ejemplo, en las WiFi públicas las direcciones MAC se analizan y el *firewall* decide si pasan los paquetes o los bloquea según sea esa MAC.

- Nivel red y transporte (nivel 3 y 4): considerando direcciones IP y puertos respectivamente, pueden usarse también para filtrarse el tráfico. Un ejemplo puede ser filtrar el acceso a servidores web permitiendo solo los puertos 80 (HTTP) y 443 (HTTPS).

- Nivel de aplicación: los *firewalls* también operan en las capas superiores, capa de aplicación. Esto implica analizar la parte más interna de las tramas, paquetes o segmentos y el *payload* de aplicación; esto se denomina *Deep Packet Inspection* (DPI).

6.7.2. Tipos de *firewalls*

En la Tabla 6.2 se muestra una comparativa de los dos principales tipos de *firewalls*.

Característica	*Firewall stateless*	*Firewall stateful*
Basado en reglas *Forward/Discard*	SÍ.	SÍ.
Basado en conexiones *Forward/Discard*	NO.	SÍ.
Robustez sobre ataques de *spoofing* (*)	Baja.	Alta.
Capacidad de procesamiento	Trabajan bien en escenarios de alto tráfico.	Pueden ser un cuello de botella en escenarios de alto tráfico.
Coste	Bajo.	Alto.

Tabla 6.2 Comparativa de *firewalls stateless* vs. *statefull*. (*) Concepto de *Spoofing* (Fuente: `https://www.ionos.com/digitalguide/server/security/ip-spoofin g-fundamentals-and-counter-measures/`. Fuente: `https://www.baeldung.com/c s/firewalls-stateless-vs-stateful`).

Un *firewall* puede operar en dos modos diferentes: *stateless* (sin estado) o *stateful* (con estado). Se trata de un concepto similar a los utilizados en el transporte TCP/UDP. Por tanto, se pueden definir estos dos modos de trabajo de la siguiente forma:

- *Stateless*: un *firewall stateless* (sin estado) decide si permitir o bloquear tráfico independientemente de conexiones previamente establecidas, tales como conexiones TCP.

El *firewall* no almacena información de tráfico previamente procesado. La única información que se utiliza para tomar la decisión es la información de las cabeceras e información específica de los paquetes entrantes, como puede ser interfaces, direcciones IP, protocolos de nivel 4 o puertos.

- *Stateful*: por otro lado, un *firewall stateful* (con estado) rastrea el estado de las conexiones establecidas. Este comprueba si un paquete pertenece a una conexión existente o no y, en base a eso, decide y lo permite o lo bloquea.

6.7.3.   Funcionalidad IPTABLES

Para implementar *firewalls*, en este libro nos basaremos en IPTABLES, una funcionalidad disponible en Linux (ver Fig. 6.15). Existen varias opciones: ip6tables es solo para tráfico IPv6 y para los *firewalls* en IPv4 se usa el comando iptables; ambas opciones tienen la misma sintaxis. Esta aplicación también puede realizar filtrados p. ej. a nivel 2 y 3 o ciertas propiedades de los paquetes a nivel 4. Aunque IPTABLES permite configurar *firewalls stateless* y *stateful*, en este libro solo estudiaremos la opción de IPTABLES para *stateless* e IPv4.

IPTABLES monitoriza todos los paquetes entrantes y salientes por una determinada interfaz. Dependiendo de cómo se configure esta funcionalidad, los paquetes pueden modificarse (*modified*), reenviarse (*forwarded*) o descartarse (*dropped*). Por defecto, un *firewall* no realiza ninguna acción sobre los paquetes salvo que se configure con ciertas reglas y una política por defecto. Las políticas por defecto deciden qué sucede con los paquetes que no coinciden con ninguna de las reglas configuradas explícitamente. Las dos políticas más típicas son: *blacklisting*, que permite transmitir todo lo que no está explícitamente bloqueado por una regla, y *whitelisting*, cuya función es bloquear todo lo que no está explícitamente permitido por una regla.

Como resumen de las políticas por defecto podemos decir que:

- *Blacklisting*: permite todos los casos de tráfico salvo los que estén restringidos por las reglas, esto es:
  - Estrategia de permitir por defecto; todo lo que no está explícitamente prohibido está permitido.
  - Menos segura.
  - Más fácil de configurar desde el punto de vista de la comodidad del usuario/administrador del sistema.
- *Whitelisting*: bloquea todo el tráfico salvo el que esté permitido por las reglas:
  - Estrategia de denegar por defecto; todo lo que no se permite explícitamente se deniega.
  - Mayor seguridad.
  - Más complejo de configurar para que todos los servicios necesarios funcionen.

Además, la forma en que un *firewall* gestiona un paquete se especifica mediante un conjunto de instrucciones llamadas reglas. Una regla especifica un criterio (p. ej. IP origen/destino, puerto o protocolo de transporte utilizado) y aplica ciertas acciones a todos los paquetes que las cumplan.

En IPTABLES, estas instrucciones se organizan de forma jerárquica en tres niveles:

- *Tables* (tablas): cubren las diferentes funcionalidades. IPTABLES contempla 5 tablas, pero nosotros nos centraremos solo en la *filter*, que es la típica para construir un *firewall*.

- *Chains* (cadenas): definen los flujos de tráfico. Respecto a la tabla *filter*, solo se contemplan la *INPUT, OUTPUT* y *FORWARD*, cuyo significado es el siguiente:
  - *INPUT*: son los paquetes que van dirigidos al *firewall* desde otros nodos y cuyo destino es el propio *firewall*.
  - *OUTPUT*: paquetes que genera el *firewall* hacia otros nodos.
  - *FORWARD*: paquetes que pasan a través del *firewall* (reenviados). Es tráfico originado por un nodo diferente del *firewall* y que va dirigido a nodos que no son el *firewall*.
- *Rules* (reglas): definen los criterios y qué hacer con los paquetes que cumplen con dichos criterios. Una vez que un paquete cumple la condición marcada por una regla, hay que decidir qué se hace con ese paquete. Entre las posibles acciones tenemos:
  - *DROP*: descarta el paquete.
  - *REJECT*: descarta el paquete y devuelve un error ICMP al origen.
  - *ACCEPT*: permite ese tráfico y no lo interrumpe.

Todos estos conceptos se resumen en la Fig. 6.15.

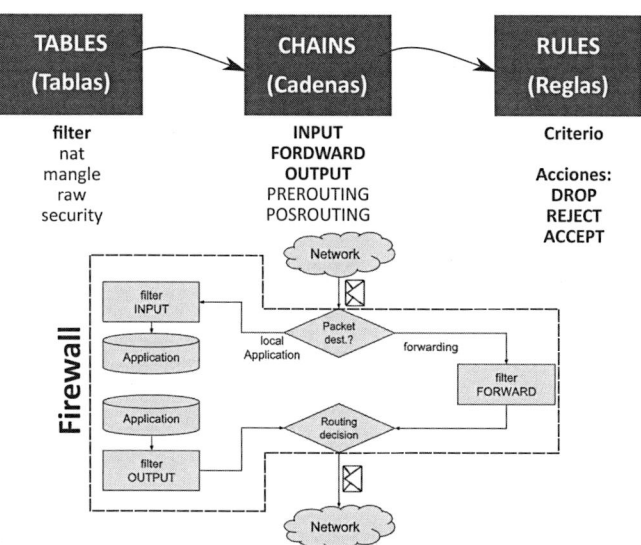

Figura 6.15   Concepto y modo de trabajo de IPTABLES. (Fuente: `https://www.edx.org/es/course/ilabx-the-internet-masterclass`).

6.7.4.   Definición de reglas con IPTABLES

Una vez tenemos clara la filosofía de trabajo de IPTABLES, veamos ahora cómo definir reglas de *firewall* con esta funcionalidad. El comando tiene la siguiente sintaxis:

iptables -t [table] -chain -rule

Es decir, indicamos sobre qué tabla queremos trabajar, en nuestro caso siempre la *filter*, qué queremos hacer sobre el flujo de tráfico (*chain*) y, finalmente, la regla (*rule*) a definir. A continuación, en la Fig. 6.16 se muestran las acciones que se pueden hacer con las cadenas y en la Fig. 6.17 se muestran los parámetros para definir las reglas.

short	long	meaning
-A chain	--append chain	**Append** the following **rule** to the end of the selected chain.
-I chain [rulenum]	--insert chain [rulenum]	**Insert** the following **rule** at a **specific position** in the chain and not necessarily at the end as with append. Without rulenumber the rule is added as first entry of the chain.
-D chain	--delete chain	**Delete** a **rule** from the selected chain. Followed either by the number of the rule to delete or its specification.
-L [chain]	--list [chain]	**Lists all rules** in selected chain. Outputs all chains (of specified table) if no specific chain is given.
-S [chain]	--list-rules [chain]	Similar to -L but a bit more compact.
-F [chain]	--flush [chain]	Flush the selected chain -> **delete all rules** in it. Flush all if no chain is given
...	...	...

Figura 6.16   Acciones a realizar sobre las cadenas. (Fuente: `https://www.edx.or g/es/course/ilabx-the-internet-masterclass`).

short	long	example	Description
-i	--in-interface	-i eth0	Packet arrived at specified interface.
-o	--out-interface	-o eth0	Packet leaving at specified interface.
-s	--source	-s 2008:db8:11::1	Packet is from specified IP address or subnet.
-d	--destination	-d 2008:db8:11::/64	Packet is for a specified IP address or subnet.
-p	--protocol	-p tcp	Packet has specified L4 protocol.
--sport	--source-port	-p tcp --sport 1024	Packet has specified source port.
--dport	--destination-port	-p udp --dport 80	Packet has specified destination port.
-m conntrack	--match conntrack	-m conntrack --cstate NEW	Packet belongs to a new connection-

Figura 6.17   Parámetros para definir reglas. (Fuente: `https://www.edx.org/es/c ourse/ilabx-the-internet-masterclass`).

Llegados a este punto, la mejor manera de entender y aprender a definir reglas con IPTA-BLES es analizarlo con el siguiente ejemplo. Supongamos que tenemos una arquitectura de red como la mostrada en la Fig. 6.18.

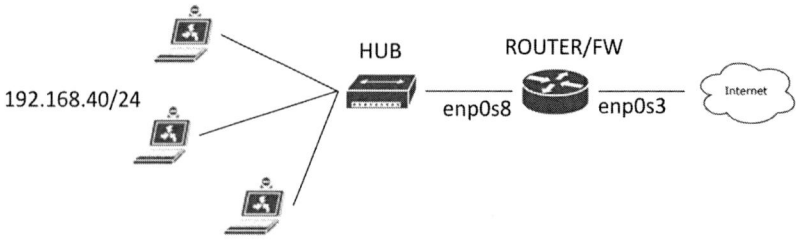

Figura 6.18   Arquitectura de ejemplo para definir reglas con IPTABLES.

En esta arquitectura tenemos los siguientes elementos:

- Una red local (LAN) con equipos definidos sobre la red 192.168.40/24.

- Un *router* que hace las funciones de *firewall* entre nuestra red e Internet.

- Y, además, queremos que el *firewall* implemente las siguientes reglas:
  - Que los equipos de la LAN puedan salir a Internet para hacer conexiones remotas SSH (puerto 22).
  - Que los equipos de la LAN puedan navegar hacia Internet vía WEB (HTTPS puerto 443).
  - Que los equipos de la LAN puedan hacer resoluciones de nombres de dominio (DNS puerto 53) en Internet.
  - El resto de los casos de tráfico deben quedar bloqueados.

Para llevar a cabo esto con IPTABLES, incluimos los siguientes comandos:

1. Bloqueamos todo el tráfico con la política de *whitelisting*, para luego ir abriendo los flujos que nos interesen. Esto se hace con el comando:

   iptables –t filter –P FORWARD DROP

2. Abrimos el flujo de SSH en sentido LAN hacia Internet. El primer comando abre el tráfico (mensajes de petición) de ida y el segundo comando abre el tráfico de vuelta (mensajes de respuesta):

   iptables -t filter -A FORWARD -s 192.168.40/24 -o enp0s3 -p tcp –dport 22 -j ACCEPT

   iptables -t filter -A FORWARD -i enp0s3 -d 192.168.40/24 -p tcp –sport 22 -j ACCEPT

3. Abrimos el flujo de HTTPS en sentido LAN hacia Internet. El primer comando abre el tráfico de ida (mensajes de petición) y el segundo comando abre el tráfico de vuelta (mensajes de respuesta):

   iptables -t filter -A FORWARD -s 192.168.40/24 -o enp0s3 -p tcp –dport 443 -j ACCEPT

   iptables -t filter -A FORWARD -i enp0s3 -d 192.168.40/24 -p tcp –sport 443 -j ACCEPT

4. Abrimos el flujo de DNS en sentido LAN hacia Internet. El primer comando abre el tráfico de ida (mensajes de petición) y el segundo comando abre el tráfico de vuelta (mensajes de respuesta):

   iptables -t filter -A FORWARD -s 192.168.40/24 -o enp0s3 -p udp –dport 53 -j ACCEPT

   iptables -t filter -A FORWARD -i enp0s3 -d 192.168.40/24 -p udp –sport 53 -j ACCEPT

5. Finalmente, si queremos ver las reglas definidas podemos usar el comando.

   iptables -t filter -L -v

6.8. Arquitecturas de seguridad

Una vez entendido cómo funciona un *firewall*, estudiaremos cómo usarlos para implementar diferentes arquitecturas de seguridad en un entorno empresarial. En este caso, se analizarán los conceptos de Intranet y DMZ (*Demilitarized Zone*) y se mostrarán las diferentes arquitecturas que se pueden diseñar en estos entornos.

6.8.1. Elementos de una red empresarial

Desde un punto de vista empresarial, las redes suelen dividirse en dos categorías:

- Intranet o red interna: es donde están los equipos de la empresa, como pueden ser los ordenadores portátiles de los empleados y todos aquellos servidores que estén en la propia empresa para su funcionamiento. Ejemplos de servidores pueden ser: servidores de páginas WEB, correo, bases de datos, servidores de aplicaciones, etc. Dentro de esta intranet se pueden definir, a su vez, varios segmentos: por un lado, pueden estar los equipos de los empleados y, por otro lado, los servidores. A su vez, los servidores se pueden segmentar en críticos y menos críticos, y así sucesivamente. Con estos criterios, se puede segmentar la red interna en un nuevo ámbito que se denomina DMZ.

- DMZ (*Demilitarized Zone* o zona desmilitarizada): es un nuevo segmento de la red donde pondremos solo los servidores que dan servicio al exterior, aislando, de esta forma, los servidores críticos de la empresa para que queden bloqueados ante los acceso externos.

Por otro lado, no debemos olvidar Internet en sentido amplio; supondremos que, desde esta red, vendrán todos los posibles ataques de seguridad.

6.8.2. Arquitecturas de seguridad

Teniendo en cuenta los elementos de una red empresarial, desde el punto de vista de una arquitectura de seguridad de red se pueden plantear varios escenarios, tal y como se muestra en la Fig. 6.19.

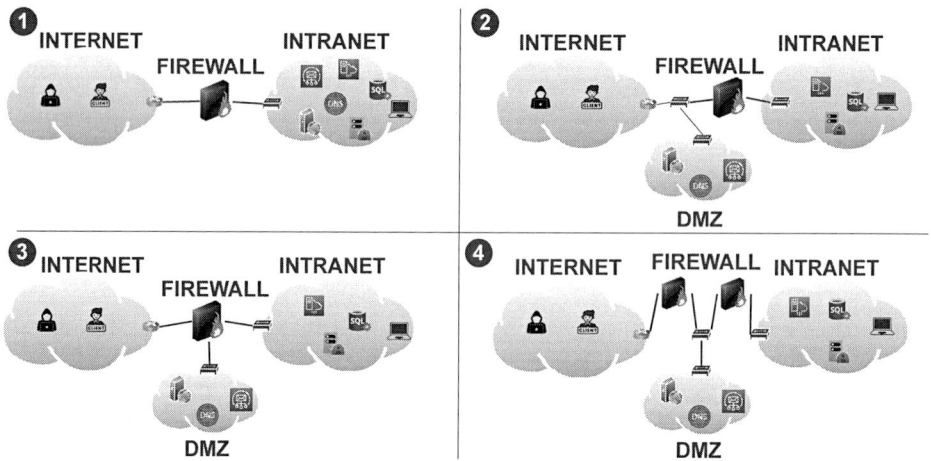

Figura 6.19 Arquitecturas de seguridad en una red empresarial. De menos segura, escenario 1, a más segura, escenario 4.

Como observamos, se han planteado cuatro escenarios que van creciendo en complejidad, a la vez que van aumentado el nivel de seguridad para los elementos de la red empresarial (Intranet y DMZ). En estos escenarios, de menor a mayor seguridad, tenemos las siguientes especificaciones:

- Escenario 1, *firewall* entre Internet e intranet: es el escenario más sencillo; el *firewall* permite solo los flujos de tráfico especificados tanto en sentido de entrada como de salida.

- Escenario 2, DMZ y *firewall* entre Internet e intranet: en este escenario, los nodos que dan servicio al exterior están en la DMZ sin protección de *firewall*, y a la intranet la protege el *firewall*.

- Escenario 3, *firewall* entre Internet, DMZ e intranet: escenario con alto grado de seguridad, ya que el *firewall* controla todos los flujos posibles de tráfico:
  - Internet – intranet
  - Internet – DMZ
  - DMZ - intranet

- Escenario 4, DMZ y doble *firewall*: es el escenario más seguro, ya que todos los flujos entre las tres redes están protegidos por *firewall*, al igual que el escenario 3; además, incluye un doble *firewall* entre Internet y la intranet.

6.9. Problemas de IPv4 y evolución a IPv6

Las redes de ordenadores y la arquitectura TCP/IP está en constante evolución. En este sentido, el nivel de Internet, o nivel de red, basado en IPv4 desde hace ya varios años muestra unas carencias que limitan el pleno desarrollo de Internet. Para afrontar este nuevo reto, aparece IPv6, que aporta nuevas funcionalidades y resuelve las carencias que presenta IPv4. En este caso, estudiaremos las limitaciones de IPv4, qué aporta IPv6 y cómo es la cabecera IPv6 que permite implementar estas nuevas funcionalidades.

6.9.1. Protocolo IPv4

Por diversas razones, IPv4 se acerca al final de su vida útil. Todavía está operativo y debe seguir funcionando en el corto plazo, pero el principal problema que encuentra es que Internet no deja de crecer. IPv4 está llegando a los límites de su capacidad, a pesar de los esfuerzos del IETF para extender su vida útil mediante distintas soluciones. Por tanto, la única forma en que Internet puede seguir creciendo es introduciendo un nuevo protocolo de capa de red que permita este crecimiento.

IPv4, que nació en la década de 1970, ha sido un protocolo increíblemente exitoso, capaz de escalar desde la conexión de cientos de *hosts* de un par de redes hasta conectar los cientos de millones de *hosts* que se estima que forman parte de la Internet global. La comunidad de Internet reconoció la necesidad inminente de una revisión de IPv4 ya a finales de la década de 1980, cuando se hizo evidente que el espacio de direcciones IP soportaría el crecimiento continuo de Internet solo durante un tiempo relativamente corto. La mayoría de las discusiones sobre IPv6 se centran en una larga lista de problemas con IPv4 y en los beneficios de IPv6 que deberían motivar a todos a usar este nuevo protocolo. Sin embargo, siendo realistas, solo hay tres problemas principales que hacen que IPv6 inevitablemente deba sustituir a IPv4:

- Direcciones: las direcciones IPv4 han sido escasas desde principios de la década de 1990, cuando las curvas de crecimiento mostraban que no habría disponibilidad antes del final de la década. Se han implantado una serie de medidas provisionales para evitar el agotamiento de direcciones; sin embargo, los expertos opinan que, si hay que emplear estas medidas, esto es indicativo de que el espacio de direcciones se ha agotado a efectos prácticos.

- Encaminamiento (*routing*): aunque IPv4 continúa resistiendo bien el paso del tiempo, las tablas de enrutamiento de Internet están creciendo a un ritmo alarmante. En este contexto, algunos expertos han sugerido que, más que cualquier escasez de direcciones, el tamaño de las tablas de enrutamiento será lo que finalmente impulsará la aceptación de IPv6.

- Extremo a extremo: una de las soluciones más controvertidos en IPv4 ha sido el uso del espacio de direcciones de red privadas y los traductores (NAT). El problema es que la naturaleza del IP extremo a extremo se rompe, ya que los nodos intermedios empiezan a cambiar cosas a medida que los paquetes se transmiten entre los nodos.

Con todo esto, IPv6 ofrece tres ventajas diferenciales sobre IPv4:

- Direcciones abundantes.
- Escalabilidad de enrutamiento.
- Soporte integral extremo a extremo.

6.9.2.   Protocolo IPv6

Además de las tres ventajas que se han señalado anteriormente que posee IPv6 sobre IPv4, podemos decir que IPv6 destaca por:

- Seguridad: la especificación IPv6 exige que los nodos habilitados para IPv6 soporten el protocolo de seguridad IP (IPsec), haciendo así nodos IPv6 más seguro que los nodos IPv4. Aunque esto parece ser una ventaja diferencial, IPSec se especifica para trabajar tanto con IPv4 como con IPv6. IPSec se implementa ampliamente bajo IPv4 y funciona igual en cualquier versión de IP.

- Autoconfiguración: IPv4 proporciona dos mecanismos para configurar nodos: configuración estática, bajo la cual se asignan a los nodos direcciones IP fijas y que no cambian con el tiempo, y configuración dinámica, donde previamente reconocidos y autorizados los nodos reciben direcciones IP a medida que las solicitan. Además, estas puede variar de una sesión a otra. Autoconfiguración dinámica para IPv4 a veces se denomina *stateful autoconfiguration*, porque se debe mantener cierta información de estado sobre los nodos configurados (especialmente las direcciones MAC). IPv6 incluye una característica denominada *stateless autoconfiguration*, que permite a los usuarios hacer *plug and play* en redes sin contacto previo con el administrador de la red y obtener su dirección IPv6.

- Movilidad: otra característica muy importante de IPv6 es su gestión de nodos IP móviles. El nodo móvil debe poder moverse desde una red a otra (es decir, cambiar el nivel físico y el de enlace) sin tener que cambiar su dirección IP.

- Prestaciones: IPv6 ofrece un mejor rendimiento en los *routers*, debido a la forma en que se encuentran las direcciones y maneja las rutas.

- Coste: mejora los costes de administración y seguridad, mejor rendimiento y menor coste para el registro real de direcciones IP.

Por tanto, hay muchas razones para migrar desde IPv4 a IPv6. Como hemos analizado, tenemos la reducción de los costes de operación, la mejora de rendimiento y una mayor seguridad, además de otras funcionalidades como el soporte de IP móvil o la interoperabilidad *plug and play*. Sin embargo, todo ello se puede relacionar directamente con la gran demanda de direcciones IP y la necesidad de crear una infraestructura de enrutamiento escalable.

6.9.3. Cabecera IPv6 vs. IPv4

En capítulos anteriores se explicó el protocolo IPv4 y describimos los campos de su cabecera. Ahora, vamos a analizar la cabecera IPv6 para conocer qué campos la componen y poder entender las similitudes y diferencias con la IPv4. En la Fig. 6.20 se presentan ambas cabeceras; apoyándonos en esta imagen, vamos a describir la IPv6.

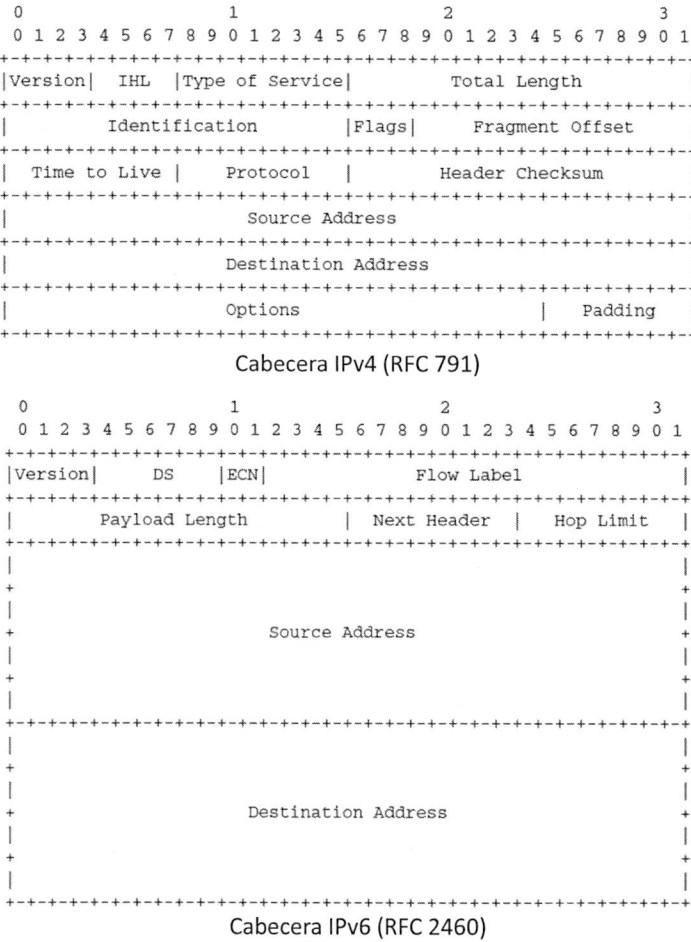

Figura 6.20 Cabecera IPv4 vs. IPv6. (Fuente: https://www.rfc-editor.org/info/rfc791 y https://www.rfc-editor.org/info/rfc2460).

Por tanto, los campos de la cabecera IPv6 son:

- *Version*: indica la versión; para IPv6 debe tener un valor igual a 6.
- *Differentiated Services* (DS): se utiliza para ofrecer calidad del servicio. Se usa para diferenciar tráficos, es decir, marcar paquetes con ciertas prioridades. Este campo también se denomina *Traffic Class*.
- ECN: se usa como indicador de notificación explícita de congestión (*Explicit Congestion Notification*).

- *Flow label*: su función es identificar paquetes que pertenecen a un mismo flujo. Un nodo puede ser el origen de más de un flujo simultáneo; por tanto, la etiqueta de flujo y la dirección del nodo origen identifica de forma única los flujos.

- *Payload length*: valor que indica la longitud de la carga útil del paquete en bytes; en otras palabras, el número de bytes contenidos en el paquete después de la cabecera IPv6.

- *Next header*: indica qué protocolo está transportando el paquete IPv6. El valor de este campo puede indicar un protocolo de capa superior como TCP/UDP, ICMP o un encabezado de extensión IPv6.

- *Hop limit*: cada vez que un nodo reenvía un paquete, disminuye este campo en 1. Si el límite de salto llega a cero, el paquete se descarta. Tiene un funcionamiento similar al TTL de IPv4.

- *Source address*: es la dirección IPv6 de 128 bits del nodo que origina el paquete.

- *Destination address*: es la dirección IPv6 de 128 bits del nodo destino del paquete. Esta dirección puede ser *unicast, multicast* o *anycast*.

Además, como se ha explicado anteriormente, las direcciones IPv4 se codifican con 32 bits y las IPv6 con 128 bits; esto nos ofrece los volúmenes de direcciones que se muestran en la Tabla 6.3:

Parámetro	IPv4	IPv6
Bits para codificar las direcciones	32	128
Volumen de direcciones	$2^{32} = 4,3 * 10^9$	$2^{128} = 3,4 * 10^{38}$
IP por superficie de la Tierra	$8,4 \ / \ km^2$	$6,7 * 10^{19} \ / \ cm^2$
Asignación	Reúso y NAT	Cada dispositivo su propia IP
Configuración	Manual o DHCP	Autoconfiguración

Tabla 6.3 Comparativa direcciones IPv4 vs. IPv6.

6.10. Direccionamiento en IPv6

Al igual que hemos estudiado en profundidad cómo se direccionan los nodos con IPv4, a continuación se vuelve a realizar el ejercicio anterior para el caso del protocolo IPv6. En este caso, analizaremos los tipos de direcciones IPv6, cómo es su formato y, finalmente, los prefijos/subtipos en que podemos dividir las direcciones IPv6.

6.10.1. Tipos de direcciones IPv6

Existen tres tipos de direcciones IPv6:

- *Unicast*: es un identificador para una sola interfaz. Un paquete enviado a una dirección *unicast* se entrega a la interfaz identificada por esa dirección.

- *Multicast*: identifica un conjunto de interfaces (normalmente pertenecientes a diferentes nodos). Un paquete enviado a una dirección de *multicast* se entrega a todas las interfaces identificadas por esa dirección.

- *Anycast*: se usa para identificar un conjunto de interfaces (normalmente pertenecientes a diferentes nodos). Un paquete enviado a una dirección *anycast* se entrega a una de las interfaces identificadas por esa dirección (la «más cercana», según la medida de distancia de los protocolos de enrutamiento).

Por tanto, en IPv6 las direcciones de *broadcast* han quedado obsoletas, y sus funciones han sido reemplazado por *multicast*. Estos conceptos sobre tipos de direcciones IP y sus funciones de cara al envío del tráfico se representan en la Fig. 6.21.

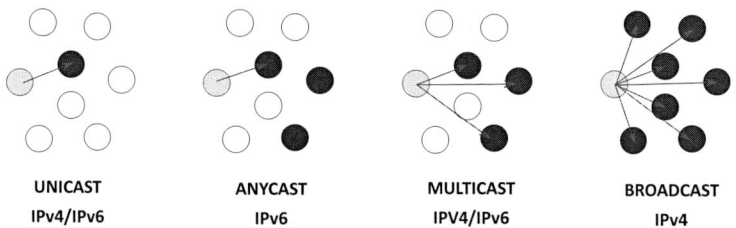

Figura 6.21 Tipos de direcciones IPv4 e IPv6.

6.10.2. Formato de direcciones IPv6

Las direcciones IPv4 se representan con cuatro valores decimales (de 0 a 255) separados por puntos, tal y como hemos estudiado a lo largo de este libro.

IPv6 Formato estándar	IPv6 Formato comprimido
1080:0:0:0:8:800:200c:417a	1080::8:800:200c:417a
ff01:0:0:0:0:0:0:101	ff01::101
0:0:0:0:0:0:0:1	::1
0:0:0:0:0:0:0:0	::

Tabla 6.4 Comparativa formato estándar vs. comprimido en las direcciones IPv6.

Por ejemplo: 192.168.1.50. Las direcciones IPv6 son cuatro veces más largas que las direcciones IPv4. En la RFC 3513, se indican tres formas para representar direcciones IPv6, aunque el método común es representarlas como una secuencia de ocho valores de 16 bits (en formato hexadecimal), separados por dos puntos:

fedc:ba98:7654:3210:fedc:ba98:7654:3210

1080:0:0:0:8:800:200c:417

Es común que ciertas direcciones IPv6 contengan largas cadenas de ceros. Con el objetivo de escribir las direcciones que contienen muchos ceros de forma más sencilla, existe una sintaxis especial para comprimir los ceros. El uso de :: indica múltiples grupos de 16 bits de ceros. El :: solo puede aparecer una vez en una dirección ya que, de otra forma, habría ambigüedades a la hora de saber el número de bits comprimidos en cada zona. En la Tabla 6.4 se muestran algunos ejemplos de uso de esta forma de comprimir las direcciones IPv6.

6.10.3. Prefijos y subtipos de direcciones IPv6

En las direcciones IPv6, la mitad es el ID de interfaz (*interface* ID), y la otra mitad identifica la red. A su vez, la parte de red consta de dos partes:

- *Global routing prefix*: los bits de orden más alto de la parte de red tienen la función de dirección como prefijo de enrutamiento externo para el IPv6 global de Internet. Estos prefijos se pueden asignar a individuos, empresas, proveedores de servicios y cualquier otra entidad que solicite una red IPv6 como espacio de direcciones. El prefijo de enrutamiento global contiene suficiente información para permitir que los paquetes se enruten al destino utilizando la dirección.

- *Subnet* ID: los bits restantes de la parte de red se utilizan para identificar subredes dentro de una red IPv6. Sin embargo, cuando un paquete se está enrutando a través de Internet IPv6 global, el *subnet* ID puede ser ignorado: se utiliza solo para fines de enrutamiento interno.

Todos estos conceptos se resumen en la Fig. 6.22.

```
|          n bits          |  m bits  |        128-n-m bits        |
+--------------------------+----------+----------------------------+
| global routing prefix    | subnet ID|        interface ID        |
+--------------------------+----------+----------------------------+
```

Figura 6.22 Prefijos de direcciones IPv6.

Por otro lado, los prefijos de direcciones IPv6 se representan de manera similar a la utilizada para direcciones IPv4 en notación CIDR, tal y como se muestra a continuación:

- Dirección del nodo: 12ab:0:0:cd30:123:4567:89ab:cdef
- Dirección de *subnet*: 12ab:0:0:cd30::/60
- Dirección conjunta: 12ab:0:0:cd30:123:4567:89ab:cdef/60

Anteriormente, hemos analizado que las direcciones IPv6 son de tres tipos: *unicast, multicast* y *anycast*. A su vez, las direcciones *unicast* se subdividen en grupos y, al mismo tiempo, cada grupo de direcciones tiene asignados unos prefijos determinados según la siguiente distribución:

- *Unicast*:
  - *Global unicast* (2000::/3): la IANA asigna las direcciones de *global unicast* y son las que utilizan los diferentes operadores dentro del ámbito de Internet.
  - *Link local* (fe80::/10): las direcciones de enlace local (*link local*) solo son válidas dentro de redes locales. Estas direcciones se utilizan para direccionar elementos dentro de una red local, así como para la autoconfiguración o la comunicación entre los dispositivos conectados a la red a través del mismo *router* para generar una dirección IPv6 global (*neighbor discovery*).

- *Loopback* (::1/128): concepto similar a 127.0.0.0/8 en IPv4. Normalmente se utiliza para probar la pila de protocolos TCP/IP de los sistemas operativos.

- *Unspecified* (::/128): esta dirección solo puede ser utilizada como dirección de origen por un *host* al inicializarse antes de que se le haya asignado su propia dirección. Concepto similar a 0.0.0.0 en IPv4.

- *Unique local* (fc00::/7): estas direcciones están reservadas para uso en entornos domésticos/empresariales y no son espacio de direcciones públicas. Son las equivalentes a las direcciones privadas IPv4.

- *IPv4-mapped* (::ffff/96): son direcciones que se utilizan para incrustar direcciones IPv4 en una dirección IPv6. Un caso de uso para esto es en un escenario de transición de doble pila donde las direcciones IPv4 se pueden asignar a una dirección IPv6.

- *Multicast* (ff00::/8): estas direcciones se utilizan para identificar la multidifusión en grupos. Solo deben usarse como direcciones de destino, nunca como direcciones de origen.

- *Anycast*: una dirección *anycast* es un identificador de capa de red normalmente asignado a más de una interfaz (un conjunto de interfaces), perteneciente a diferentes nodos habilitados para IPv6. Los paquetes enviados a una dirección *anycast* se entregan a la interfaz «más cercana» identificada por esa dirección. «Más cercana» generalmente significa la que tiene la mejor métrica de enrutamiento de acuerdo con el protocolo de enrutamiento IPv6. Las direcciones *anycast* se asignan desde el espacio de direcciones *unicast*, por lo que son indistinguibles de las direcciones *unicast* globales. La configuración de la misma dirección de *unicast* más la de una interfaz la convierte en una dirección *anycast*. Los dispositivos que tienen una dirección *anycast* asignada deben configurarse explícitamente para reconocer que la dirección se utiliza para la comunicación *anycast*.

En la Fig. 6.23 se resumen todos estos conceptos, y en el siguiente enlace del RIPE: `https://www.ripe.net/participate/member-support/lir-basics/ipv6_reference_card.pdf` pueden analizarse en profundidad los rangos que asignamos.

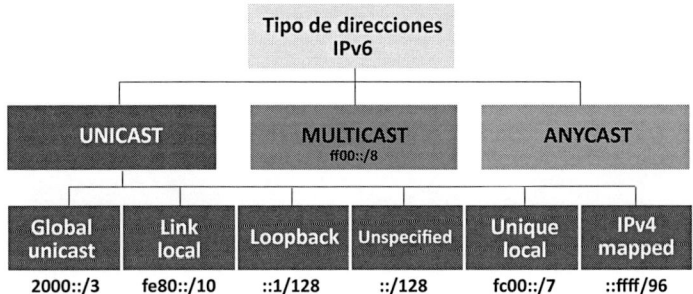

Figura 6.23 Tipos y subtipos de direcciones IPv6.

Con todas estas definiciones, lo normal es que un equipo que soporte IPv6 tenga configuradas al menos tres direcciones IPv6, que son:

- *Loopback*: la usa el sistema operativo (SO) por si es necesario chequear la pila TCP/IP.

- *Link local*: se generan normalmente a partir de la MAC y sirven para obtener la dirección *unicast* global. Es decir, sirven para la autoconfiguración y el descubrimiento de los nodos vecinos.

- *Global unicast* o *unique local*: dirección pública o privada para navegar por Internet o a través de las intranets donde esté conectado el nodo.

6.11. Configuración IPv6 en nodos de red

Un elemento que soporte IPv6 tendrá configuradas como mínimo tres direcciones IPv6; es decir, la *loopback*, la *link local* y la *global unicast/unique local*. A continuación, se explica cómo se configuran y cómo se analizan en la herramienta del laboratorio Core Network Emulator y en las máquinas virtuales Ubuntu.

6.11.1. Configuración IPv6 en Core Network Emulator

Con la herramienta Core Network Emulator, se configuran las IPv6 de los nodos de forma muy sencilla e intuitiva. Cuando se conectan los nodos entre sí, el sistema automáticamente les asigna IPv4 e IPv6 con lo que, en principio, podríamos despreocuparnos de asignar dichos valores. Aun así, la herramienta permite modificar dichas direcciones IPs a través de los menús de configuración MAC/IPv4/IPv6 de cada elemento que tengamos en nuestro diseño. Esta interfaz se muestra en la Fig. 6.24.

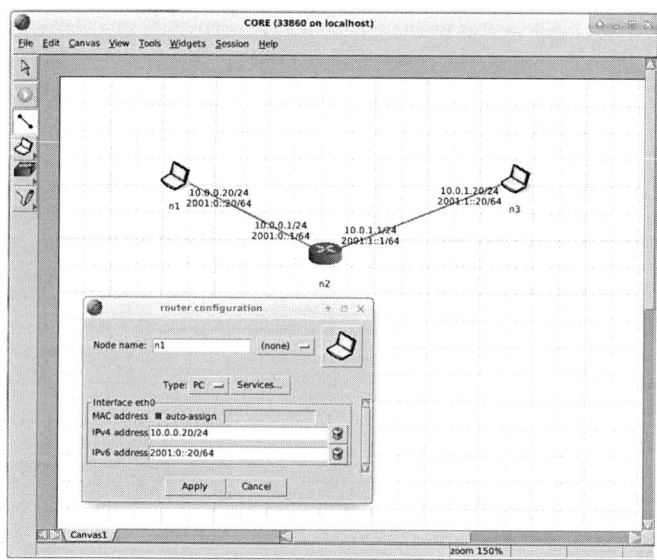

Figura 6.24 Interfaz de configuración IPv4/IPv6 de la herramienta Core Network Emulator.

Como se observa en la Fig. 6.24, al nodo n1 el sistema le asignó la IPv6 2001:0::20/64 (interfaz eth0), que se corresponde con una dirección IPv6 *global unicast*. Esta IPv6, si queremos, podemos cambiarla en este mismo formulario por cualquier otra que requiera nuestro diseño. Por otro lado, el sistema operativo ha asignado automáticamente las direcciones IPv6 de *loopback* ::1/128 (interfaz lo) y *link local* fe80::200:ff:feaa:0/64 (interfaz eth0). Estos datos se muestran en la consola del n1 con comando ip a (Ver Fig. 6.25).

Por último, podemos comprobar la conectividad IPv6 entre el nodo n1 y el nodo n2 haciendo un *ping* con sus direcciones *global unicast* y verificando que hay una respuesta satisfactoria,

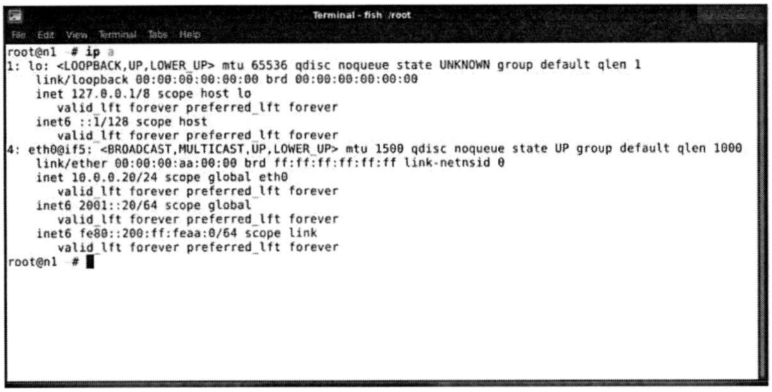

Figura 6.25 Resultado del comando ip a en la consola del nodo n1.

como se muestra en la Fig. 6.26.

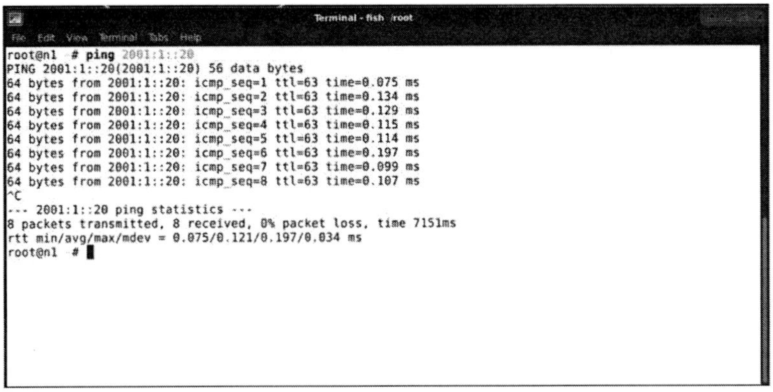

Figura 6.26 Respuesta al comando ping entre n1 y n2.

6.11.2. Configuración IPv6 en máquinas virtuales Ubuntu

Para configurar nuestras máquinas virtuales Ubuntu con IPv6, el procedimiento es bastante sencillo. Basta con abrir la aplicación de configuración, ir a la parte de configuración IPv6 de red e introducir ahí los datos correspondientes, como se muestra en la Fig. 6.27. Para explicar el procedimiento, vamos a configurar dos máquinas virtuales Ubuntu de ejemplo con direcciones IPv6 *unique local* (IP privadas). Estas direcciones deben estar en el rango fc00::/7. Con esto, asignamos a nuestras dos máquinas virtuales, mediante la interfaz explicada anteriormente, las siguientes IPv6:

- MVREOR1:fc:0:0:10:0:0:0:10/64=fc:0:0:10::10/64
- MVREOR2:fc:0:0:10:0:0:0:20/64=fc:0:0:10::20/64

Por otro lado, sabemos que el sistema operativo asigna de forma automática las IPv6 de *loopback* y *link local*. Una vez configurado, con el comando ip a en cada una de las máquinas

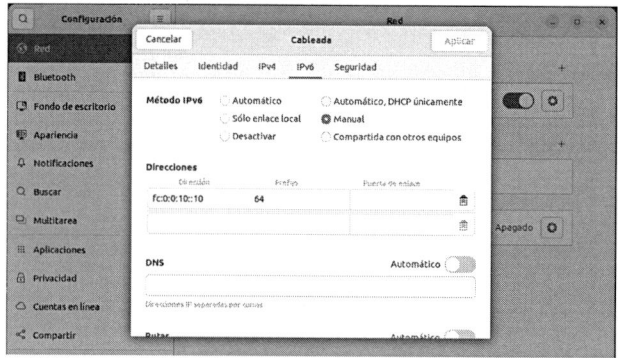

Figura 6.27   Interfaz de configuración IPv6 en máquinas Ubuntu.

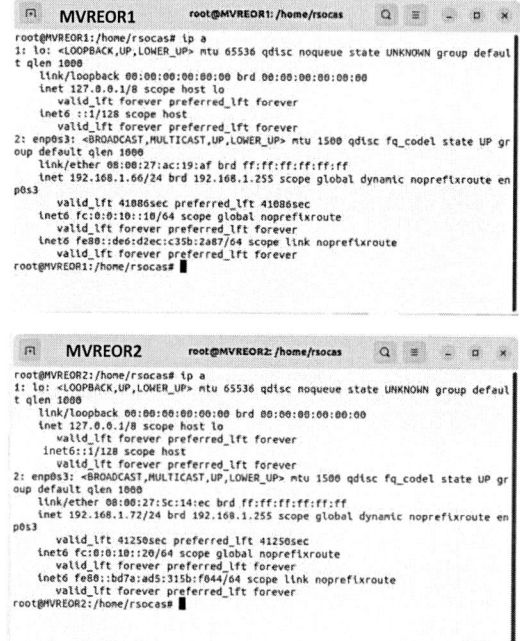

Figura 6.28   Configuración de las máquinas Ubuntu MVREOR1 y MVREOR2.

virtuales, podemos comprobar la configuración IPv6 resultante. En la Fig. 6.28 se muestra el resultado obtenido en cada una de las máquinas usadas en este ejemplo.

Analizando los resultados que presenta el comando en las figuras anteriores tenemos:

- MVREOR1:
  - *loopback*: ::1/128 (interfaz lo)
  - *link local*: fe80::de6:d2ec:c35b:2a87/64 (interfaz enp0s3)
  - *unique local*: fc:0:0:10::10/64 (interfaz enp0s3)
- MVREOR2:

- *loopback*: ::1/128 (interfaz lo)
- *link local*: fe80::bd7a:ad5:315b:f044/64 (interfaz enp0s3)
- *unique local*: fc:0:0:10::20/64 (interfaz enp0s3)

Ya como último paso, simplemente hacemos un *ping* entre las máquinas virtuales (desde MVREOR1 hacia MVREOR2) para verificar que existe la conectividad entre las máquinas sobre IPv6. El resultado se muestra en la Fig. 6.29.

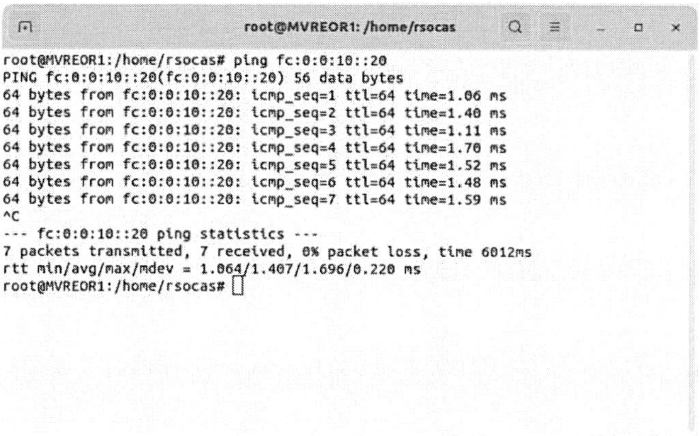

```
root@MVREOR1:/home/rsocas# ping fc:0:0:10::20
PING fc:0:0:10::20(fc:0:0:10::20) 56 data bytes
64 bytes from fc:0:0:10::20: icmp_seq=1 ttl=64 time=1.06 ms
64 bytes from fc:0:0:10::20: icmp_seq=2 ttl=64 time=1.40 ms
64 bytes from fc:0:0:10::20: icmp_seq=3 ttl=64 time=1.11 ms
64 bytes from fc:0:0:10::20: icmp_seq=4 ttl=64 time=1.70 ms
64 bytes from fc:0:0:10::20: icmp_seq=5 ttl=64 time=1.52 ms
64 bytes from fc:0:0:10::20: icmp_seq=6 ttl=64 time=1.48 ms
64 bytes from fc:0:0:10::20: icmp_seq=7 ttl=64 time=1.59 ms
^C
--- fc:0:0:10::20 ping statistics ---
7 packets transmitted, 7 received, 0% packet loss, time 6012ms
rtt min/avg/max/mdev = 1.064/1.407/1.696/0.220 ms
root@MVREOR1:/home/rsocas#
```

Figura 6.29 Respuesta al comando *ping* entre las máquinas MVREOR1 y MVREOR2.

6.12. Conclusiones

Como conclusiones de este capítulo podemos resumir que el/la lector/lectora dispone de los conocimientos suficientes sobre:

- Conceptos de seguridad en redes de ordenadores, ataques y mecanismos de seguridad.
- Métodos de cifrado simétrico y asimétrico.
- Los diferentes mecanismos de seguridad que implementan las redes TCP/IP.
- Diferentes métodos para escanear puertos tanto TCP como UDP.
- Conceptos sobre *firewalls* e implementación práctica mediante IPTABLES.
- Arquitecturas de seguridad empresarial.
- Problemas del IPv4 y aportaciones del IPv6.
- Direccionamiento y configuración de nodos en IPv6.

6.13. Bibliografía

La bibliografía consultada para elaborar este capítulo ha sido la siguiente:

- *Computer networks, 6th edition* [Tanenbaum y Wetherall, 2021].
- *Computer networking: A top-down approach, 8th edition* [Kurose y Ross, 2020].

- *Cryptography and network security: principles and practice, 8th edition* [Stallings, 2022].

- *Linux iptables Pocket Reference: Firewalls, NAT & Accounting* [Purdy, 2004].

- *Linux Firewalls: Attack Detection and Response* [Rash, 2007].

- *Introduction to computer networks and cybersecurity* [Wu y Irwin, 2016].

- *IPv6 essentials* [Hagen, 2006].

- *Networking bible* [Sosinsky, 2009].

- *Computer network security* [Kizza, 2005].

- *IP routing* [Malhotra, 2002].

- *IPv6 networks* [Goncalves, 2002].

- *IPv6 security* [Hogg y Vyncke, 2008].

- *Network security architectures* [Convery, 2004].

6.14. Proyecto práctico

6.14.1. Descripción del proyecto

En este proyecto se propone diseñar un *firewall* basado en IPTABLES que proteja las comunicaciones entre Internet, DMZ e intranet. Para llevarlo a cabo, usaremos la herramienta Core Network Emulator con una configuración como la mostrada en la Fig. 6.30, donde se presenta la arquitectura de red a implementar.

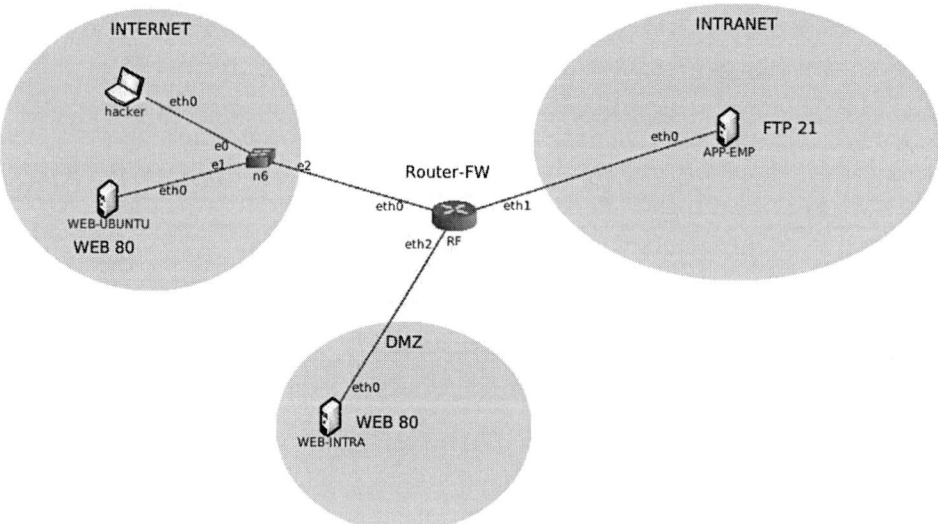

Figura 6.30   Arquitectura del proyecto práctico del capítulo 6.

6.14.2. Fases de ejecución

Como se observa en la Fig. 6.30, tenemos una estructura típica de red de seguridad empresarial compuesta por la intranet, la DMZ e Internet. Los componentes son los siguientes:

- Un *router* que hace a su vez las funciones de *firewall*.

- En la intranet, tenemos un servidor de FTP que hemos llamado APP-EMP.

- En la DMZ, el servidor WEB de la empresa que hemos llamado WEB-INTRA.

- En Internet, un portátil que simula a un *hacker* y un servidor WEB que utiliza nuestro servidor WEB de la DMZ para descargarse las actualizaciones de *software*. Este servidor en Internet lo hemos llamado WEB-UBUNTU.

Los pasos a seguir para realizar este proyecto son los siguientes:

1. La intranet tiene definida la red IPv4 192.168.20/24. Con estos datos, asigne las IP correspondientes a la interfaz eth1 del *router* y al servidor APP-EMP. Al mismo tiempo, active el servicio de FTP en el servidor APP-EMP.

2. La DMZ tiene definida la red IPv4 192.168.10/24. Con estos datos, asigne las IP correspondientes a la interfaz eth2 del *router* y al servidor WEB-INTRA. Al mismo tiempo, active el servicio HTTP en el servidor WEB-INTRA.

3. Internet tiene definida la red IPv4 80.20.30/24. Con estos datos, asigne las IP correspondientes a la interfaz eth0 del *router*, al portátil del *hacker* y al servidor WEB-UBUNTU. Al mismo tiempo, active el servicio HTTP en el servidor WEB-UBUNTU.

4. Una vez que tenga configuradas todas las IPv4, capture un pantallazo del esquema de red donde se vean bien las IP definidas y explique detalladamente esta arquitectura.

5. Con las configuraciones anteriores, arranque la simulación y haga un *ping* desde el *hacker* hacia el servidor APP-EMP y desde el *hacker* hacia WEB-INTRA y demuestre que tiene conectividad. Analice el resultado de los *ping* y explique detalladamente lo que observa en la consola.

6. Ahora, con la simulación arrancada, configure reglas de IPTABLES en el *firewall* con los siguientes condicionantes:

   - Se debe permitir el tráfico WEB desde Internet hacia la DMZ.

   - Se debe permitir el tráfico WEB desde la DMZ hacia Internet para poder descargar del servidor de Ubuntu las actualizaciones de *software*.

   - El resto de los casos de tráfico deben quedar bloqueados.

7. Una vez definidas las reglas anteriores, ejecute en el *router/firewall* el comando iptables -t filter -L -v y analice el resultado obtenido. Estas deben ser las reglas definidas en el *firewall*.

8. Compruebe que el *firewall* está actuando correctamente y que filtra el tráfico que hemos definido en el punto 6. Para ello:

   - Haga un *ping* desde *hacker* hacia APP-EMP; debe fallar.

   - Haga un *nmap* desde *hacker* hacia WEB-INTRA; solo debe estar abierto el puerto TCP/80.

   - Haga un *nmap* desde WEB-INTRA hacia WEB-UBUNTU; solo debe estar abierto el puerto TCP/80.

   - Haga un *ping* desde WEB-INTRA hacia APP-EMP; debe fallar.

   - Explique detalladamente todo los resultados obtenidos de los comandos anteriores.

Apéndice A

Entorno VirtualBox y SO Ubuntu

En este apéndice se describe de forma somera el entorno de trabajo VirtualBox, que nos permite crear máquinas virtuales. En este pueden definirse diferentes máquinas virtuales que pueden actuar como clientes o servidores y que serán los elementos clave para definir nuestras arquitecturas de red.

A.1. Entorno VirtualBox

El entorno VirtualBox `https://www.virtualbox.org/` es una solución de virtualización x86 y AMD64/Intel64 de la empresa Oracle para uso empresarial y doméstico. Se trata de un *software* de código abierto bajo los términos de la Licencia Pública General de GNU (GPL).

VirtualBox puede trabajar en equipos Windows, Linux, macOS y Solaris, y soporta un gran número de sistemas operativos invitados, entre los que se encuentran Windows (NT 4.0, 2000, XP, Server 2003, Vista, Windows 7, Windows 8, Windows 10, Windows 11, etc.), DOS/Windows 3.x, Linux (2.4, 2.6, 3.x y 4.x), Solaris y OpenSolaris, OS/2, y OpenBSD entre otros.

Las principales características del entorno Virtualbox se pueden resumir en:

- Portabilidad: se ejecuta en un gran número de sistemas operativos.

- *Guest additions*: carpetas compartidas, ventanas sin interrupciones, virtualización 3D.

- Soporte de *hardware* integral: *guest multiprocessing* (SMP), USB *device support, hardware compatibility, multiscreen resolutions*, etc.

- *Multigeneration branched snapshots*: Oracle VM VirtualBox puede guardar instantáneas arbitrarias del estado de la máquina virtual.

- VM *groups*: VirtualBox proporciona una función de grupos que permite al usuario organizar y controlar máquinas virtuales en grupo de forma individual.

- *Clean architecture and unprecedented modularity*: VirtualBox tiene un diseño extremadamente modular con interfaces de programación internas bien definidas y una separación del código cliente y servidor.

En la Fig. A.1 se muestra la interfaz del entorno VirtualBox. Pueden observarse las diferentes opciones disponibles, tales como:

- *New*: este botón sirve para crear una nueva máquina virtual.
- *Settings*: permite configurar una máquina existente.
- *Show/Start*: muestra una máquina ya operativa o permite arrancar una máquina que esté apagada o a la que haya que instalarle el SO.

Figura A.1   Interfaz del entorno VirtualBox.

También, en la propia interfaz, pueden verse las diferentes características (*System, Display, Storage, Audio, Network, USB, Shared folder, etc.*) de las máquinas disponibles en el entorno.

A.1.1.   Instalación del entorno VirtualBox

Dependiendo del SO donde se vaya a instalar el entorno VirtualBox, existe un procedimiento diferente. En la página de descargas https://www.virtualbox.org/wiki/Downloads (Fig. A.2) puede seleccionarse la versión más apropiada a descargar según las necesidades de uso. Una vez seleccionada, hay que proceder según indica la página o la documentación del producto para instalar la aplicación.

A.1.2.   Manual de usuario, FAQs, HOWTOs y tutoriales

Toda la documentación que ofrece Oracle para este producto puede consultarse en la página https://www.virtualbox.org/wiki/End-user_documentation donde, aparte del manual de usuario, están diponibles también las FAQs, HOWTOs y diversos tutoriales (Fig. A.3).

A.2.   MV con Ubuntu

Ubuntu https://ubuntu.com/ es una distribución de Linux basada en Debian y compuesta principalmente de *software* libre y de código abierto. Este SO ofrece tres ediciones: Desktop, Server y Core para dispositivos de Internet de las cosas y robots. Todas las distribuciones se pueden ejecutar en una máquina física o virtual. Este sistema operativo es muy popular

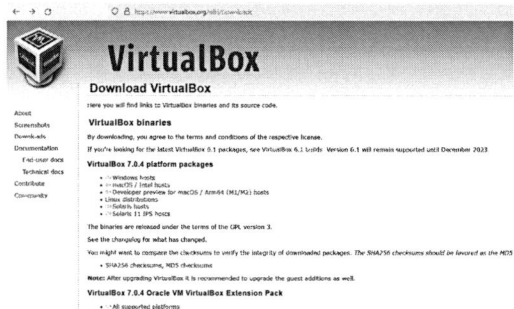

Figura A.2 Página de descargas VirtualBox.

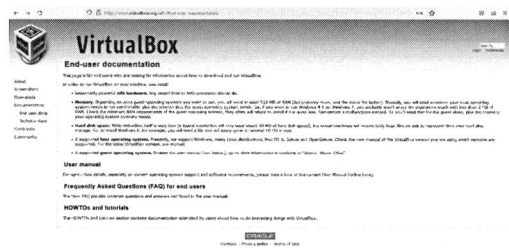

Figura A.3 Documentación VirtualBox: manual de usuario, FAQs, HOWTOs y tutoriales.

para la computación en la nube, con soporte para OpenStack. El escritorio predeterminado de Ubuntu cambió de Unity a GNOME después en 2017 en la versión 17.10.

Ubuntu libera una nueva versión cada seis meses, con lanzamientos de soporte a largo plazo (LTS) cada dos años. Este SO ha sido desarrollado por la compañía británica Canonical y por una comunidad de otros desarrolladores, bajo un modelo de gobierno meritocrático. Canonical proporciona actualizaciones de seguridad y soporte para cada versión a partir de la fecha de lanzamiento y hasta que la versión alcance su fecha designada de fin de vida (EOL).

A.2.1. Descarga e instalación en una máquina virtual

Visitamos la página de Ubuntu https://ubuntu.com/download/desktop (Fig. A.4), descargamos la versión deseada. Posteriormente, en VirtualBox creamos una nueva máquina virtual mediante el botón **New** (Fig. A.5). A continuación, se pedirán los parámetros básicos para configurar dicha máquina virtual, entre los que se encuentran:

- Seleccionar el SO, en nuestro caso Linux Ubuntu de 64 bits, Fig. A.6 a).
- Elegir el tamaño de la memoria RAM; es suficiente con 2.048 MB, Fig. A.6 b).
- Crear un disco duro, Fig. A.6 c).
- Elegir el tipo de HD; recomendable VDI, Fig. A.6 d).
- Seleccionar del modo de almacenamiento, Fig. A.6 e).
- Finalmente, se debe indicar el tamaño del HD; es suficiente con 25 GB, Fig. A.6 f).

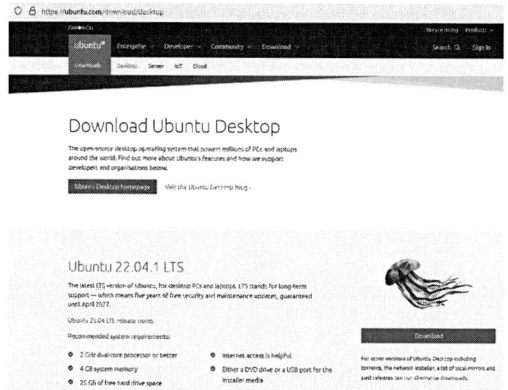

Figura A.4   Página de descargas Ubuntu.

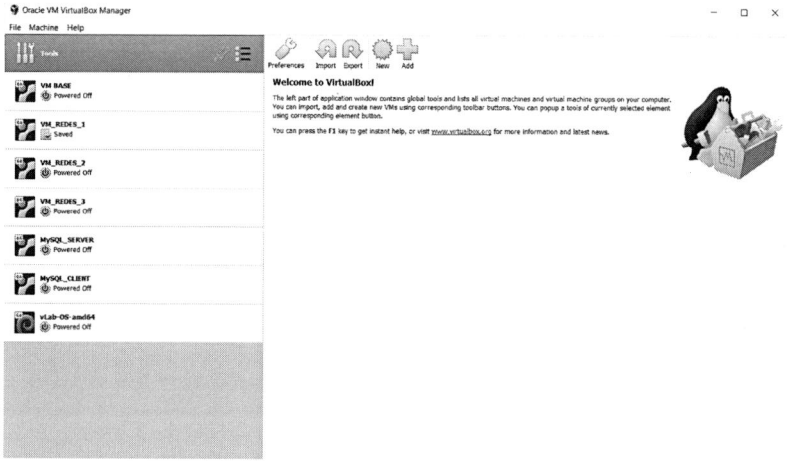

Figura A.5   Creación de una nueva máquina virtual.

Posteriormente, hay que cargar la imagen del SO en la unidad óptica de la MV. Para ello, abrimos la configuración de esta y en la parte de *storage*, seleccionamos la imagen y la asociamos a la unidad óptica (Fig. A.7).

Como último paso, ya solo falta arrancar la MV y comenzará la instalación del SO Ubuntu de forma automática. Aquí hay que seguir todos los pasos para realizar la instalación completa y las configuraciones específicas que requiera el usuario. Una vez finalizado este proceso, la MV tendrá instalado el SO Ubuntu y se podrá trabajar con ella como en cualquier PC con Linux.

A.2.2.   Documentación Ubuntu

Toda la documentación del SO Ubuntu puede consultarse en la página oficial de Ubuntu `https://help.ubuntu.com/`, donde está disponible toda la documentación del producto en formato HMTL y en PDF.

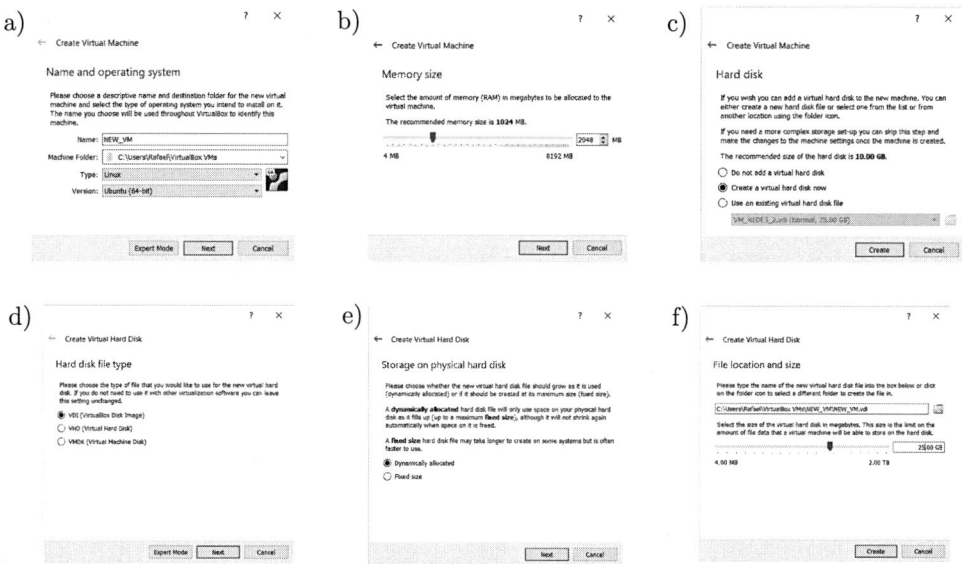

Figura A.6 Fases de la creación: a) selección SO, b) tamaño memoria RAM, c) creación de HD, d) elección tipo de HD, e) modo de almacenamiento y f) tamaño del disco.

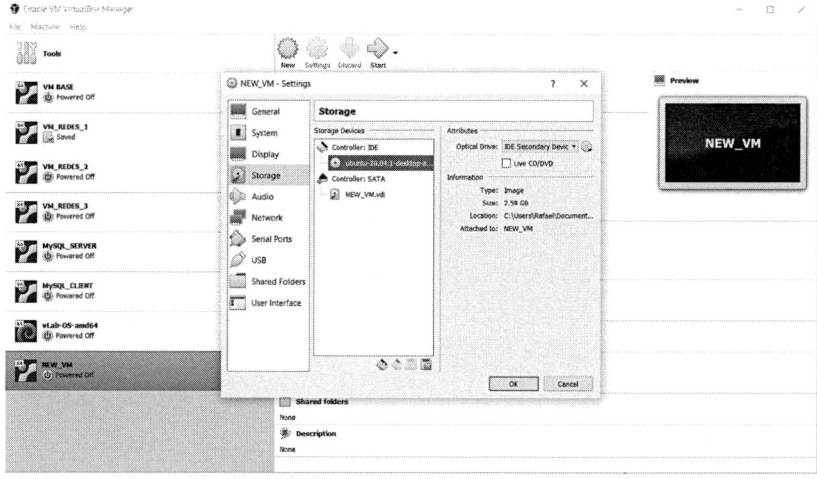

Figura A.7 Cargar la imagen del SO Linux en la unidad óptica.

Apéndice B

Entorno Core Network Emulator

En este apéndice se describe el entorno Core Network Emulator, desarrollado en la universidad de TUM `https://www.tum.de/en/news-and-events/all-news/press-releases/details/35634`, que es un magnífico laboratorio para experimentar con redes de ordenadores.

B.1. Entorno Core Network Emulator

El entorno Core Network Emulator está integrado en el laboratorio virtual vLab, que funciona sobre una máquina virtual en VirtulBox basada con la distribución Debian de Linux. Esta máquina virtual está disponible en `https://ilabxp.com/download-the-vlab/` y también en los siguientes enlaces:

- Versión de 64 bits (preferible).
  - Dropbox: `https://www.dropbox.com/s/lkfpfahxkcypbv1/vLab-OS-amd64.ova`.
  - Google Drive: `https://drive.google.com/file/d/11QiTqoOfadwSwXqZuXEpaSr LeF_5JNfe/view`.
- Versión de 32 bits.
  - Dropbox: `https://www.dropbox.com/s/rhnuoodhdac49wj/vLab-OS-i386.ova`.
  - Google Drive: `https://drive.google.com/file/d/1OXYbJGs87RB-A-GkBhKDF c64aO-bRPCF/view`.

Después, se tiene que importar el fichero en VirtualBox. Esto se puede hacer mediante *double-clicking* en el fichero (depende del sistema operativo) o a través del menú VirtualBox (File – Import Appliance – Select the downloaded vLab-OS image – Next). Una vez cargado en VirtualBox, se tiene el entorno Core Network Emulator disponible.

El Core Network Emulator dispone de infinidad de nodos y de herramientas de análisis, a la vez que está totalmente abierto a cualquier configuración de red. Dispone de nodos como *hubs*, *switches*, *routers*, equipos terminales como PC y servidores. A su vez, los servidores pueden configurarse con infinidad de servicios como DNS, FTP, HTTP y un largo etcétera. Además, el entorno de diseño de los esquemas de red es muy intuitivo y cómodo de utilizar.

Permite realizar esquemas complejos con gran infinidad de nodos sin que el rendimiento se vea afectado. En la Fig. B.1 se pueden observar estas posibilidades.

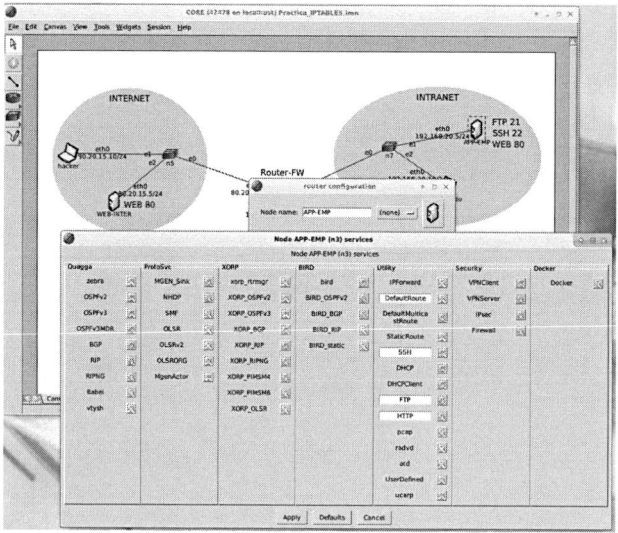

Figura B.1   Entorno de configuración.

B.2.   Simulación y análisis

Una vez tenemos implementado nuestro diseño de red, pasamos a la fase de simulación y análisis.

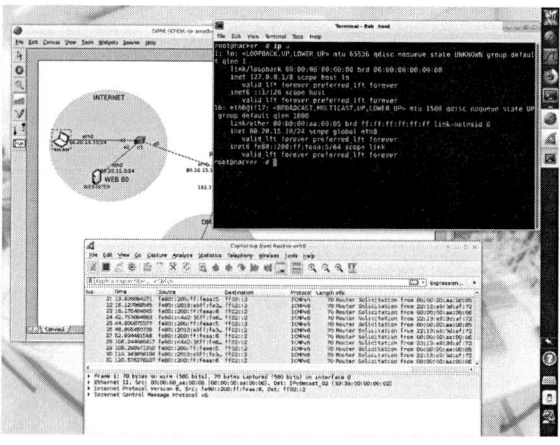

Figura B.2   Entorno de simulación y análisis.

En este caso, podemos utilizar una gran cantidad de herramientas, que van desde el uso de las consolas con acceso a todas las funcionalidades que ofrecen los sistemas operativos

Linux hasta herramientas como el Wireshark o el TCPdump. También dispone de otras herramientas muy potentes que permiten introducir pérdidas, retardos, *jitter* o paquetes duplicados en los canales de comunicación. En la Fig. B.2 se presentan algunas de estas posibilidades.

B.3. Documentación

Finalmente, si se quiere explotar al máximo esta herramienta, a la vez que consolidar todos los conceptos relacionados con las redes de ordenadores, existe un curso en la plataforma edX que es ideal para ampliar conocimientos en este campo. El curso en cuestión es *The Internet Masterclass*, impartido por la universidad TUM, y está disponible en el siguiente enlace `https://www.edx.org/es/course/ilabx-the-internet-masterclass` (ver Fig. B.3).

Figura B.3 Curso *The Internet Masterclass.*

Índice de figuras

Índice de tablas

Bibliografía

[Bloom, 2002] Bloom, R. B. (2002). *Apache Server 2.0: The Complete Reference*. McGraw-Hill, Inc.

[Convery, 2004] Convery, S. (2004). *Network security architectures*. Cisco Press.

[Dash, 2013] Dash, P. (2013). *Getting started with oracle vm virtualbox*. Packt Publishing.

[Davis, 2004] Davis, H. (2004). *Absolute beginner's guide to Wi-Fi wireless networking*. Que Publishing.

[Dordal, 2014] Dordal, P. L. (2014). *An introduction to computer networks*. Independent.

[Forouzan, 2002] Forouzan, B. A. (2002). *TCP/IP protocol suite*. McGraw-Hill Higher Education.

[Garg, 2010] Garg, V. (2010). *Wireless communications & networking*. Elsevier.

[Goncalves, 2002] Goncalves, M. (2002). *IPv6 networks*. McGraw-Hill, Inc.

[Hagen, 2006] Hagen, S. (2006). *IPv6 essentials*. O'Reilly Media, Inc.

[Held, 2002] Held, G. (2002). *Ethernet networks: design, implementation, operation, management*. John Wiley & Sons.

[Hogg y Vyncke, 2008] Hogg, S. y Vyncke, E. (2008). *IPv6 security*. Pearson Education.

[Hu y Qian, 2013] Hu, R. Q. y Qian, Y. (2013). *Heterogeneous cellular networks*. John Wiley & Sons.

[Hunt, 2002] Hunt, C. (2002). *TCP/IP network administration*, volume 2. O'Reilly Media, Inc.

[Kizza, 2005] Kizza, J. M. (2005). *Computer network security*. Springer.

[Kurose y Ross, 2020] Kurose, J. y Ross, K. (2020). *Computer networking: A top-down approach, 8th edition*. Pearson Education Limited.

[Liu y Albitz, 2006] Liu, C. y Albitz, P. (2006). *DNS and Bind*. O'Reilly Media, Inc.

[MacMillan et al., 2023] MacMillan, K., Mangla, T., Saxon, J., Marwell, N. P., y Feamster, N. (2023). A comparative analysis of ookla speedtest and measurement labs network diagnostic test (ndt7). *Proceedings of the ACM on Measurement and Analysis of Computing Systems*, 7(1):1–26.

[Malhotra, 2002] Malhotra, R. (2002). *IP routing*. O'Reilly Media, Inc.

[Martin y Leben, 1994] Martin, J. y Leben, J. (1994). *TCP/IP networking: architecture, administration, and programming*. Prentice-Hall, Inc.

[O'hara y Petrick, 2005] O'hara, B. y Petrick, A. (2005). *IEEE 802.11 handbook: a designer's companion*. IEEE Standards Association.

[Pahl, 2020] Pahl, M.-O. (2020). ilab@ home: Hands-on networking classes without lab access. In *Sigcomm 2020 Education*.

[Peterson y Davie, 2007] Peterson, L. L. y Davie, B. S. (2007). *Computer networks: a systems approach*. Elsevier.

[Purdy, 2004] Purdy, G. N. (2004). *Linux iptables Pocket Reference: Firewalls, NAT & Accounting*. O'Reilly Media, Inc.

[Rash, 2007] Rash, M. (2007). *Linux Firewalls: Attack Detection and Response*. No Starch Press.

[Rodriguez, 2015] Rodriguez, J. (2015). *Fundamentals of 5G mobile networks*. John Wiley & Sons.

[Romero, 2010] Romero, A. V. (2010). *VirtualBox 3.1: Beginner's Guide*. Packt Publishing Ltd.

[Rommer et al., 2019] Rommer, S., Hedman, P., Olsson, M., Frid, L., Sultana, S., y Mulligan, C. (2019). *5G Core Networks: Powering Digitalization*. Academic Press.

[Schwartz, 1986] Schwartz, M. (1986). *Telecommunication networks: protocols, modeling and analysis*. Addison-Wesley Longman Publishing Co., Inc.

[Sosinsky, 2009] Sosinsky, B. (2009). *Networking bible*, volume 567. John Wiley & Sons.

[Spurgeon, 2000] Spurgeon, C. E. (2000). *Ethernet: the definitive guide*. O'Reilly Media, Inc.

[Stallings, 2022] Stallings, W. (2022). *Cryptography and network security: principles and practice, 8th edition*. Pearson Education.

[Tanenbaum y Wetherall, 2021] Tanenbaum, A. S. y Wetherall, D. J. (2021). *Computer networks, 6th edition*. Pearson Education.

[Wu y Irwin, 2016] Wu, C.-H. J. y Irwin, J. D. (2016). *Introduction to computer networks and cybersecurity*. CRC Press.

[Xiang et al., 2016] Xiang, W., Zheng, K., y Shen, X. S. (2016). *5G mobile communications*. Springer.

[Zardari et al., 2016] Zardari, M. H., Malah, G. A., y Mahar, J. A. (2016). Analysis of 3g and 4g broadband services using speed test software tools. *Asian Journal of Engineering, Sciences & Technology*.